经济所人文库

胡家勇集

中国社会科学院经济研究所学术委员会 组编

中国社会科学出版社

图书在版编目（CIP）数据

胡家勇集/中国社会科学院经济研究所学术委员会组编.
—北京：中国社会科学出版社，2021.12
（经济所人文库）
ISBN 978-7-5203-9461-1

Ⅰ.①胡…　Ⅱ.①中…　Ⅲ.①经济学—文集　Ⅳ.①F0-53

中国版本图书馆CIP数据核字（2021）第270260号

出 版 人	赵剑英
责任编辑	王　曦
责任校对	郝阳洋
责任印制	戴　宽

出　　版	中国社会科学出版社
社　　址	北京鼓楼西大街甲158号
邮　　编	100720
网　　址	http://www.csspw.cn
发 行 部	010-84083685
门 市 部	010-84029450
经　　销	新华书店及其他书店
印刷装订	北京君升印刷有限公司
版　　次	2021年12月第1版
印　　次	2021年12月第1次印刷
开　　本	710×1000　1/16
印　　张	20.25
插　　页	2
字　　数	276千字
定　　价	108.00元

凡购买中国社会科学出版社图书，如有质量问题请与本社营销中心联系调换
电话：010-84083683
版权所有　侵权必究

中国社会科学院经济研究所
学术委员会

主　任　高培勇

委　员　(按姓氏笔画排序)

　　　　龙登高　朱　玲　刘树成　刘霞辉
　　　　杨春学　张　平　张晓晶　陈彦斌
　　　　赵学军　胡乐明　胡家勇　徐建生
　　　　高培勇　常　欣　裴长洪　魏　众

总　序

作为中国近代以来最早成立的国家级经济研究机构，中国社会科学院经济研究所的历史，至少可上溯至1929年于北平组建的社会调查所。1934年，社会调查所与中央研究院社会科学研究所合并，称社会科学研究所，所址分居南京、北平两地。1937年，随着抗战全面爆发，社会科学研究所辗转于广西桂林、四川李庄等地，抗战胜利后返回南京。1950年，社会科学研究所由中国科学院接收，更名为中国科学院社会研究所。1952年，所址迁往北京。1953年，更名为中国科学院经济研究所，简称"经济所"。1977年，作为中国社会科学院成立之初的14家研究单位之一，更名为中国社会科学院经济研究所，仍沿用"经济所"简称。

从1929年算起，迄今经济所已经走过了90年的风雨历程，先后跨越了中央研究院、中国科学院、中国社会科学院三个发展时期。经过90年的探索和实践，今天的经济所，已经发展成为以重大经济理论和现实问题为主攻方向、以"两学—两史"（理论经济学、应用经济学和经济史、经济思想史）为主要研究领域的综合性经济学研究机构。

90年来，我们一直最为看重并引为自豪的一点是，几代经济所人孜孜以求、薪火相传，在为国家经济建设和经济理论发展作出了杰出贡献的同时，也涌现出一大批富有重要影响力的著名学者。他们始终坚持为人民做学问的坚定立场，始终坚持求真务实、脚踏实地的优良学风，始终坚持慎独自励、言必有据的学术品格。他们是经济所人的突出代表，他们的学术成就和治学经验是经济所最宝贵的财富。

抚今怀昔，述往思来，在经济所迎来建所90周年之际，我们编选出版《经济所人文库》（以下简称《文库》），既是对历代经济所人的纪念和致敬，也是对当代经济所人的鞭策和勉励。

《文库》的编选，由中国社会科学院经济研究所学术委员会负总责，在多方征求意见、反复讨论的基础上，最终确定入选作者和编选方案。

《文库》第一辑凡40种，所选作者包括历史上的中央研究院院士、中华人民共和国成立后的中国科学院学部委员、中国社会科学院学部委员、中国社会科学院荣誉学部委员、历任经济所所长以及其他学界公认的学术泰斗和资深学者。

《文库》第二辑共25种，在延续第一辑入选条件的基础上，第二辑所选作者包括经济所学术泰斗和资深学者，中国社会科学院二级研究员，经济所学术委员会认定的学术带头人。

在坚持学术标准的前提下，同时考虑的是入选作者与经济所的关联。他们中的绝大部分，都在经济所度过了其学术生涯最重要的阶段。

《文库》所选文章，皆为入选作者最具代表性的论著。选文以论文为主，适当兼顾个人专著中的重要篇章。选文尽量侧重作者在经济所工作期间发表的学术成果，对于少数在中华人民共和国成立之前已成名的学者，以及调离经济所后又有大量论著发表的学者，选择范围适度放宽。为好中选优，每部文集控制在30万字以内。此外，考虑到编选体例的统一和阅读的便利，所选文章皆为中文著述，未收入以外文发表的作品。

《文库》每部文集的编选者，大部分为经济所各学科领域的中青年学者，其中很多都是作者的学生或再传弟子，也有部分系作者本人。这样的安排，有助于确保所选文章更准确地体现作者的理论贡献和学术观点。对编选者而言，这既是一次重温经济所所史、领略前辈学人风范的宝贵机会，也是激励自己踵武先贤、在学术研究道路上砥砺前行的强大动力。

《文库》选文涉及多个历史时期，时间跨度较大，因而立意、观点、视野等难免具有时代烙印和历史局限性。以现在的眼光来看，某些文章的理论观点或许已经过时，研究范式和研究方法或许已经陈旧，但为尊重作者、尊重历史起见，选入《文库》时仍保持原貌而未加改动。

《文库》的编选工作还将继续。随着时间的推移，我们还会将更多经济所人的优秀成果呈现给读者。

尽管我们为《文库》的编选付出了巨大努力，但由于时间紧迫，工作量浩繁，加之编选者个人的学术旨趣、偏好各不相同，《文库》在选文取舍上难免存在不妥之处，敬祈读者见谅。

入选《文库》的作者，有不少都曾出版过个人文集、选集甚至全集，这为我们此次编选提供了重要的选文来源和参考资料。《文库》能够顺利出版，离不开中国社会科学出版社领导和编辑人员的鼎力襄助。在此一并致谢！

一部经济所史，就是一部经济所人以自己的研究成果报效祖国和人民的历史，也是一部中国经济学人和中国经济学成长与发展历史的缩影。《文库》标示着经济所90年来曾经达到的学术高度。站在巨人的肩膀上，才能看得更远，走得更稳。借此机会，希望每一位经济所人在感受经济所90年荣光的同时，将《文库》作为继续前行的新起点和铺路石，为新时代的中国经济建设和中国经济学发展作出新的更大的贡献！

是为序。

于2019年5月

编者说明

《经济所人文库》所选文章时间跨度较大,其间,由于我国的语言文字发展变化较大,致使不同历史时期作者发表的文章,在语言文字规范方面存在较大差异。为了尽可能地保持作者个人的语言习惯、尊重历史,因此有必要声明以下几点编辑原则:

一、除对明显的错别字加以改正外,异形字、通假字等尽量保持原貌。

二、引文与原文不完全相符者,保持作者引文原貌。

三、原文引用的参考文献版本、年份等不详者,除能够明确考证的版本、年份予以补全外,其他文献保持原貌。

四、对外文译名与今译名不同者,保持原文用法。

五、对原文中数据可能有误的,除明显的错误且能够考证或重新计算者予以改正外,一律保持原貌。

六、对个别文字因原书刊印刷原因,无法辨认者,以方围号□表示。

作者小传

胡家勇，男，1962年11月生于河南省罗山县。1988年在中南财经大学（现中南财经政法大学）获经济学硕士学位，1994年获该校经济学博士学位。1996—1998年在中国社会科学院经济研究所从事博士后研究。1985—1998年在中南财经大学经济研究所工作，历任助教、讲师、副教授，1996年被破格评聘为教授。1998年博士后出站后留经济研究所工作至今，同年转评为研究员，2009年被评聘为二级研究员。2001—2014年担任政治经济学研究室主任。2002年起担任中国社会科学院研究生院博士生导师，2021年起任中国社会科学院大学特聘教授。2005年获批国务院政府特殊津贴专家。2008年起任中央马克思主义理论研究和建设工程重点教材《马克思主义政治经济学概论》首席专家。2016—2020年任中国《资本论》研究会秘书长，2021年起任副会长兼秘书长。2012年开始组织中国特色社会主义政治经济学论坛（原中国政治经济学论坛）。2007年起任全国科学技术名词审定委员会经济学名词审定委员会副主任。独著和合著作品获中国社会科学院优秀科研成果一等奖1次，三等奖3次，中国出版政府奖1次。主要研究领域为政治经济学、社会主义市场经济理论、中国经济改革和发展。

从1988年开始步入经济学研究和教学生涯，胡家勇在政府干预理论、转型经济学、经济发展理论和中国特色社会主义政治经济学等领域不懈探索，形成了系统的学术观点和政策主张，在学术界产生了重要影响。

一、形成了比较系统的政府干预理论。我国的经济体制改革始于高度集中的计划经济,在这种体制中,政府干预无处不在。因此,政府转型,政府与市场、政府与社会关系重塑一直处于体制改革和经济发展的核心位置。胡家勇20世纪80年代中后期就开始系统研究政府干预理论,20世纪90年代上半期开始在《经济研究》《管理世界》《财贸经济》等重要刊物上发表一系列研究成果,主要包括:《价格控制分析框架》《我国政府规模的系统分析》《我国政府实际支配的资源》《论基础设施领域改革》,等等。1997年出版个人专著《政府干预理论研究》,这是国内学术界较早系统论述政府干预理论的学术著作。2010年合作出版《构建有效政府》。在这些论文和著作中,胡家勇提出了影响政府职能和政策有效性的关键因素、政府履行职能的有效方式、政府与市场有机配合的机制,等等,形成了分析政府干预和构建有效政府的基本理论框架。值得一提的是,胡家勇较早提出运用政府实际支配的资源量(而不仅仅是财政收入)来衡量政府介入经济程度的思想,主张政府通过多种途径释放更多的资源给市场和经济主体,以充分发展市场机制的作用。

二、基于中国经济体制改革丰富实践,形成比较系统的转型经济学。经济体制变迁无疑是20世纪最重大的历史事件之一。中国作为一个转型大国,选择了一条独特的经济转型之路,取得了成功,20世纪末初步建立起了社会主义市场经济体制。中国学者研究经济体制转型有得天独厚的条件。20世纪末,胡家勇基于中国经济体制转型的大背景,系统反思传统政治经济学,开始形成转型经济学的基本理论思路,并以此作为发展马克思主义政治经济学的一个着力点。2003年作为主笔出版《转型经济学》,这是我国学术界较早系统论述中国经济转型的学术著作,阐释了中国经济体制转型的一般理论和重要领域、关键环节的改革,对于把握中国改革开放的历史脉络和未来发展趋势,理解改革的难题和路径选择,了解政治经济学的发展等,具有重要参考价值。

三、在马克思主义政治经济学基本理论问题上不断求索。所有制是马克思主义政治经济学的基本理论问题,产权是所有制的核心。

所有制理论和所有制改革一直是胡家勇关注的重要问题，发表的理论著述包括《论中国所有制改革》（合著）、《中国私营经济：贡献与前景》、《构建国有资产管理新体制》、《国有经济规模：国际比较》、《构建各种所有制经济平等竞争、共同发展的体制机制》、《中国个体经济发展的回顾与展望》、《论完善产权保护制度》，等等。关于国有经济改革和发展，胡家勇强调国有经济的功能定位、结构优化和适度规模；对于非公有制经济，较早提出从产值贡献、投资贡献、就业贡献和税收贡献等方面考察非公有制经济的作用，从法治、市场势力、要素获取、资本市场结构和市场准入等方面构建不同所有制经济平等竞争的地位；认为仅仅从生产力发展落后和不平衡来寻找非公有制经济和中小企业存在和发展的原因是不够的，需要从现代生产力发展新特征和经济多样性来寻找。此外，在收入分配和共同富裕、产业政策和竞争政策、人类需要演进及其满足等基本理论问题上，胡家勇也有深入的观察和理论著述。

作为中央马克思主义理论研究和建设工程重点教材《马克思主义政治经济学概论》首席专家，胡家勇先后参加了这本教材第一版的编写工作和第二版的修订工作，为马克思主义政治经济学教材的与时俱进作出了贡献，并基于社会主义市场经济、现代经济增长和经济全球化背景，对马克思主义政治经济学教材体系结构和逻辑线条提出了构想。他重视国外高水平学术著作的翻译推介工作，翻译出版的维托·坦齐和卢德格尔·舒克内希特的《20世纪的公共支出：全球视野》、爱德华·L. 格莱泽和克劳迪娅·戈尔丁主编的《腐败与改革——美国历史上的经验教训》，在学术界产生了广泛影响。

目　录

政治经济学基本理论

价格控制分析框架 …………………………………………… 3
转型国家如何构建有效政府 ………………………………… 12
构建各种所有制经济平等竞争、共同发展的体制机制 …… 19
试论社会主义市场经济理论的创新和发展 ………………… 37
改革开放40年我国所有制理论的创新和发展 …………… 53
改革开放40年收入分配理论的创新和发展 ……………… 68
论人的需要及其实现 ………………………………………… 89

中国经济改革

国有资产结构调整 …………………………………………… 105
我国政府实际支配的资源 …………………………………… 114
中国私营经济：贡献与前景 ………………………………… 124
构建国有资产管理新体制 …………………………………… 140
论基础设施领域改革 ………………………………………… 149
地方政府"土地财政"依赖与利益分配格局
　　——基于东部地区Z镇调研数据的分析与思考 ……… 166
论完善产权保护制度 ………………………………………… 186
确立竞争政策的基础性地位 ………………………………… 202

中国经济发展

推进由"先富"到"共富"的阶段性转换 …………………… 219
当前公有制促进共同富裕的三个着力点 …………………… 231
市场机制激发经济活力 …………………………………… 242
《资本论》中的生态思想及其当代价值 …………………… 249
奠定高质量发展的所有制基础 …………………………… 273

国外经济发展理论

发展经济学领域的"新古典复活" ………………………… 289
明特的经济发展理论 ……………………………………… 295
克鲁格的政府干预理论 …………………………………… 302

编选者手记 ………………………………………………… 308

政治经济学基本理论

价格控制分析框架

一

政府可能出于某种原因对产品、服务价格进行控制，这些原因如：商品特别重要、特别短缺，生产具有垄断性，经营者获得的利润太高，其消费更符合或背离社会价值标准。本文撇开价格控制的原因，只谈由价格控制所引起的经济后果。价格控制有两种情况，一是最高限价，旨在保护产品或服务的实际购买者；二是最低限价，以保护产品或服务的生产者。前者应用的次数较多，下面以前者为主要分析对象。

改革时期，我国广泛应用以下三种方式控制价格：（1）同一种商品或服务的价格双轨制；（2）把所有商品或服务分为两部分，控制一部分的价格，另一部分的价格由市场调节；（3）在商品流转的三环节，即出厂、批发、零售中对某一个环节或某两个环节的价格进行控制，其他环节的价格放开。我们主要以竞争性产品为对象，把价格受政府控制的商品称为受控产品，价格不受政府控制的商品称为市场产品。

其一，同一种产品的双轨制价格。显然，只有在控制价格低于市场价格时，才有其存在的必要。假定社会对产品 A 的名义货币总需求为 D，并假设这一名义总需求在任何情况下都不会转移到其他产品上去；还假定社会此时不存在通货膨胀。如果产品 A 的价格完全由市场调节，在名义总需求 D 下的市场结清价格为 P_0，在 P_0 下，

市场均衡产量为 Q_0。此时 $P_0Q_0 = D$，需求得到充分实现。所有产品 A 的生产者只能按价格 P_0 出售产品，且取得社会平均利润，它们之间，以及它们和其他产品的生产者之间的利益处于一种均衡状态，因而相互间只存在竞争，不存在收入攀比（收入攀比的实质是通过非市场竞争的手段向高收入看齐）。同时，经济资源也没有更多地流向产品 A 的生产的倾向，资源配置处于帕累托最优状态。现在对产品 A 实行双轨制价格，划出一部分产品 A 按政府规定价格或受控价格 P_1 出售：$P_1 < P_0$；另一部分产品 A 的价格仍由市场调节。现设政府用行政命令规定按控制价格 P_1 出售的产品 A 的数量为 Q_1：$Q_1 < Q_0$，那么，从 Q_1 上节省下来的名义购买为 $Q_1P_0 - Q_1P_1$。由于假定产品 A 的需求不发生转移，名义总需求 D 要在产品 A 上得到全部实现，所以这部分节省下来的购买力就转移到市场产品 A 上去，从而把市场产品 A 的需求曲线向外推移。这至少会引发以下两种后果。（1）市场产品 A 的价格不仅高于控制价格 P_1，而且高于所有产品 A 的市场均衡价格 P_0。这会引起社会分配关系的扭曲。生产市场产品 A 的企业的盈利水平大大高于生产受控产品 A 的企业的盈利水平，前者利润的高出部分并不是来源于它生产经营的改善或生产成本的降低，而恰恰是由政府通过控制价格从后者那里转移过来的。这造成了两类企业之间受控价格的不平等竞争和收入不公正的后果。如果受控产品 A 的生产企业是国有企业，它就会就受控价格、受控产量、受控补贴等涉及自身利益的问题与政府讨价还价，受控企业的职工就会与非受控企业的职工甚至其他高收入行业的职工进行收入攀比。（2）升高的市场价格引导市场产品 A 的产量 Q_2 增大，使其大于 $Q_0 - Q_1$。即在双轨制价格下，产品 A 的总产量（$Q_1 + Q_2$）大于价格全部放开时的均衡产量 Q_0，这说明有更多的经济资源被配置到了产品 A 的生产上。如果把市场机制充分作用时的产量 Q_0 看作资源在产品 A 上的最适度分配，那么，同一商品的价格双轨制必然导致社会资源在该商品上的配置失当。当然，如果生产受控产品 A 的企业是非国有企业或政府难以有效控制的国有企业，当政府在控制价格

的同时不能通过各种补贴方式保证它获得平均利润时，它就会想方设法把自己的一部分资源转移到其他非受控产品的生产上，这会在一定程度上抵消其他部门资源向市场产品 A 的流入。但是这二者常常不会完全相等，资源配置失误是不可避免的；即使二者完全相等，不存在资源配置失误问题，但在生产受控产品 A 的资源流出和其他部门资源向市场产品 A 的等量流入的过程中，由于存在固定资产置换所产生的资源转移成本，也会造成极大的浪费。这是价格双轨制的一个负效应。从这里还可以看出，如政府在实行双轨制价格的同时不能有效控制住资源的流动，那么，随着时间的流逝，市场产品 A 的份额会自动提高，受控产品 A 的份额会自动缩小，按市场价格出售的产品 A 的份额自动提高，双轨制价格最终归于无效。

实际情况要比上述分析复杂一些。(1) 从受控产品 A 上节余下来的购买力可能会发生转移，首先是转移到它的替代品上去，或转移到其他非相关的市场产品上去。如，如果对猪肉的价格进行控制，从猪肉购买上节余下来的购买力就会转移到牛肉等畜产品上，或者转移到服装等生活用品上。在这种情况下，分配关系的扭曲和资源配置的失当就会从产品 A 扩展到替代品和其他产品上。(2) 如果社会当时正经历通货膨胀，假设通货膨胀率为 r，那么，市场分配到产品 A 上的名义购买力将自动增至 $D + rD$。如果此时对 A 实行双轨制价格，从受控产品 A 上节余和转移出来的名义购买力就会更多，诱发的分配关系扭曲和资源配置失当更加严重，即通货膨胀会放大双轨制价格的负效应。

其二，在社会总产品中，控制一部分产品的价格，放开另一部分产品的价格。受控的产品一般是生活必需品、基础工业产品、重要生产要素。上面的分析思路在此同样可以采用。设社会的名义总需求为 D，且不存在通货膨胀。如果让市场机制自发作用，名义总需求 D 中分配给产品组合 A 的名义需求量为 D_0，在 D_0 下产品组合 A 的市场均衡价格为 P_0，P_0 引导的市场均衡产量为 Q_0。产品组合 A 的生产者获得平均利润，与其他产品生产者处于利益均衡状态。现在假设政府把产品组合 A 的价格控制为 P_1：$P_1 < P_0$，同时为了保证正常供给，政府通过行政命令把 A 的产量控制为 Q_0。那么，从产品组合 A 上节余下来的购买力为 $Q_0P_0 - Q_0P_1$。这部分节余购买力会一分为二，一部分转化为居民或企业的储蓄存款，另一部分则转移到市场产品组合 B 上，从而使产品组合 B 的需求曲线向上移动，抬高其均衡价格水平。这同样会造成两方面的后果：一是生产受控产品组合 A 的生产者和生产市场产品组合 B 的生产者之间的不平等竞争和收入不公正，全面扭曲社会收入分配关系。二是市场产品组合 B 的价格的抬高会对经济资源产生强大的吸引力，把受控产品 A 上的资源吸引过来；另外，由于受控产品组合的利润低于社会平均利润，其资源也有强烈的流出倾向。结果，配置到 B 上的资源高于原有的均衡水平，配置到 A 上的资源低于原有的均衡水平，资源配置偏离最佳轨道。如果社会此时正在经历通货膨胀，那么，收入分配扭曲和资源配置失误会被进一步放大。因为，由价格控制所节省和转移的名义购买力会更多；由于存在通货膨胀，分流到储蓄存款上的购买力更少。

其三，在产品流转的某个环节对价格进行控制。由于零售商品分布面广，涉及商家过多，因而对零售价格进行控制执行难度相当大，一般是控制出厂价或批发价①。如果产品 A 的出厂价、批发价、零售价都放开，则形成出厂价 P_1、批发价 P_2、零售价 P_3，均衡产量和均衡销售量为 Q_0。在 P_1、P_2、P_3 下，生产商、批发商、零售商各自得到社会平均利润，此时生产企业、批发企业、零售企业的资金占用量和从业人员数量都处于经济合理的水平，若政府控制出厂价，定为 P：$P < P_1$，批发价和零售价仍由市场调节。显然，P 通过市场诱导的企业生产量一定小于 Q_0，为了保证市场供应，政府可能用行政命令把 A 的产量指标仍定为 Q_0。显然，如果把出厂价定为 P，生产者的平均利润中就有 $Q_0(P_1 - P)$ 被分割出来进入流通领域，使生产者的

---

① 在现实生活中，政府试图对零售价格进行控制的例子也很多，但这是价格控制中的一种最拙劣的方式，因此，常常难以奏效。

经营利润低于社会平均利润，商业利润（包括批发和零售）高于社会平均利润，社会利润的一个相当大的份额落到流通环节中。其经济后果是：社会资金和人力资源过多流向商业领域，人们的重商意识和重商行为强烈，商业规模趋于膨胀，社会收入分配偏向流通领域。

自改革开放以来，我国政府价格控制方式实际上是上述三种方式的组合，但在不同时期有不同的侧重。改革开放初期，以第一种方式和第三种方式为主；随着改革的推进，演变为以第二种方式为主。受控产品的种类也在不断发生变化。改革之初，除一些非耐用消费商品之外，其余商品都是受控产品；随后，日用一般消费品和耐用消费品的价格逐步放开；现在，大部分消费品的价格已经基本放开。改革的中期，虽然一部分生产资料的价格放开，但重要的生产资料价格仍掌控在政府手中，生产资料是主要的受控产品；现在，一般生产资料的价格都放开了，但生产要素的价格，如土地、资本的价格仍牢牢控制在政府手中，生产要素及国有资产成为主要的受控产品。改革时期，由价格控制所产生的上述两种消极后果也是极为明显的。从收入分配上看，生产不如经商、全民不如集体、集体不如个体①；从资源配置上看，原材料、能源等受控产品的生产严重不足，成为制约经济发展的瓶颈；加工工业等市场产品趋于膨胀，商业过度扩张，生产相对萎缩。

二

价格控制必然伴随着各种受控产品供应凭证的流通，这又导致受控产品向市场商品转化和凭证经营者、寻租者的出现。

对三种价格控制方式的分析表明，由于受控产品的价格与市场商品的价格之间存在差额，获得受控产品便成为有利可图的事情。据测算，1988年，全国受控产品的差价总额在1500亿元以上，国家

---

① 笔者并不否认这三者的收入差异部分是由效率的差异引起的。

银行贷款利差在 1138.81 亿元以上，外汇汇率差额在 930.4 亿元以上，三者合计的价差总额在 3569 亿元以上，占当年国民收入的 30%。这便是成千上万个个人、企业以及地方政府、各部门竞相追逐的"租金"。于是产生两个相互关联的问题：（1）国家必须保证对受控产品的强有力的控制，建立起有效的受控产品分配系统，以避免受控产品向市场商品转化。受控产品供应凭证是常用的分配手段。对于消费品，一般采取按人头平均发放票证的办法进行；对于生产资料和生产要素，一般采用制定计划配额，根据具体情况由领导批文、批条等进行分配。于是，计划分配指令便物化在各种票证、批文、批条、口头指示等广义的"分配凭证"上。（2）追逐受控产品的供应凭证成为所有利益主体的普遍行为，所用的寻租手段通常有上下级讨价还价、权力、私人关系、行贿、索贿等。

在同一时间和同一市场上，一种商品只有一种价格，即市场均衡价格，这是市场机制运行的一条基本规则。当在同一时间同一市场上的同种商品具有两种或两种以上的价格时，市场机制就会迫使"多价归一"或向均衡价格回归。多价归一或向均衡价格回归是通过"凭证价格"实现的。所谓"凭证价格"，是指商品的实际购买者为获得购买凭证而支付的一切费用。"凭证价格"取决于三个因素：（1）市场产品价格与受控产品价格的差额；（2）凭证购买商品的难易程度；（3）凭证经营者所要求的利润水平。

凭证有了价格，就会带来以下经济后果：（1）受控产品借助"凭证价格"转化为市场产品。"凭证价格"使已经转移到市场产品上的购买力又重新回到受控产品上来；人们在凭证流通中获取凭证要支付价格，用凭证去购买商品又要支付受控价格，二者之和基本等于市场产品的价格。发放凭证的主要目的是让利于实际购买者，但所让之利现在落到凭证经营者手中。从这种意义上讲，价格控制最终归于失效。（2）凭证成为流通中的筹码。具有价格的任何东西都是可以在市场上流通的，凭证的流通方式基本有两种，一是用凭证换取其他商品，二是直接用凭证换取货币，后者更为常见。凭证流通在某种程度上增加了流通领域的支付手段,从而助长了价格的上涨。(3)凭证经营者的广泛出现。一部分经济资源被凭证经营者投入到获取和经营凭证的活动中,这部分资源形成社会的"虚耗"。在我国,先富起来的人群中,有一部分人就是靠经营凭证发家的。

从更广泛的意义上讲,如果受控价格 P 低于均衡价格 P_0,就会形成经济租金（P_0-P）[①],从而产生寻租行为。租金（P_0-P）通常是在两类人之间分配的,一类是寻租者,如通过行贿而取得受控产品支配权的人。行贿者的行贿量有一个经济上的界限,即一般低于 P_0-P,否则他的寻租行为就不能为他带来租金。另一类是掌握受控产品审批权的人,这部分人是通过收受贿赂和索取贿赂而获得差价的一部分的。后一类人同样可以称为寻租者。一旦掌握受控产品审批权的人收受和索取贿赂为社会所容忍,或者用行贿的方式取得受控产品的支配权成为一种普遍的行为,那么,受控产品的审批者就会设法在审批的各个环节设计关卡,以求在租金（P_0-P）中增加自己的份额。在改革的推进过程中,受控产品的种类和市场范围[②]在不断发生变化,租金的源泉、租金总量、寻租的形式也在不断发生变化。改革之初,主要是受控消费品寻租,加之当时市场范围较小,租金总量不大;随后是受控生产资料寻租,加之市场范围日益拓宽,租金总量迅速增加;近几年则主要是受控生产要素和国有资产寻租,租金总量达到了惊人的程度。据统计,1992年,由银行利率控制产生的租金近2000亿元,由汇率控制产生的租金近1200亿元,由土地批租产生的租金为200亿元以上。随着租金量的急剧增大,近几年出现了一些通过经营受控产品而短期致富甚至暴富的人。从这里的分析中不难得出结论:要想消除寻租行为,措施之一就要消除价格控制以及其他微观干预措施,让价格的确定市场化。

[①] 值得一提的是,价格控制仅仅是租金的一个源泉,从一般意义上讲,政府的所有微观干预行为和国有资产的非市场配给都会形成租金,诱发寻租行为。

[②] 市场的深度和广度影响租金（P_0-P）的实现。

在价格控制的情况下，多价归一或向均衡价格回归的另一种形式是价外滥收费。当政府在控制价格的同时没有提供更多的受控产品时，受控产品就会成为抢手货，具体经营受控产品的单位或个人就可以在价格之外以其他名义加收各种费用，迫于购买者竞争或短缺的困扰，购买者一般不得不接受这种价外收费。价外收费也有一个经济学上的数量界限，即一般限于均衡价格与受控价格之间的差额。以铁路票价为例，改革开放以来，由于劳动力和物资流动规模的迅速扩大，对铁路运输的需求也随之迅速增加，如果让市场机制自动调节运输市场价格，铁路运价肯定也会相应提高。但是，由于铁路运输的重要地位，政府一直把铁路票价或运费控制在均衡价格以下。但由于运量并没有马上增加到与低票价相匹配的水平，巨大的需求缺口一直保持，于是产生了严重的价外滥收费现象。根据财政部和国家计委的核定，铁道部门的价外滥收费的项目，如车票附加费、票签服务费、车站窗口预订费、列车卧铺服务费、列车卧具费、团体旅客加挂服务费、加挂车补卧服务费、行李搬运费、中转费、行包到达服务费、零星货物过磅费、货物安全押运费、站台养护费、剪票费、软座候车费等多达 40 多种。这些价外滥收费有些是由于票价太低诱发的①，本可以打入票价，由旅客在购票时一次性支付，由铁路部门获得，上缴国库和用于铁路建设，现在却被某些部门、个人或寻租者获得，旅客或货主并没有得到好处，甚至由此而增加了许多额外的经济负担和精神烦恼。铁路价格偏低还养活了一批靠倒票贩票为生的票贩子。

总之，一旦商品的价格受到控制，其分配指令就会物化在广义的供应凭证上，这种物化了的供应凭证就会转化为商品，具有价格甚至参与实际流通，从而产生经营这种"特殊商品"且取得丰厚利润的人。企图用行政的办法加以制止往往是徒劳的，且很难实际做到。结论是，政府一般不要对价格进行控制。

---

① 铁路部门价外滥收费有些与其垄断性经营有关。

价格控制是政府微观干预的主要形式,还有其他一些微观干预形式,如许可证控制、投资项目审批及物资、资本、外汇的配给等,上述分析思路稍作改动同样适用于其他形式的政府微观干预。

现在可以总结一下全文的观点:价格控制以及其他形式的微观干预会带来以下后果:收入分配扭曲、资源配置失误、居民福利损失、寻租者出现。结论是,对于竞争性产品,除非情况非常特殊,政府就不要试图进行价格控制和其他形式的微观干预。

(原载《财贸经济》1996年第7期)

转型国家如何构建有效政府

我国经济体制改革已经进行了二十多年,随着改革开放向纵深推进,越来越多的人认识到,经济体制转型的实质是政府转型,构建有效政府是建立和完善市场经济体制的关键。

一 科学定位政府职能

构建有效政府的基本前提是科学定位政府职能。政府的基本职能是弥补市场缺陷。政府的有效性首先体现在它能够最大限度地利用市场机制的作用,为市场机制的正常运转创造良好的环境。因为,东西方国家的实践也已证明,市场机制是迄今为止人类所拥有的最有效的资源配置工具,它能够以最快的速度、最低廉的费用、最简单的形式把资源配置的信息传递给利益相关者。从市场功能上看,无论是消费品的最佳分配,还是生产要素的最佳配置,抑或是动态的经济发展问题,市场机制基本上都可以解决。因此,最会利用市场的政府,就是一个最好、最有效率的政府。

尽管如此,市场机制亦如同任何一部机器一样会出现故障,会在某些环节上失灵。因此,有效政府应以校正市场缺陷为己任。对于这个问题,学术界已基本形成共识,即在市场经济条件下,政府的基本职能是弥补市场缺陷,超出这一界限的政府活动往往是多余的,甚至是有害的。

从理论上讲,市场缺陷有三类:第一类是市场自身固有的缺陷。只要是市场经济,不论其发育程度如何,不论其微观基础如何,也不论在哪个国家，都必然存在功能缺陷。公认的这类市场缺陷有：不能克服外在性，不能有效提供公共品，存在信息不对称，会形成垄断，不能自动调节宏观经济失衡，会造成收入差距过大，不能消化某些高风险，等等①。

第二类是指由于市场机制发育不完善而出现的功能障碍。发达国家的市场经济经过几百年的发育，目前已形成体系完整、功能齐全、信息灵通的现代市场经济。现代市场经济能够充分发挥配置资源和促进经济发展的功能。但是，在绝大多数发展中国家和转型国家，包括我国，市场经济处于起步阶段，尚有许多不完善之处，主要表现在：市场无论在结构上还是功能上都还不完善，产品和要素市场缺乏良好的组织，市场信息既不灵敏又不准确，不能及时、正确地反映产品、劳务和资源的真实成本，尤其是在资源配置和结构调整中起重要作用的资本市场刚刚建立，市场机制本应具有的许多资源配置功能不能有效发挥。

由于存在这一类市场缺陷，发展中国家和转型国家的政府所承担的经济职能就比发达国家多一些。比如，发展中国家的政府在经济发展的初级阶段，就担负着启动工业化进程，完善产权、法律、秩序等社会基础设施，促进市场发育、加速资本积累的职能。但是，即使在发展中国家，凡是市场机制和企业能够胜任的，都要交给市场与企业。政府不能总是试图去替代市场、企业直接配置资源，或控制资源的分配，否则，不发育的市场永远不可能成熟、完善，并且有可能引发盘根错节的行政性扭曲。市场因发育不良而出现的功能障碍只能靠市场本身的发育来消除。即使某些经济活动最初确实需要由政府来经营，但政府也不能长期经营下去，一旦市场和企业开始成长发育，政府就要主动退出，让企业自主经营。随着市场发

---

① 应该注意的是，以上提到的缺陷有些是市场与政府共有的，如信息不对称。在市场交易中，交易双方所占有的信息在质和量上往往是不一样的，这会导致双方行为的扭曲；同样，在政府与经济主体的相互作用中，双方所占有的信息在质和量上往往也是不一样的，这同样会导致二者行为的扭曲。

育程度的提高，政府在弥补市场发育不足方面的职能会逐渐减少，政府活动应集中到自己的核心职能上来。

第三类是指由于政府履行经济职能过多或不适当而造成的市场功能障碍。严格地说，这类市场缺陷不应归咎于市场。发展中国家和一些社会主义国家普遍存在这类缺陷，因为这些国家的政府最初不相信企业与市场的力量，广泛插手资源配置过程和经济发展过程，结果形成了许多政策性市场扭曲。扭曲的市场妨碍了市场正常功能的发挥，导致资源配置失误。

这类缺陷在我国也大量存在。前面提到，垄断会破坏市场功能，但我国的市场垄断主要不是由自由竞争演化而来的经济性垄断，甚至不是自然垄断，而是由政府许可证制度、准入限制、地方保护主义等干预措施形成的行政性垄断。行政性垄断阻碍了产品、资金、技术、劳动力在各产业和地区间的自由流动，阻碍了全国统一市场和一般均衡价格的形成，延缓了技术进步，最终降低了社会福利水平。

消除第三类市场缺陷的办法显然不是完善这些多余的甚至有害的政府职能，而是坚决地取消它，让市场解决问题。

二 尽力避免"政府失灵"

政府的基本经济职能是校正市场失灵或弥补市场缺陷。仅此还不足以界定政府职能的合适范围，必须进一步回答这样一个问题：政府在修补市场缺陷上是万能的吗？或者说，所有的市场缺陷政府都能够修补完好吗？

人们似乎有一种错觉，认为政府能够修补所有市场缺陷。一旦发现市场缺陷，马上就会想到设立一个相应的政府机构，颁布一条行政命令，实施一项管制措施，增加一项政府职能，而不去分析这些行政行为究竟能不能，或在多大程度上奏效，这些措施在带来某些正效应的同时是否会带来更大的负效应。结果有些行政干预不仅没有收到预期效果，反而使问题更加复杂化，甚至恶化。实践证明，对于某些市场缺陷，政府目前尚无能为力，如果勉强去修补，就会造成"政府失灵"，这往往比"市场失灵"的后果更严重。可见，政府经济职能只能限于那些政府能够修补的市场缺陷。对于那些无力修补的市场缺陷，与其硬性干预，不如任其自然。政府失灵的例子在现实生活中大量存在。例如，为了防止投资失误和重复建设，应该下放给企业的投资自主权一直没有真正落实，投资项目一般都要经过政府有关部门的层层审批。但政府审批制度并未有效消除投资失误、重复建设和生产能力过剩等问题。

对于政府失灵，人们往往倾向于用决策及其执行的偶然失误来解释，但这种解释是非常肤浅的。事实上，政府失灵有其内在原因。

第一，信息不完全。人们在谈论政府职能时常常暗含这样一个假定：相对于企业、居民等微观经济主体而言，无论在量上还是在质上，政府总是拥有信息优势。但这个假设并不成立。就宏观经济信息而言，由于政府所处的特殊地位，它可能具有相对优势。但就微观经济信息而言，政府并不具有相对优势，其信息敏感度、信息传递速度、信息处理能力、对信息的关切度、信息总量，往往不如企业等微观经济主体。这是因为，政府一般游离于微观经济活动之外，对微观经济活动结果也没有切身的利害关系。因此，从信息论的角度看，政府职能应主要集中在宏观经济领域，如无特殊需要，政府不要直接介入微观经济过程。

第二，政府工作人员存在"经济人"行为。人们总是乐于假定，政策制定者和执行者是毫无私利的社会利益的代表，但这种假定不完全符合事实。如同消费者和企业在市场上追求自身利益最大化一样，政府工作人员中也会有部分人在行政过程中追求自身利益。如果制约措施不严格，为修补市场缺陷而设置的机构和职位、开办的企业、颁布的命令、实施的管制等往往会演变为腐败分子牟取私利的工具和手段。为了规范政府工作人员的行为，就要建立起相应的社会监督机构。但这一方面会增加政府支出，另一方面又如何保证监督机构的工作人员不滥用权力呢？政府工作人员的"经济人"行为是政府失灵的重要原因。

第三，经济主体的理性行为。作为政府干预对象的微观经济主体（企业和居民）也不是一个完全听任政府摆布的被动受体，它（他）们有自己的利益，掌握着大量的信息，有不逊于政府工作人员的知识背景和认知能力，往往能迅速看出政府的意图。因此，一旦政府采取了系统的或可以预测的政策，微观经济主体就会采取相应的行动对政策的变化做出反应。"上有政策，下有对策"，结果抵消了政府政策的预期效果，导致政府失灵。

第四，政府机构的能力有限。政府机构的能力与政府机构的发育程度密切相关。在发达国家，市场机制、企业制度比较发达，政府机构也比较发达，它们有一套完善的公务员制度。因此，政府能够弥补的市场缺陷较多。在发展中国家和转型国家，市场机制、企业制度不完善，政府机构也不完善，主要表现在：尚无一套完善的政府公务员制度，政府机构之间的相互制衡机制远没有建立起来，还无通畅的渠道收集企业和民众的有关信息，也不存在政府与民间对话的有效机制，规则缺乏透明性，政府工作人员业务素质较低，政府可供选择的行政手段和政策工具较少等。由于政府机构能力弱，发达国家的政府能够履行的许多经济职能，发展中国家的政府则不一定能履行。可是，发展中国家的政府往往对自己的能力估计过高，在行使职能时贪多求全，结果只能是事与愿违。

三 讲求成本—收益原则

上面已经说明，政府在校正市场失灵的同时，应避免政府失灵。但仅此还不能最后界定有效政府概念，还必须回答一个问题：对于每一个政府能够修补的市场缺陷，政府都应该去修补吗？

人们往往容易看到政府行使经济职能所带来的好处或收益，而忽视为此付出的代价或成本。从本质上讲，政府活动也是一种经济活动，有收益亦有成本，只有当其收益超过成本时，才具有经济上的合理性。如果某项政府职能的行使所增进的资源配置收益为100，而为此却要付出150的资源成本，在一般情况下一个理性的政府就不会去实施这项经济职能。因此，政府在考虑是否履行某项职能时，首先要做成本—收益分析，这是所有经济活动中通行的准则。

根据统计资料获得的难易程度，政府运行成本可分为显性成本与隐性成本两部分。显性成本包括：（1）政府工作人员的工资、福利和办公开支等日常行政经费；（2）政府资本性开支，如修建行政办公设施（办公楼）、购买小汽车等方面的开支；（3）监督成本，即为保证政府工作人员忠于职守而设置的监督机构的各项费用支出。难以准确统计但数额巨大的隐性成本包括：（1）政府工作人员中腐败分子收受的贿赂；（2）企业等微观经济单位为应付政府的检查、评比，或为获得优惠待遇的各项开支；（3）政府机构巧立名目滥收、但没有进入正常收费账目的资费；（4）行政办事程序烦琐、冗长和政府机构互相扯皮给微观经济主体造成的各种机会损失。一般地说，政府运行的隐性成本是指由于政府不适当干预所导致的市场主体"交易成本"的上升。

如何减少乃至消除政府运行的隐性成本是一个必须解决的难题。笔者认为，最根本的措施是减少政府对企业的微观干预活动和政府直接经营企业。

与生产要素投入的收益不同，政府履行经济职能的收益是很难用货币精确测度的。因为它往往是通过改善资源的总体配置效率和利用效率体现出来的，还表现在一些不可测度的社会福利方面和非经济方面。正因为这一特点，人们往往夸大政府干预的收益，形成对政府的过高期望。不过，通过统计手段还是可以间接地计量出政府行使经济职能所带来的收益的。基本思路是，如果政府履行的经济职能确实有效，它就必然会对GDP增长造成影响（暂撇开非经济的影响），在GDP增长中扣除要素投入量增加的贡献份额、科学技术进步的贡献份额，剩下的部分就可初步视为政府的贡献份额。通过对一段时期GDP增长数据的统计分析，就可以粗略分离出政府的贡献份额。

四 有效政府应首先专注于自己的核心职能

以上对有效政府概念进行了较为系统的分析，在此基础上，笔者把政府经济职能区分为三个档次：

一是政府的核心职能。指政府提供纯公共品和一些重要的准公共品的职能，包括提供国防、法律与秩序、界定和保护财产所有权、稳定宏观经济环境、提供基本公共医疗卫生、提供基础教育、救助穷人、保护环境。政府的核心职能形成社会、经济运行的基本框架，决定社会的基本福利，是任何国家的政府都必须首先履行好的职能，机构能力脆弱的政府应该把政府的精力、资源集中在这类职能上。

二是政府的适度职能。机构能力较强的政府在履行好核心职能以后，为了进一步提高资源配置效率和社会福利水平，再履行一部分职能，如反垄断调整经济结构、支持高新技术发展、提供社会保险、克服金融等领域的信息不完全性等。

三是政府的积极职能。高效政府在有效履行适度职能以后，再追加行使一部分职能。如为了提高社会公平程度，对非国有财产和私人收入进行一定程度的再分配、协调私人企业的经营活动等。

从核心职能到适度职能，再到积极职能，对政府机构能力的要求是逐步提高的。一个国家的政府在对自己的职能进行定位时，不能一味贪多求全。发展中国家和转型国家的政府，首先应该行使好核心职能，如果机构能力尚有节余，方可增加一些职能。随着政府机构能力的提高，可适时、适当增加一些职能。

（原载《天津社会科学》2005 年第 6 期）

构建各种所有制经济平等竞争、共同发展的体制机制

一　构建有效保护各类产权的公平法治环境

各种类型的财产获得有效而同等的法律保护，是市场经济顺利运转的制度基础，也是各种所有制经济平等竞争的前提条件。经济学把产权的清晰界定和有效保护，以及合同的有效执行和纠纷的公平仲裁，视为市场经济最基本的支持性制度。产权界定和保护之所以重要，就在于它能为各经济主体提供正当的激励，并鼓励充分的竞争（胡家勇等，2010）。

改革开放以来，非公有制经济及其财产的法律地位和受保护程度是不断上升的。1954年的《宪法》规定限制和逐步取消资本家私有制；1982年通过的《宪法》修正案允许成立雇员不超过7人的个体经济；1988年通过的《宪法》修正案允许成立雇员超过7人的私营企业；1999年通过的《宪法》修正案将个体经济和私营经济等非公有制经济作为社会主义市场经济的重要组成部分，个体、私营经济的法律和经济地位得到明显提升。2004年通过的《宪法》修正案对非公有财产保护的规定进一步加强，该修正案指出："国家保护个体经济、私营经济等非公有制经济的合法的权益和利益""公民的合法的私有财产不受侵犯""国家依照法律规定保护公民的私有财产权和继承权"。2007年通过的《中华人民共和国物权法》规定，"保障

一切市场主体的平等法律地位和发展权利""国家、集体、私人的物权和其他权利人的物权受法律保护，任何单位和个人不得侵犯"。2007年党的十七大报告指出，"坚持平等保护物权，形成各种所有制经济平等竞争、相互促进的格局"。2012年党的十八大报告重申，"保证各种所有制经济依法平等使用生产要素、公平参与市场竞争、同等受到法律保护"。

尽管有关保护非公有制经济产权和确立它们平等法律地位的立法取得了历史性进步，但在实践中，非公有制经济的产权保护状况和平等法律地位不容乐观。"中国企业家论坛"2010年调查结果表明，28.6%的企业家表示财产不安全，44.2%的企业家认为企业法规不能保障企业的利益，半数企业家认为知识产权保护不到位（冯兴元等，2013）。另据世界银行与国际金融公司研究报告《中国营商环境2012》测算，2011年和2012年，在182个国家和地区中，中国投资者保护分别排第93位和第97位，投资者保护强度指数（1—10）为5，属中等强度保护。

非公有制经济产权没能得到足够的保护，主要表现在以下几个方面：

第一，行政权力往往成为侵害非公有制经济产权的一个根源。"有些地方个人产权受到非常粗暴的侵犯，用各种莫须有的罪名，侵犯、占有个人产权，甚至让一些企业家倾家荡产，送进监狱。"（李剑阁，2013）在这种情况下，一些地方政府不仅没有充当合法私人财产的保护者，而且扮演了"掠夺之手"的角色。

第二，司法系统没能做到对非公有制经济的公平裁决。当非公有企业的财产受到侵害时，立案、判决和执行都面临许多困难。

第三，非国有企业税费负担过重。过高的税费负担可以视为对私人产权的一种侵害。这方面的表现，一是税收占比高，中小企业（主要是民营企业）整体税收负担占销售收入的6.81%，高于全国企业总体水平（6.65%），部分企业缴税总额高于净利润；二是缴费项目多，据粗略统计，目前向中小企业征收行政性收费的部门达 18 个，收费项目达 69 大类；三是社保负担重，以北京为例，"五险"占工资比例为 44%，单位缴费达到 32.8%—43.3%（黄孟复，2012）。

非公有制财产得不到公平、有效的保护，有意识形态、理论、法律、政策和执行等层面的原因，因此，构建公平而有效的保护非公有制财产的法治环境就需要从以下几个层面努力。

第一，营造有利于非公有制经济发展的社会舆论环境。这需要从社会意识形态和理论方面着手。在社会意识形态方面，不能再把"公"和"私"、"公"和"非公"绝对对立起来；更不能把"非公有制经济"与"自私""剥削"等直接联系起来；不能认为，只要是"非公有制经济"就丧失了"道德的制高点"（黄孟复，2013）。我们必须调动一切积极因素，最大限度地激发各类资本、技术和智力的潜力，让一切劳动、知识、技术、管理和资本的活力竞相迸发。因此，无论是"公"还是"非公"，只要是社会财富创造的源泉，都应该得到积极评价和公平对待。

从理论上讲，还需要进一步深化对"财富"和"私有财产"的认识。在现代市场经济中，"财富"不仅仅是用于消费的金钱，更是经济循环过程中的一种"生产要素"。财富，无论是"公有"还是"私有"，只要它重新投入经济流转过程之中，它就能创造出新的就业岗位、生产出新的产品和服务，它就是在为社会利益服务，就具有"社会性"。从现实来看，大量私有财产和非公有制经济的存在，创造了大量就业岗位，特别是适合于弱势群体的就业岗位，提高了低收入者的收入，产生了"涓滴效应"。对于私有财产，我们则应该把它放在社会财产结构和企业产权结构的变迁中去理解它的性质。用传统"公"和"私"的概念来区分企业经济属性已不再适应社会主义市场经济发展的现实。经过多年的发展，各种企业内部股权结构都已经发生了深刻变化，相当多的民营企业通过股份制改造或上市，实现了股权结构社会化和分散化，成为公众公司；特别是基金公司和投资公司等新的经济组织形式大量涌现，企业社会化的程度相当高。因此，民营经济中的股份制公司、混合所有制公司、全员持股等股权社会化的企业，不仅为社会上众多民众创造了财产性收入，也将企业置于政府、社会和人民群众的监督之下，已经成为社会主义市场经济中公有制的一种有效实现形式（黄孟复，2012）。马克思、恩格斯当年对股份制性质的论述，对于我们当下认识私有财产的性质具有重要启迪。马克思（中译本，2009年，第494—495页）在谈到股份公司成立时提到，"在这里直接取得了社会资本（即那些直接联合起来的个人的资本）的形式，而与私人资本相对立，并且它的企业也表现为社会企业，而与私人企业相对立"。恩格斯（中译本，2009年，第410页）则指出，"由股份公司经营的资本主义生产，已经不再是私人生产，而是由许多人联合负责的生产"。

第二，法律、政策条文或解释需要进一步完善。从根源上讲，许多法律和政策条文，或者对这些条文的理解不利于营造非公有制经济发展的公平法治环境。从基本经济制度上看，我国实行的是"以公有制为主体、多种所有制经济形式共同发展的基本经济制度"，这符合我国国家制度的社会主义性质和社会主义市场经济的实际，是必须坚持的。但需要对"公有制"的主体地位作科学的理解。不能把公有制的主体地位理解为公有制企业可以在法律和市场竞争规则面前凌驾于非公有制企业之上，在产权保护和合同仲裁上天然享有特殊优待。国有经济的主体地位主要体现在国有资本集中在关系国家安全和国民经济命脉的重要行业和关键领域。同时，社会主义基本经济制度也需要随着实践的发展而不断完善。现在，非公有制经济在产值、就业、投资、税收、创新等主要指标上所占的比重不断提升，有些已超过了公有制经济所占的比重，在新的历史条件下，对公有制的主体地位需要作出新的科学解释。

一些法律条文有时也容易导致对非公有财产的侵害。例如，《宪法》第十三条规定："公民的合法的私有财产不受侵犯"，"国家依照法律规定保护公民的私有财产权和继承权"，但同时又规定："国家为了公共利益的需要，可以依照法律规定对公民的私有财产实行征收或者征用并给予补偿。"但对"公共利益"目前还没有明确的界定，对如何界定"公共利益"也没有明确的规定，这就容易导致借"公共利益"之名侵害和掠夺非公有财产的现象。

第三，消除对非公有制经济的司法偏见。构建公平的法治环境，执法和司法环节至关重要。

从立法层面上看，平等保护各类财产和经济活动的法律、法规和政策并不缺乏，问题是它们并没有得到有效执行。美国学者艾利森曾指出："在达到政府目标的过程中，方案确定的功能只占10%，而其余90%取决于有效执行。"[①] 这同样可以用在法律、法规和政策的制定和执行上。强化已有法律、法规和政策的执行，是构建各类所有制经济平等竞争、共同发展的关键。这就要求司法机关和政策执行机关在面对公有制经济单位与非公有制经济单位的财产、合同及其他经济纠纷时，能够抛弃所有制偏见，依据法律条文，公平、公正地裁决。

二 构建非公有制经济自由进入机制

生产要素的自由流动，企业的投资自由，是价值规律和市场机制发挥资源配置基础性作用的基本前提。因此，放松对非公有制经济投资领域的限制，使其能够自由进入和退出特定行业，是建立公平竞争市场环境、完善社会主义市场经济体制的内在要求。

进入21世纪，国务院出台了许多重要的拓宽非公有制经济投资领域的政策性文件。2005年2月国务院颁布了《关于鼓励支持和引导个体私营等非公有制经济发展的若干意见》，俗称非公经济"旧36条"。该文件把放宽市场准入作为促进非公有制经济发展的基本政策措施，提出"贯彻平等准入、公平待遇原则"，"允许非公有资本进入法律法规未禁入的行业和领域"，并具体指明了非公有制经济

---

① 转引自陈振明主编《公共政策分析》，中国人民大学出版社2003年版，第235页。

可以进入的领域,包括电力、电信、铁路、民航、石油等能源、交通、通信领域;城镇供水、供气、供热、公共交通、污水垃圾处理等公用事业和基础设施领域;教育、科研、卫生、文化、体育等社会事业领域;银行、证券、保险等金融领域;国防科技工业建设领域,以及参与国有经济结构调整和国有企业重组,西部大开发、东北地区等老工业基地振兴和中部地区崛起。

为了进一步促进民间投资的发展,拓展非公有制经济的发展空间,2010年5月国务院又颁布了《关于鼓励和引导民间投资健康发展的若干意见》,俗称非公经济"新36条"。"新36条"与"旧36条"相比,对非公有制经济开放的领域更广泛、更明确和更具体。该文件对进一步拓宽民间投资领域和范围提出了以下原则:一是鼓励和引导民间资本进入法律法规未明确禁止准入的行业和领域,对各类投资主体同等对待,不得单对民间资本设置附加条件;二是政府投资主要用于关系国家安全、市场不能有效配置资源的经济和社会领域,对于可以实现市场化运作的基础设施、市政工程和其他公共服务领域,应鼓励和支持民间资本进入;三是国有资本的重点领域是关系国民经济命脉的重要行业和关键领域,在一般性竞争领域,要为民间资本营造更广阔的市场空间;四是将民办社会事业作为社会公共事业的重要补充,加快形成政府投入为主、民间投资为辅的公共服务体系。

国务院的非公经济"旧36条"和非公经济"新36条"对民营经济几乎放开了可以放开的所有领域,不仅包括一般性的竞争领域,而且包括垄断领域的竞争性环节,基础设施领域和社会事业领域可以放开的部分,甚至开放了国防科技工业建设领域,不可谓不彻底。2012年,为了具体落实对非公经济的开放政策,国务院要求相关部委制定鼓励和引导民间投资的实施细则。截至2012年7月底,42项民间投资实施细则已按国务院要求全部出齐。

各级政府对非公有制经济的开放政策取得了实效,民营资本的投资空间扩大了,并开始迈向基础设施领域、现代服务业领域和社会服务领域。但非公有制经济市场准入仍然很困难，许多在政策上已经对非公有制经济开放、甚至鼓励非公有制经济进入的领域，仍然挡着一道"玻璃门"或"弹簧门"，可望而不可即。

从私人控股企业固定资产投资的行业分布完全可以看出民营资本进入某些重要领域仍比较困难。2007—2011年，私人控股企业固定资产投资主要分布在制造业，批发和零售业，住宿和餐饮业，房地产业，农、林、牧、渔业，居民服务和其他服务业等传统的一般竞争性领域，而分布于电力、热力的生产和供应业，交通运输、仓储和邮政业，金融业，水利、环境和公共设施管理业，教育，卫生、社会保障和社会福利业等产业的比例较低（见表1）。

表1 　　　分行业私人控股企业固定资产投资比重　　　单位：%

行业年份	年份				
	2007	2008	2009	2010	2011
制造业	57.3	60.4	67.0	69.0	71.8
批发和零售业	65.6	67.3	71.5	71.4	70.8
住宿和餐饮业	64.3	66.6	71.8	70.8	70.0
房地产业	61.7	56.3	54.8	55.6	52.9
农、林、牧、渔业	33.4	40.1	40.3	42.1	49.9
居民服务和其他服务业	55.2	61.6	55.2	48.1	43.2
采矿业	26.2	29.6	34.5	38.3	41.8
文化、体育和娱乐业	20.0	23.8	29.4	31.5	34.7
租赁和商务服务业	32.0	36.3	32.9	13.7	39.5
科学研究、技术服务和地质勘查业	18.5	24.7	25.5	26.9	32.0
建筑业	33.3	32.0	31.7	29.5	28.3
电力、热力的生产和供应业	12.9	13.6	13.6	15.4	19.0
金融业	9.5	9.6	13.9	13.4	16.4
信息传输、计算机服务和软件业	4.0	7.8	8.6	10.7	14.2
卫生、社会保障和社会福利业	10.9	11.8	11.4	10.4	11.1
交通运输、仓储和邮政业	5.9	7.5	7.6	8.6	11.5
教育	10.7	12.3	11.0	10.8	10.8

续表

行业年份	年份				
	2007	2008	2009	2010	2011
水利、环境和公共设施管理业	6.1	6.6	6.7	7.6	9.7
公共管理和社会组织	4.0	5.9	5.8	6.9	7.6

资料来源：2008—2012年《中国统计年鉴》。

在一般竞争性领域，非公有制经济已经可以比较自由地进入和退出，但政府的宏观调控政策、产业政策和信贷政策往往构成非公有制经济的进入障碍。在宏观经济紧缩时期，民营经济往往首当其冲，其投资项目得不到批准和银行信贷。在产业政策领域，政府经常出于"重复建设"和"产能过剩"的考虑而限制民营企业进入某些行业。

在教育领域，1987年国家教委颁布了《关于社会力量办学的若干暂行规定》，1997年国务院颁布了《社会力量办学条例》，2002年颁布了《中华人民共和国民办教育促进法》，民营资本已经开始进入各级各类教育领域。据统计，2011年，我国民办高校有698家，独立学院309家，民办其他高等教育机构830家，民办高中阶段教育机构5250家，民办初中阶段教育机构4282家，民办普通小学5186家，民办幼儿园115404家，民办培训机构21403家。[①] 但民营资本进入教育领域仍存在一些障碍，主要是政策不配套和公办与民办教育机构的地位不平等。比如，政府往往对民办高校不授予硕士生或博士生招生和学位授予资格，民办教育机构的教师在职称评定、工资津贴、档案调转、养老保险、医疗保险等方面不能享受与公办学校同等待遇，民办学校的学生在助学贷款、购买火车票半价优惠等方面不能享受与公办学校学生同等待遇。政府对民办学校的盈利限制也比较严格。《社会力量办学条例》规定，民办学校不得以营利为目的，这也在一定程度上阻止了民营资本进入教育领域。

---

① 《中国统计年鉴2012》。

在医疗卫生领域，2000年国务院体改办等八部门联合下发了《关于城镇医疗卫生体制改革的指导意见》，2010年国办发布了《关于进一步鼓励和引导社会资本举办医疗机构的意见》，2012年国务院印发了《"十二五"期间深化医疗卫生体制改革规划暨实施方案》。截至2011年年底，全国民营医疗机构数为45.7万所，占医疗机构总数的47.9%。但民间资本进入医疗卫生领域仍面临着许多障碍，如获得政府部门的审批较难；与公立医院相比，民营医院在人才、资金等方面享有不平等待遇；民营医疗机构大多不是医疗保险和公费医疗报销的定点医院；等等。

在传统垄断行业，民营资本的进入难度很大。2011年，石油和天然气开采行业私人投资仅占全部投资的4%，电力、热力的生产和供应业占15%，燃气生产和供应业占29%，交通运输、仓储和邮政业占9%，电信和其他信息传输服务业占4%，水利、环境和公共设施管理业占8%。① 在这些行业，有些是因为"自然垄断"特征使目前的在位企业（主要是国有企业）居于垄断地位，导致许多潜在的竞争者被排斥在该行业之外，甚至一些竞争性业务也由于被授予行政垄断权而使潜在竞争者受到排挤和打压。

在公用事业和基础设施领域，民营资本的进入难度亦很大。虽然非公经济"旧36条"和"新36条"开放了包括城市供水、供热、供气、公共交通、排水、污水处理、市政设施、垃圾处理和城市绿化等公用事业和基础设施领域，但民营资本进入的障碍很多，主要是行政垄断和垂直一体化的市场结构阻碍着民营经济的进入。

破除民营经济进入障碍，构建平等竞争环境，需要从以下几个方面着手。

第一，破除意识形态障碍。非公有制经济进入的意识形态障碍几乎涉及所有产业。在公众和决策者的潜意识中，只要有可能，最好还是让公有制经济从事相应的投资，提供相应的产品和服务。在

---

① 冯兴元等（2013），其统计口径与表1有差异。

那些涉及文化宣传、有关国计民生和营利性较高的领域，如教育、新闻出版、公用事业、基础设施、医疗、金融等领域，进入障碍更为突出和严重。因此，消除意识形态障碍，对于打破非公有制进入的"玻璃门"是很重要的。

第二，消除国有经济和非公有制经济市场力量不对称。进入20世纪以来，非公有制企业的数量迅速增加，实力也在增强。2005—2011年，全国私营企业户数从471.95万户增加到967.68万户，增加了1.05倍，平均每年增加12.7%；个体工商户从2463.9万户增加到3756.47万户，增加了0.52倍，平均每年增加7.3%。户均注册资本，私营企业由129.9万元增加到266.5万元，个体工商户由2.4万元增加到4.3万元（黄孟复，2012）。但相对国有经济，非公有制经济仍处于弱势。国有经济依靠自己的资本实力，同时借助政府的行政力量，在市场上拥有非公有制经济无法比拟的特殊优势。非公有制经济无论是在经济实力上还是市场影响力上，都远不如国有经济，从而造成它们之间竞争力量的不对称和市场地位的不平等。

国有经济的许多竞争优势实际上是从政府政策上获取的。如2006年《国务院办公厅转发国资委关于推进国有资本调整和国有企业重组指导意见》规定，国有企业要在以下11个重点行业占据主导地位：煤炭开采和洗选业，石油和天然气开采业，黑色金属矿采选业，有色金属矿采选业，石油加工、炼焦及核燃料加工业，黑色金属冶炼及压延加工业，有色金属冶炼及压延加工业，加工运输设备制造业，电力、热力的生产和供应业，燃气生产和供应业，水的生产和供应业。通过对这11个行业相关数据的分析可以发现，国有企业确实占据绝对优势，而私营企业明显处于劣势。

一些国有企业则是凭借国有资本优势和在金融市场上的特殊地位获得竞争优势，它们甚至挟这些优势进入到竞争性领域，排挤和打压非公有制企业。以房地产业为例，最先进入房地产业的是民营企业。但随着房地产业的发展，特别是房价和利润的飙升，许多资本实力雄厚的国有企业纷纷进入房地产业，参与土地竞买，"地王"频繁出现于各大城市的土地拍卖市场上。2011年8月，国务院法制办发布《房地产开发企业资质管理规定（征求意见稿）》，全面提高了房地产企业从一级到四级房地产开发资质的认定门槛。其中规定，一级资质的注册资本由原来的不低于5000万元提高到不低于2亿元，房地产行业的进入难度提高。

消除力量对比的不均衡是构建平等竞争的前提。首先，需要调整国有经济结构和缩减国有经济部门，使国有经济和国有资本主要分布在自身功能领域，即公共品领域。国有经济和国有资本的规模和结构应主要由这一点来决定。世界银行和国务院发展研究中心联合课题组（2013）在一份研究报告中指出，"要重新定义中国的国有经济政策，需要强调国有制的重点应当是公共品提供"，在竞争能够发挥作用的领域，应该由民营经济和民营资本唱主角，国有经济不能凭借行政力量和资本优势来打压民营资本。只有国有经济回归到自己的本位，才能从总体上改变国有经济与非公有制经济力量对比悬殊和竞争地位不平等的局面。

其次，需要对国有经济的"主导地位"进行科学的理解。国有经济居于"主导地位"的部门不能过于宽泛，不能用行政手段来确保国有经济的"主导地位"，在国有经济居于"主导地位"的部门和领域，不一定需要政府提供大部分资本，政府可以通过资金扶持来支持民营经济进入，借助民营经济来完成政府想实现的某些经济社会功能，同时提高该领域的竞争性。

第三，打破垄断的市场结构。垄断的市场结构是非国有经济进入某些重要领域的重要障碍。电力、电信、铁路、民航、邮政等自然垄断性领域，政府政策都对非国有经济实行了开放，但目前垄断性的垂直一体化市场结构把非国有经济挡在了这些领域之外。

在自然垄断领域，既有自然垄断性业务，也有竞争性业务，而且垄断性业务和竞争性业务往往呈现垂直一体化结构。垄断性业务由于规模经济和沉淀成本巨大，需要由一家或少数几家企业经营，而竞争性业务则可以放开，自由进入。目前，垄断性业务由政府授权给国有企业经营，同时国有企业还经营该领域的竞争性业务。这样，国有企业就在自然垄断领域占据了绝对优势地位，它们可以出于自身利益的需要，通过控制垄断环节来阻止潜在竞争者提供竞争性业务。

这方面的例子很多。以电力行业为例，非公经济"旧36条"和"新36条"都对电力行业的开放做了明确规定，2012年6月国家电力监管委员会发布《加强电力监管支持民间资本投资电力的实施意见》，在市场准入、监督电网公平调度、可再生能源无歧视接入电网、电价改革等方面作出了具体规定，但民营企业投资电力的兴趣依然不大。其主要原因是五大中央企业控制着国家电网，同时经营发电业务，它们完全可以通过对输电业务的垄断阻止民间资本投资发电业务。20世纪80年代，发电领域民间资本的比例达15%，如今已下降到3%以内，五家电力中央企业占到我国电力市场份额的66%（冯兴元等，2013）。

打破垂直一体化的垄断市场结构，对于民营经济进入重要行业，特别是自然垄断行业尤其重要。一方面，必须把自然垄断领域中的垄断业务与竞争性业务分开，垄断业务实行垄断经营，竞争性业务则彻底开放；另一方面，在垂直一体化的市场结构中，经营垄断业务的企业不能同时经营竞争性业务，以免经营垄断业务的经营者凭借垄断环节阻止其他企业进入竞争性业务领域。

第四，大幅度削减行政审批。行政审批往往会把非公有制经济挡在某些领域之外，大力精简行政审批，是打破"玻璃门""弹簧门"的重要举措。

非公有制经济之所以难以进入许多政策允许进入的行业和领域，与政府审批环节过多、审批标准过高、对民营企业要求偏严、审批官员意识形态偏见和规避政治风险有很大关系。李克强总理在"国务院机构职能转变动员电视电话会上的讲话"举了一个企业"审批难"的例子："企业新上一个项目，要经过27个部门、50多个环节,时间长达6—10个月"。对1539家企业近3年审批情况的调查也表明了大致一样的情况:平均每家企业每年向政府申报审批项目17.67个,单个项目涉及的审批部门平均为5.67个,审批程序平均为9.4道,受调查企业审批时间平均值为171.35天,其中最长的约为1500天(陈清泰、张永伟,2013)。另据对江苏省民营企业准入调查,许多企业都认为,审批环节对民营企业的资金、技术和市场标准要求过高(见表2),从而导致民营企业难以进入某些行业和领域。

表2　　　江苏省民营企业市场准入障碍(占调查企业数百分比)　单位:%

市场准入标准	资金要求过高	43.5
	市场要求过高	49.5
	技术标准过高	38.4
	不同企业差别待遇	35.5
	其他	1.4

资料来源:徐志明等(2013)。

社会主义市场经济的基本要义是把市场机制作为资源配置的基本手段。因此,除了环境、生产安全、食品药品安全等涉及外部性的方面需要行政审批外,资源配置活动、投资活动都应由市场主体自主决策和自担风险。市场主体的自我激励和自我约束基本能够保证资源得到最佳配置。

我国行政审批制度改革已经取得了明显成就,2002—2012年,国务院分6批共取消和调整了2497项行政审批项目,占原总数的69.3%。新一届政府加大了行政审批改革的步伐,截至目前共取消和下放了165项行政审批事项,重点是经济领域投资、生产经营活动的项目,包括一些对企业投资项目的核准,涉及企业生产经营活动的许可,企业、社会组织和个人的资质资格认定等。但是,行政审批改革还没有完成,还必须进一步削减行政审批事项,减少行政审批环节;同时,审批官员要抛弃所有制偏见和意识形态偏见,在审批事项和审批标准上对各类市场主体同等对待,做到公平、公正和公开。

三　构建各种所有制经济平等使用生产要素的体制环境

土地、资本和劳动力是三种基本生产要素，平等获取和使用这些生产要素的权利，是各种所有制经济公平竞争、共同发展的基本条件，也是市场机制配置资源的基本前提。

党和政府的重要文件对各种所有制经济依法平等使用生产要素作出了比较明确的规定。党的十六大报告指出，对于非公有制经济，要"在投融资、税收、土地使用和对外贸易等方面采取措施，实现公平竞争"，党的十六届三中全会通过的《中共中央关于完善社会主义市场经济体制若干问题的决定》重申了这一点。非公有制经济"旧36条"提出，加大对非公有制经济的信贷支持力度，拓宽直接融资渠道，"非公有制企业在资本市场发行上市与国有企业一视同仁"。《国务院关于进一步促进中小企业发展的若干意见》针对中小企业"融资难"提出了改善中小企业金融服务、拓宽中小企业融资渠道、完善中小企业贷款体系等方面的政策措施。《中共中央关于制定国民经济和社会发展第十二个五年规划的建议》指出，"营造各种所有制经济依法平等使用生产要素、公平参与市场竞争、同等受到法律保护的体制环境"，党的十八大报告重申"保证各种所有制经济依法平等使用生产要素、公平参与市场竞争、同等受到法律保护"。

改革开放以来，我国生产要素市场，特别是劳动力市场得到了长足的发展，各种市场主体都有获得生产要素的机会。但是，不同所有制经济获取生产要素，特别是重要生产要素的权利还是不平等的，国有经济享有超越其他所有制经济的地位和优先权。这在金融市场上表现得极为明显。表3显示，个体私营经济在银行信贷中所占的比例与它们在经济增长和就业上的贡献是明显不对称的。2006—2011年，个体私营经济贷款占全部银行贷款的比例平均为14.12%，比它们在全社会固定资产投资中所占的比例低 11.38 个百分点,比它们在全社会就业中所占的比例低 5.27 个百分点。

表3　　　　个体私营经济获得的贷款与它们的贡献不相称　　　单位:%

年份	个体私营经济固定资产投资占全社会固定资产投资的比例	个体私营经济就业占全社会就业的比例	个体私营经济贷款占全部银行贷款的比例
2006	22.21	15.66	9.42
2007	24.11	16.93	14.34
2008	24.75	18.10	13.75
2009	24.84	20.04	12.77
2010	27.84	21.58	14.76
2011	26.27	23,95	16.59
2006—2011 年平均	25.50	19.39	14.12

资料来源:2007—2012 年《中国统计年鉴》和黄孟复(2012)。

民营经济不仅存在"融资难"问题,而且存在"用地难"问题。据对江苏省民营企业用地情况的调查,民营企业公平用地的权利目前无法保证,用地程序烦琐、用地指标不足、土地价格高是制约民营经济发展的重要因素,分别占总样本的 54.9%、54.6% 和 52.5%,还有 17.2% 的企业认为土地出让过程不透明(见表4)。

表4　　　　　江苏省民营企业用地难调查　　　　　单位:%

调查主题	选项	占总调查企业的比例
用地政策问题	用地和建设程序烦琐	54.9
	用地指标不足	54.6
	土地价格高	52.5
	土地出让不透明	17.2
	其他	1.8

资料来源:徐志明等(2013)。

保障各种所有制经济公平使用生产要素的权利，最重要的是进一步改革我国的金融市场（特别是银行体系和资本市场）和土地市场。撇开贷款审批环节的意识形态偏见，我国金融市场的结构从根本上讲不适合非公有制经济的融资需要。非公有制经济主要是一些中小微企业，它们的信贷需求具有数额较少、周期较短、时间性和灵活性强、缺乏抵押品等特点，而服务于当地的民间银行能够较好地满足中小微企业的融资需求。但是，我国的银行结构以国有大银行为主，大银行基于信息和业务成本等方面的考虑，往往偏好于大企业的大笔信贷业务和金融批发业务，而向中小微企业贷款对它们来说则是不划算的。尽管为了解决中小微企业的贷款难问题，中国工商银行等国有大银行成立了中小企业信贷部，但这仍不能解决中小微企业的贷款难问题。

不仅如此，拉·波塔等（2003）的研究表明，政府所有权在银行业中占过高的比例，会对金融发展产生抑制作用："我们发现，政府对银行更高的所有权与随后金融体制更慢的发展、更低的经济增长率，特别与更低的生产率联系在一起。"可以认为，国有资本占绝对优势的大银行制度会导致金融抑制，不利于激发经济活力，阻碍了全要素生产率的提高。

因此，放开民间资本进入银行业，对于非公有制经济公平获得生产要素，特别是信贷资本尤其重要。从更广泛的意义上讲，放开民间资本进入银行业，会促进我国金融深化。民间资本进入银行业的政策依据已经比较充分，国务院颁布的非公经济"旧36条"明确指出，"允许非公有资本进入金融服务业"，"允许非公有资本进入区域性股份制银行和合作性金融机构"，"允许符合条件的非公有制企业参与银行、证券、保险等金融机构的改组改制"。非公有制经济"新36条"明确提出，"允许民间资本兴办金融机构"，"支持民间资本以入股方式参与商业银行的增资扩股，参与农村信用社、城市信用社的改制工作"，"鼓励民间资本发起或参与设立村镇银行、贷款公司、农村资金互助社等金融机构"。2013年6月19日，李克强总理主持召开国务院常务会议，提出推动民间资本进入金融业，鼓励民间资本参与金融机构重组改造，探索设立民间资本自担风险的民营银行和金融租赁公司、消费金融公司等，进一步发挥民间资本在村镇银行改革发展中的作用。但是，民间资本进入银行业的程度还很低，金融抑制现象还很严重。出于维护存款人和公共利益的考虑，银监局对设立新的银行机构采取了审慎的态度，一直以来实行严格的审批制，而不是核准制或登记制。一些民营企业希望获得直接设立银行机构的机会，但由于严格的机构准入限制，实际上难以进入金融业。

推进民间资本进入银行业需要采取切实有效的措施，以消除"玻璃门"问题。一是扩大民间资本在大型商业银行的参股比例，以改善大型商业银行的治理结构、信贷行为和各类经济主体与金融机构之间的信息、信息传递机制；二是科学制定民间资本进入银行业的准入标准，推动民营银行的设立，这一点在目前显得尤为重要。民间中小型金融机构的设立标准不必过高、过严，应该让民营资本自我识别机会和自担风险，更大程度地发挥市场机制在甄别风险上的作用。同时，进一步加强金融监管，并尽快建立存款保险制度，分散存款人风险，保证存款人的资金安全，控制金融体系的系统性风险和维持金融体系的稳定。

一旦民营银行成长起来，非公有制经济的"融资难"问题就可望从根本上得到解决。同时，民营银行和国有资本主导的大型商业银行还能形成良性的分工合作关系：国有大型商业银行从事大企业（既包括国有大企业，也包括非国有大企业）的贷款和金融批发业务，民营银行则从事中小微型企业的贷款和金融零售业务，以发挥自身在信息和地缘、人缘方面的优势。

除了推进民营银行的设立外，还要加快利率市场化改革，提高债券融资比重，深化股票市场改革，给非公有制经济提供更多的融资机会。

土地制度改革和土地市场发育对于保证非公有制经济平等获得土地这一重要生产要素是十分重要的。要改革政府垄断的征地制度和政府在土地一级市场上的垄断地位，发挥土地市场在土地资源配置中的基础性作用。要加快培育土地二级市场，重新配置存量土地资源，以提高土地供应量和交易量，借以增加非公有制经济主体获得土地资源的机会，降低土地价格。要精简非公有制经济用地程序，增加土地市场透明度。

参考文献：

陈振明主编：《公共政策分析》，中国人民大学出版社 2003 年版。

陈清泰、张永伟：《行政审批何其多》，《人民日报》2013 年 6 月 17 日。

恩格斯：《1891 年社会民主党纲领草案批判》，《马克思恩格斯文集》第 4 卷，人民出版社 2009 年版。

冯兴元等：《中国民营企业生存环境报告 2012》，中国经济出版社 2013 年版。

冯兴元、苏小松：《第三波移民潮：法律安全作为一大原因》，《中国民商》2013 年第 3 期。

胡家勇等：《构建有效政府》，中国社会科学出版社 2010 年版。

黄孟复：《改革要怎么改？改什么？》，《中国民商》2013 年第 3 期。

黄孟复：《坚定不移地促进民营经济蓬勃发展》，《中国流通经济》2012 年第 12 期。

黄孟复：《中国民营经济发展报告（2011—2012）》，社会科学文献出版社 2012 年版。

拉·波塔等：《政府对银行的所有权》，《比较》2003 年第 6 期。

李剑阁：《下一步改革的两条主线：市场化取向，多种经济成分共同发展》，《中国改革》2013 年第 1 期。

马克思：《资本论》第三卷，《马克思恩格斯文集》第 7 卷，人民出版社 2009 年版。

世界银行和国务院发展研究中心联合课题组：《2030 年的中国：建设现代、和谐、有创造力的社会》，中国财政经济出版社 2013 年版。

徐志明、高珊、曹明霞：《利益博弈与民营经济政策执行困境：基于江苏省 1087 家企业的实证分析》，《江海学刊》2013 年第 1 期。

（原载《财贸经济》2013 年第 12 期）

试论社会主义市场经济理论的创新和发展

中国特色社会主义政治经济学是中国特色社会主义理论体系的重要组成部分，是马克思主义政治经济学中国化、时代化的最新成果。1984年10月，邓小平在评价《中共中央关于经济体制改革的决定》时指出，"写出了一个政治经济学的初稿，是马克思主义基本原理和中国社会主义实践相结合的政治经济学"①。经过30多年的改革开放和经济发展实践，中国特色社会主义政治经济学已经提出了一系列重要理论原则和观点，开始形成相对完整的逻辑结构和思想体系。社会主义市场经济理论是中国特色社会主义政治经济学重要组成部分，蕴涵着一系列重要的理论原则和观点，下面试图勾勒其发展脉络和基本轮廓。

一 社会主义市场经济理论是马克思主义政治经济学的重大突破

社会主义市场经济理论的提出是中国特色社会主义政治经济学对马克思主义政治经济学的重大突破，是科学社会主义的重大发展。

在马克思主义经典作家那里，未来社会实现生产资料公有制，②

---

① 《邓小平文选》第3卷，人民出版社1993年版，第83页。
② 在经典作家那里，这种生产资料公有制是建立在社会化大生产之上的："生产资料和生产实质上已经社会化了。"参见《马克思恩格斯文集》第9卷，人民出版社2009年版，第287页。

而"一旦社会占有了生产资料，商品生产就将会消除"①。在经典作家设想的未来社会里，"直接生产劳动"是一个非常重要的范畴。由于劳动已经成为"直接社会劳动"，劳动时间和生产资料如何在各种用途上分配就"不需要著名的'价值'插手期间"。② 十月革命之前，列宁设想："整个社会将成为一个管理处"③，实行直接的生产和分配。新经济政策时期，列宁在苏维埃经济中引入商品交换（不同于产品兑换），对商品、货币、私有制经济和物质利益的看法也发生了一些重大变化。但是，对于社会主义商品经济的关系，列宁的看法并没有发生根本性的变化，认为发展商品货币关系只是通向"直接生产和分配"的"渐进主义的、审慎迂回的行动方式"，④ 是一种战略上的"退却"。而且，到了1921年11月，列宁就认为，"现在已经有一些迹象可以使人看到退却的终点了，可以使人看到在不久的将来停止这种退却的可能性了"。⑤ 正因为列宁对商品货币关系的根本看法没有变化，才使得在列宁之后，高度集中的计划经济体制在苏联很快得以建立起来。

在西方主流经济思想中，社会主义与市场经济一直被尖锐对立起来。米塞斯在1922年出版的《社会主义——经济与社会学分析》中就对社会主义与市场经济的不相容性进行了系统论证，颇具代表性。他认为："不可能把市场及其价格形成机制同生产资料私有制基础上的社会的功能分离开。"⑥ 这是因为，公有制与生产要素市场不可能并存，公有制下不可能形成合理的价格，也就不可能有合理的经济核算。选择只能是"要么是社会主义，要么是市场经济"。⑦ 与

---

① 《马克思恩格斯文集》第9卷，人民出版社2009年版，第300页。
② 《马克思恩格斯文集》第9卷，人民出版社2009年版，第327页。
③ 《列宁专题文集》（论社会主义），人民出版社2009年版，第41页。
④ 《列宁专题文集》（论社会主义），人民出版社2009年版，第288页。
⑤ 《列宁专题文集》（论社会主义），人民出版社2009年版，第296页。
⑥ 米塞斯：《社会主义——经济与社会学分析》，中译本，中国社会科学出版社2008年版，第103页。
⑦ 米塞斯：《社会主义——经济与社会学分析》，中译本，中国社会科学出版社2008年版，第107页。

之相应，在所有制问题上，米塞斯也认为只存在互不相容的两种选择，"不是实行生产资料的公有制就是实行生产资料的私有制，二者必居其一"①。哈耶克也认为社会主义与市场经济不相容，这是因为，没有私有制就不可能有市场运转所需要的动力和信息。兰格等人虽然反驳了米塞斯和哈耶克的观点，认为在社会主义经济中可以模拟市场和价格机制的作用，②但在他们那里社会主义与市场经济仍然是"两张皮"。

改革开放以来，中国特色社会主义政治经济学的一个重大理论贡献是提出了社会主义市场经济理论，其精髓是社会主义作为一种社会制度和市场经济作为一种资源配置机制，可以有机结合起来，同时发挥二者的优势，并生成新的制度优势和体制优势。

社会主义市场经济理论的形成是一个不断突破、不断丰富、不断完善的过程，主线是对社会主义和市场经济认识的不断深化和科学化。对社会主义认识的深化主要体现在邓小平的相关重要论断上。1985年，邓小平指出："贫穷不是社会主义，社会主义要消灭贫穷。"③同年又指出："社会主义有两个非常重要的方面，一是以公有制为主体，二是不搞两极分化。"④ 1992年，邓小平又指出："社会主义的本质，是解放生产力，发展生产力，消灭剥削，消除两极分化，最终达到共同富裕。"⑤ 如果从这种新的实践高度来认识社会主义，跳出传统思想的桎梏，把解放和发展社会生产力、逐步实现共同富裕作为社会主义的本质，那么社会主义与市场经济就不存在矛盾。因为，从解放和发展社会生产力来看，市场经济通过调动亿万人民的聪明才智来创造财富和积累财富，能够极大限度地释放社会生产力发展空间。习近平总书记已经深刻地指出了这一点：

---

① 米塞斯：《自由与繁荣的国度》，中译本，中国社会科学出版社1995年版，第118页。
② 兰格：《社会主义经济理论》，中国社会科学出版社1981年版，第9—23页。
③ 《邓小平文选》第3卷，人民出版社1993年版，第116页。
④ 《邓小平文选》第3卷，人民出版社1993年版，第138页。
⑤ 《邓小平文选》第3卷，人民出版社1993年版，第373页。

"理论和实践都证明，市场配置资源是最有效率的形式"①；从逐步实现共同富裕来看，市场经济通过促进资本积累和投资、激励创新，源源不断地生成新的就业岗位，保障大多数人获取收入的机会，同时通过更好地发挥政府的作用，构筑公平竞争的起点、校正市场竞争的结果，帮助处于不利地位和面临风险的人。即使是西方的一些经济学家，也认为社会主义与市场经济具有相容性，社会主义所追求的一些重要目标是可以通过市场机制来实现的。如麦克米兰就指出，"市场并非天生与社会的目标背道而驰"②。

对市场认识的不断深化是中国特色社会主义政治经济学鲜明的理论特色。开启中国经济改革开放大幕的党的十一届三中全会提出要"重视价值规律的作用"；党的十二届三中全会通过的《中共中央关于经济体制改革的决定》提出，社会主义经济是公有制基础上有计划的商品经济；党的十四大报告明确提出"经济体制改革的目标是建立社会主义市场经济体制"，"市场在社会主义国家宏观调控下对资源配置起基础性作用"。市场的"基础性作用"是中国特色社会主义政治经济学对市场认识的一次质的飞跃，标志着社会主义市场经济理论开始形成。以习近平同志为核心的党中央在新的历史条件下把中国特色社会主义政治经济学对市场的认识又大大向前推进了一步，提出了"市场在资源配置中起决定性作用和更好发挥政府作用"的新论断，实现了中国特色社会主义政治经济学又一次质的飞跃。这一论断是对我国改革开放近40年实践经验的科学总结，反映了世界各国在谋求经济发展和国家现代化过程中的成功经验，必将对全面深化改革和完善社会主义市场经济体制起到至关重要的作用。

二 社会主义市场经济理论蕴涵的重要原则和观点

社会主义市场经济理论已凝练出许多重要理论原则和观点，主

---

① 习近平：《关于〈中共中央关于全面深化改革若干重大问题的决定〉的说明》，《人民日报》2013年11月16日。
② 麦克米兰：《市场演进的故事》，中译本，中信出版社2006年版，第288页。

要涉及政府与市场的关系、经济制度、收入分配制度、社会主义市场经济运行和对外开放等重大理论和实践问题。

(一) 政府与市场的关系

政府与市场的关系是经济学中历久弥新的问题。无论是马克思主义政治经济学的发展，还是西方主流经济学思想的演变，其重要标志之一就是对政府与市场关系的重新认识以及对政府与市场角色的重新定位。我国改革开放是以高度集中的计划经济体制为出发点的，处理好政府与市场的关系尤为重要。党的十四大报告指出，确定经济体制改革目标的核心是"正确认识和处理计划与市场的关系"；① 党的十八大报告进一步指出，"经济体制改革的核心问题是处理好政府和市场的关系"；党的十八届三中全会《决定》重申了这一理论和实践原则，勾画出了建立和完善社会主义市场经济体制的清晰线索。

如何处理好政府与市场的关系？从改革初期的自觉运用价值规律，到党的十二大报告的"计划经济为主，市场调节为辅"，到党的十四大的"市场在社会主义国家宏观调控下对资源配置起基础性作用"，再到党的十八届三中全会的"市场在资源配置中起决定性作用和更好发挥政府作用"，我们的认识一直向纵深推进，而"市场在资源配置中起决定性作用和更好发挥政府作用"已经成为中国特色社会主义政治经济学的一条基本原则。

科学理解市场的决定性作用和如何更好发挥政府作用，是处理好政府与市场关系的关键。首先，需要认真领会"市场决定资源配置是市场经济的一般规律"。② 市场的决定性作用体现在，绝大多数经济资源，无论是消费品包括重要消费品还是生产要素，包括劳动力、资本、土地、技术、信息等，都需要经由市场机制配置到最有效率的领域和环节上去。市场的优势源自它能够合成错综复杂的社

---

① 《十四大以来重要文献选编》（上），人民出版社1996年版，第18页。
② 《中共中央关于全面深化改革若干重大问题的决定》，人民出版社2013年版，第5页。

会偏好，将它们转化为简单的价格信号，①引导企业、消费者等市场主体作出合理的选择能够有效地传递和利用无数分散而隐匿的知识和信息，使资源的配置动态优化能够充分利用人们的内在激励驱动资源不停地流动，使整个经济充满生机和活力，不断激励创新和创业，成为不断获取新知识、淘汰旧知识的有机体，②从而也是创造新经济和开拓新生产力的有机体。总之，市场经济的优势在于能够调动潜藏在千百万人中的智慧和力量，让一切创造社会财富的源泉充分涌流。当然，市场不是万能的，更不能将市场的决定性作用和市场原则无限制地扩大到公共产品领域、社会领域、政治领域和道德领域，"市场设计并不是要么市场、要么政府的问题，而是市场加上政府才能解决的问题"③。其次，科学界定政府作用。资源的配置活动基本交给市场，政府就应该从纷繁复杂的资源配置活动中退出来而专注于自己的应尽职能。政府职能内生于现代市场经济的运行规律和社会主义的制度规定性，可以概括为构建四大框架。一是市场经济制度框架，包括良好的法治秩序、有效的产权制度、公正透明的竞争规则和权威的监管制度。二是总体生产力框架，包括资源、能源、交通、通信、信息、数据、生态等领域的大型公共基础设施和骨干网络，形成生产力发展和社会生活的骨架。三是宏观经济稳定框架，通过营造均衡、平稳的经济运行环境，形成稳定的市场和公众生活预期。四是社会福利框架，通过养老、医疗、教育、失业等制度防范社会风险，保障基本民生。当然，政府在建构这四大框架的过程中，也可以引进和利用市场的力量，促进资源动员和效率提升。

---

① 兰格认为："市场可以看成是求解联立方程的最古老的历史上的装置之一"，计算机诞生以后，"市场过程连同它的烦琐的试验似乎过时了"。可见，兰格把市场的基本功能视为处理复杂信息，但认为计算机可以替代这一功能，又把复杂问题简单化了。参见《社会主义经济理论》，中国社会科学出版社1981年版，第183—184页。
② 埃德蒙·费尔普斯：《大繁荣：大众创新如何带来国家繁荣》，中译本，中信出版社2013年版，第33页。
③ 麦克米兰：《市场演进的故事》，中译本，中信出版社2006年版，第228页。

（二）所有制理论的创新和发展

所有制在马克思主义政治经济学中居于核心地位，也是中国特色社会主义政治经济学的核心理论问题。改革开放以来，我国所有制理论取得了一系列重大突破，核心是对公有制经济、非公有制经济以及二者相互关系的认识不断深化和科学化，并对中国改革开放进程产生了深远影响。

改革开放初期，出于缓解就业压力和活跃城乡市场的目的，先允许个体经济、继而允许私营经济的存在和发展，并把它们定位为公有制经济的补充，同时允许外资的进入，以弥补资金缺口和引进先进生产、管理技术，从而开启了中国所有制结构发展演变的序幕。党的十五大实现了所有制理论质的飞跃，提出"公有制为主体、多种所有制经济共同发展"是社会主义基本经济制度这一基本论断，围绕这一论断，提出了中国特色社会政治经济学关于所有制问题的一些重要原理和原则，主要包括：公有制的主体地位主要体现在公有资产在社会总资产中占优势，国有经济控制国民经济命脉、对经济发展起主导作用；公有制实现形式可以而且应当多样化，股份制是现代企业的一种资本组织形式，社会主义也可以用；建立现代企业制度是国有企业改革的方向；非公有制经济是我国社会主义市场经济的重要组成部分。在党的十六大报告中，又进一步发展了所有制理论，首次提出"两个毫不动摇"的方针，随后"两个毫不动摇"一再被重申，从来没有动摇过，并相继制定出一系列的政策措施。

党的十八大以来，基于全面深化改革和经济发展迈入新常态的新历史条件，所有制理论又有了新的发展。党的十八届三中全会《决定》指出，公有制经济和非公有制经济都是社会主义市场经济的重要组成部分，都是我国经济社会发展的重要基础，公有制经济财产权不可侵犯，非公有制经济财产权同样不可侵犯，保证各种所有制经济依法平等使用生产要素、公开公平公正参与市场竞争、同等受到法律保护，混合所有制经济是基本经济制度的重要实现形式，完善国有资产管理体制，以管资本为主加强国有资产监管，等等。2016年3月4日，习近平总书记在全国政协民建、工商联界委员联组会议时的重要讲话，系统阐明了我国基本经济制度的理论与实践原则，澄清了有关基本经济制度，特别是有关非公有制经济的模糊认识，指出"公有制经济、非公有制经济应该相辅相成、相得益彰，而不是相互排斥、相互抵消"①，巩固和发展了已有理论成果。可见，中国特色社会主义政治经济学已经形成了线条较为清晰的所有制理论，为中国特色社会主义和现代市场经济的有机结合奠定了较为坚实的所有制理论基础。

与改革开放初期相比，我国各种所有制经济都得到了长足发展，所有制结构发生了重大变化。公有制经济所占的比重下降了，但主体地位没有变，仍控制着国民经济的重要行业、关键领域、重要环节和优质资产。非公有制经济在产值、投资、就业、税收总量中的比重大幅度提升，成为驱动经济增长和社会进步的重要动力。与此同时，我国经济发展进入新常态，经济结构更加复杂、不确定性增加、创新重要性凸显、消费个性化增强。需要在新的历史条件下进一步推动所有制理论的创新发展，为保持经济中高速增长和落实创新驱动发展战略奠定所有制基础。

第一，科学认识和保持公有制经济的主体地位。从产值、就业、税收等指标看，公有制经济已经不占数量优势，人们因此担心公有制的主体地位。从一定意义上讲，这为我们科学认识公有制主体地位提供了历史机遇。我们需要从中国特色社会主义的本质规定性和现代市场经济的内在运行规律来科学把握公有制的主体地位，与时俱进。公有制的主体地位需要有量的规定性，② 但更重要的是质的规定性，即公有制的主体地位应主要体现在公有制经济，特别是国有

---

① 习近平：《毫不动摇坚持我国基本经济制度，推动各种所有制经济健康发展》，《人民日报》2016年3月9日。
② 需要注意的是，这种量的规定性不是先验的，而是随实践而发展变化的，是由中国特色社会主义制度规定性、经济发展阶段、市场配置资源的决定性作用、市场运行内在机制等因素综合决定的。

经济构成国民经济和社会福利的基本框架上。具体来说，就是国有经济和国有资本主要分布于关系国家安全、国民经济命脉和基本民生的重要行业、关键领域和重要环节上，形成经济社会发展的骨架，再通过市场经济的渗透、放大和影响作用，成为覆盖整个经济社会生活的"普照的光"①。

第二，科学认识非公有制经济是现代生产力发展的重要组成部分。科学技术飞跃发展，不能再将非公有制经济以及中小企业与落后生产力联系在一起。② 在机器大工业时代，生产规模的扩大往往构成生产力发展的基础，而现代生产力的发展趋势不再是向生产大型化的单一方向，而是向大、中、小型化多方向并进。灵活运用现代技术，中、小型企业，甚至微型企业完全可以成为容纳和利用现代生产力的企业组织形式。不仅如此，中小企业甚至成为创新的重要源泉。需要基于"多样性"来理解非公有制经济存在的理由。多样性是适应经济复杂性、克服不确定性、激发创新活力和满足个性化需求的基础条件。"现代经济依靠社会的多样性实现繁荣。……经济活力还取决于企业家的多样性。"③ 因为，一个社会的创新意愿和能力都与多样性密切相关，金融家、企业家、生产者、消费者和企业组织形式、社会财产形式的多样性，决定着一个社会的活力和创造力。

进一步认识混合所有制经济的重要作用。各种资本交叉持股、相互融合的混合所有制经济将成为我国经济运行的基础，而股份制

---

① 对于"普照的光"，马克思有这样的论述："在一切社会形式中都有一种一定的生产决定其他一切生产的地位和影响，因而它的关系也决定其他一切关系的地位和影响。这是一种普照的光，它掩盖了一切其他色彩，改变着它们的特点。"参见《马克思恩格斯文集》第8卷，人民出版社2009年版，第31页。在社会主义市场经济中，公有制的主体地位和国有经济的主导作用应该更多地从"普照的光"的角度来理解和把握，而不能简单地划出某种数量界限。而且，这种"普照的光"是通过市场机制的运转和经济规律的作用而散发出来的。

② 《政治经济学》教材和一些相关论文在分析非公有制经济和中小企业存在理由时，一般把它们与生产力落后和经济发展不平衡联系在一起。这一观点需要随现代生产力的发展而改变。

③ 埃德蒙·费尔普斯：《大繁荣：大众创新如何带来国家繁荣》，中译本，中信出版社2013年版，第41页。

是混合所有制经济的重要存在形式。科学认识股份制的性质对于推动混合所有制经济发展非常重要。马克思和恩格斯当年对股份资本的论述可以给我们重要的理论启迪。马克思认为，股份公司的资本"在这里直接取得了社会资本（即那些直接联合起来的个人的资本）的形式，而与私人资本相对立"①。恩格斯则指出："由股份公司经营的资本主义生产，已经不再是私人生产，而是由许多人联合负责的生产。"② 马克思、恩格斯尚且认为资本主义社会中的股份资本带有"社会资本"和"联合生产"的性质，那么，在以公有制为主体的社会主义市场经济中，股份资本必然会在更大程度上体现"社会资本"和"联合生产"的性质，而成为公有制主体地位的实现形式或与公有制的主体地位相融合。

（三）收入分配理论的创新和发展

中国特色社会主义政治经济学形成了一系列有关收入分配的重要理论原则，涉及个人收入分配制度、生产要素参与分配、公平与效率关系、共同富裕等诸多重要方面。

确立"按劳分配为主、多种分配方式并存"的社会主义初级阶段收入分配制度，是马克思主义政治经济学分配理论的重大突破，体现了社会主义的本质规定性和现代市场经济的运行规律。改革开放初期，为了克服平均主义，强调按劳分配原则，党的十三大报告提出"实行以按劳分配为主体的多种分配方式"，党的十四届三中全会明确提出"按劳分配为主体、多种分配方式并存"的收入分配制度，③ 实现了收入分配理论和制度的质的飞跃。在随后的发展中，在坚持按劳分配为主体的前提下，逐步明晰多种分配方式的内涵，引入按生产要素分配。党的十五大报告提出把按劳分配和按生产要素分配结合起来，"允许和鼓励资本、技术等生产要素参与收益分配"，

---

① 《马克思恩格斯文集》第7卷，人民出版社2009年版，第494页。
② 《马克思恩格斯文集》第4卷，人民出版社2009年版，第410页。
③ 1993年11月党的十四届三中全会通过《中共中央关于建立社会主义市场经济体制若干问题的决定》，参见中共中央文献研究室编《十四大以来重要文献选编》（上），中央文献出版社2011年版，第452—476页。

党的十六大报告提出"确立劳动、资本、技术和管理等生产要素按贡献参与分配的原则",党的十八届三中全会提出"健全资本、知识、技术、管理等由要素市场决定的报酬机制"。允许生产要素参与分配,使居民的收入渠道多元化了,财产收入等非劳动收入快速增长,为市场机制运转提供了强劲动力。

"按劳分配为主、多种分配方式并存"的分配制度,与"公有制为主体、多种所有制经济共同发展"的基本经济制度具有内在一致性,符合马克思主义政治经济学收入分配的一般原理,即"消费资料的任何一种分配,都不过是生产条件本身分配的结果"①;它激发了亿万人民创造财富、获取收入和改善自身经济地位的积极性,驱动劳动力、资本、土地、技术、信息等生产要素不停地流动和重新配置,从而奠定了与社会主义市场经济运行相契合的分配制度基础。

收入分配理论和制度还需要进一步完善,一个重要方面是在新的历史条件下处理好公平与效率的关系。2003年之前,我们处理公平与效率关系的原则是"效率优先,兼顾公平"②,这与我国分配制度改革的起点是"平均主义"大锅饭,同时经济严重缺乏效率和活力密切相关。2004年开始,特别是党的十八大以来,处理公平与效率关系的原则发生了重要变化,"更加注重社会公平"、"着力提高低收入者收入水平"、"逐步扩大中等收入者比重"、使全体人民有更多的"获得感"等已纳入到处理公平与效率关系的原则之中。同时,对"公平"的理解也趋于其本质。党的十八大报告把"权利公平、机会公平、规则公平"作为社会公平的主要内容。这种"公平"观不仅与社会主义的本质规定相一致,也与现代市场经济运行的内在规律相一致,为确立科学的公平与效率关系奠定了基础。

从公平实现的全过程来看,公平包括起点公平、过程公平和结果公平,它们依次继起,相互影响。在现代市场经济中,如果起点

---

① 《马克思恩格斯文集》第3卷,人民出版社2009年版,第436页。
② 在当时的历史条件下,"公平"更多地被理解为"结果的平等"。

和过程都是公平的,那么由此而带来的竞争结果就可以视为符合公平原则,人们也会在很大程度上认可和接受这种结果。① 所以,起点公平和过程公平在构筑公平社会的过程中居于核心地位。不过,这种结果可能包含着公平竞争本身所造成的收入和财富的差别,而这正是经济发展的原动力之所在。结果公平需要从两个方面把握。一方面,形成结果的起点和过程必须是公平的,否则它们所带来的结果就不会被社会所认可;另一方面,这种结果所带来的收入和财富差距不能过于悬殊,不会造成两极分化。结果公平除了依赖于起点公平和过程公平而获得自身价值之外,它本身还具有独立的价值。这是因为:第一,结果的公平性接下来会影响新起点和新过程的公平。具体而言,上一轮竞争或上一辈人竞争的结果往往构成下一轮竞争或下一辈人竞争的条件,从而决定着新一轮竞争的起点和利用机会的能力。第二,相对平等的收入和财富分配更利于社会再生产的顺利进行,特别是消费(尤其是中低收入群体消费)对生产反作用的发挥和劳动力的再生产,影响着人自由而全面的发展和人性的解放。但是,校正公平竞争结果的行为是有限度的,那就是,它不能损害经济发展和市场运转的原动力。因此,在追求公平的努力中,首要任务是构建公平竞争的条件和环境,以充分调动人们创造财富的潜能,然后对竞争的结果进行适当修正,把收入和财富的差距控制在社会所能接受的范围内。

"权利公平、机会公平、规则公平"是实现起点公平和过程公平的关键,也是实现结果公平的关键。为了实现社会公平,同时促进经济效率,首先需要保障起点公平和过程公平。对于起点公平,要确保社会各阶层,特别是低收入家庭子女获得公平教育的机会。"对于政府来说,为使国家走上分配较为平等的道路,教育政策是最为可靠的办法","教育是而且永远是穷人家庭孩子逃出贫困的一条主

---

① 布坎南说:"如果初始禀赋和能力的分配的大体公平能够保证,在实际预期意义和规范偏好意义上,对于竞争市场过程的分配结果,我是相对心安理得的。"参见布坎南《自由、市场与国家》,中译本,上海三联书店1989年版,第197页。

要出路"。① 低收入家庭孩子的营养状况、劳动力健康状况、家庭居住条件等也会对起点公平产生重要影响。对于过程公平，则要求竞争规则公正、透明，竞争机会开放，人们有迁徙、择业、投资、交易的自由，拥有平等获取和利用生产要素的权利。因此，开放户籍制度、消除各类进入和退出障碍、发展金融市场和完善信息基础设施等，都是增进过程公平的重要因素。如果实现了起点公平和过程公平，我们就能够在较大程度上实现社会认可的结果公平。以此为基础，通过社会保障、低收入群体补贴、消除贫困等措施对竞争结果加以适当校正，实现更高程度的结果公平。同时，为了缓解收入差距和财富差距造成的消费差距，我们还需要通过完善产权保护制度和发展金融市场等措施，激励富裕群体把大部分收入和财富转化为再生产过程中的投资，在增加低收入群体的就业和收入机会的同时，缩小社会成员实际消费的差距，缓解由收入差距和财富差距所造成的消费差距，实现更高程度的消费公平和福利公平。

（四）社会主义经济运行理论

在社会主义市场经济中，劳动时间的分配，生产要素的配置主要是通过价值规律的作用来实现的，个人收入分配也要受到价值规律的重大影响。② 因此，中国特色社会主义政治经济学必须研究市场经济的运行规律。马克思在剖析资本主义经济运行规律时，对市场经济运行的一般原理进行了论述，为我们分析社会主义市场经济运行提供了理论启迪。例如，马克思认为，按比例分配社会劳动是一条"自然规律"，而这一规律在商品经济条件下是通过价值规律发挥作用的，这与我们提出的"市场在资源配置中的决定性作用"具有理论上的内在一致性。马克思强调商品交换中所有权、自由、平等的重要性，他认为，"从交换行为本身出发，个人，每一个人，

---

① 迈耶、斯蒂格利茨：《发展经济学前沿》，中译本，中国财政经济出版社2003年版，第390页。

② 在市场经济条件下，按劳分配中的"劳"是由它所形成的价值量来衡量的，劳动是否投入到有效的用途上，从而能否形成价值，也是由价值规律确认的。至于按生产要素分配，则基本由价值规律、供求规律和竞争规律调节。

都自身反映为排他的并占支配地位的（具有决定作用的）交换主体。因而这就确立了个人的完全自由：自愿的交易；任何一方都不使用暴力"①，是"处在平等的关系中"，"除了平等的规定以外，还要加上自由的规定"。②

中国特色社会主义政治经济学对经济运行有许多重要的论述。第一，强调培育完备的市场体系。马克思指出，"市场……采取总体的形态"③。只有完备的市场体系才足以支撑市场在资源配置中起决定性作用。市场体系的完备性不仅指各类市场齐全和发育良好，还指它们之间处于有机的联系之中，相互作用而趋向动态一般均衡。1993 年《中共中央关于建立社会主义市场经济体制若干问题的决定》就提出要重点培育金融市场、劳动力市场、房地产市场、技术市场和信息市场等。2003 年《中共中央关于完善社会主义市场经济体制若干问题的决定》提出要发展期货市场。迄今为止，各类市场业已存在，许多资源都是通过市场来进行配置的。第二，强调市场体系的统一开放和竞争有序。向市场主体开放机会，赋予他们自由选择、公平竞争的权利，同时又让他们承担决策的风险，硬化预算约束，市场规则公开透明，商品和要素可以自由流动。第三，实施有效市场监管。监管是政府最为重要的微观经济职能，以维护市场竞争秩序，消除垄断，保障食品、药品、环境和生产场所安全等。

生产要素自由流动是价值规律、供求规律、竞争规律发挥作用的前提条件，今后现代市场体系建设的一个着力点就是完善生产要素市场，增强要素的流动性，以激发市场经济的内生动力。马克思在谈到利润的平均化，也就是资源动态配置过程时，强调以下两个条件的重要性：一是"资本有更大的活动性，也就是说，更容易从一个部门和一个地点转移到另一个部门和另一个地点"；二是"劳动力能够更迅速地从一个部门转移到另一个部门，从一个生产地点转

---

① 《马克思恩格斯全集》第 46 卷（上册），人民出版社 1979 年版，第 196 页。
② 《马克思恩格斯全集》第 46 卷（上册），人民出版社 1979 年版，第 195 页。
③ 《马克思恩格斯全集》第 46 卷（上册），人民出版社 1979 年版，第 238 页。

移到另一个生产地点"。这就要求"社会内部已有完全的贸易自由，消除了自然垄断以外的一切垄断"，"废除了一切妨碍工人从一个生产部门转移到另一个生产部门，或者从一个生产地点转移到另一个生产地点的法律。"① 这些经典论述为中国特色社会主义政治经济学推进市场经济运行理论的研究提供了重要启示。

（五）对外开放理论

在马克思所构想的政治经济学体系中，无论是"五篇结构计划"，还是"六册结构计划"，都包含国际贸易、国际市场等国际经济关系的内容，说明经典作家当时已经充分意识到生产力发展国际化、资源配置国际化和利益分配国际化的重要性。马克思认为，国际分工是产生国际贸易的基础，也是资本国际流动的基础。它们反过来又有力地推动国际分工向更广范围、更深程度和更高层次发展。在谈到国际贸易和国际市场的作用时，马克思指出，世界市场"到处为文明和进步准备好地盘，使各文明国家里发生的一切必然影响到其余各国"；② "新的世界市场关系也引起产品的精致和多样化"。③ 价值规律同样在国际市场上发挥重要作用，调节着生产国际化所生成的利益在不同国家之间的分配，其中技术先进、劳动复杂程度高、劳动生产率高的国家占据较大利益份额，从而导致"一个国家的三个工作日也可能同另一个国家的一个工作日交换"④。马克思同时从生产关系的角度来认识经济国际化的性质，他说"创造世界市场的趋势已经直接包含在资本的概念本身中"⑤。从生产力和生产关系两个方面来把握经济全球化的性质，是马克思主义政治经济学的一个基本原则，也是中国特色社会主义政治经济学的一个重要原则。

20世纪下半叶以来，国际分工迅速发展，不仅传统的产业间、产品间分工程度加深，产业内分工和产品内分工也在不断出现和深

---

① 《马克思恩格斯文集》第7卷，人民出版社2009年版，第218—219页。
② 《马克思恩格斯全集》第4卷，人民出版社1958年版，第361—362页。
③ 《马克思恩格斯文集》第5卷，人民出版社2009年版，第512页。
④ 《马克思恩格斯全集》第26卷第3册，人民出版社1974年版，第112页。
⑤ 《马克思恩格斯全集》第46卷（上册），人民出版社1979年版，第391页。

化，产业链条越拉越长，劳动生产率也越来越高。与此同时，交通运输、通信和信息技术快速发展。在这些因素的共同作用下，产品、服务、生产要素的国际流动规模日趋扩大，速度越来越快，生产、交换、分配和消费越来越成为世界性的。积极参与国际分工，在国际分工链条和国际经济规则制定中占据有利位置，是各国谋求竞争优势和经济发展的必然选择。

中国特色社会主义政治经济学基于经济全球化背景和我国改革开放实践，逐步形成了一系列对外开放的理论观点，认为对外开放是一项长期基本国策；充分利用国际国内两个市场、两种资源，把"引进来"和"走出去"结合起来；积极参与国际竞争与国际经济合作，发挥我国比较优势；建立互利共赢、多元平衡、安全高效的开放型经济体系；积极参与全球治理，等等；主要政策主张包括，通过开办经济特区和全方位开放、吸收外资和对外投资、加入世界贸易组织等国际组织、实施"一带一路"倡议、促进国际产能合作等，逐步深度融入全球分工体系之中。

对外开放理论仍需要探讨一系列重要的理论和实践问题。第一，在新技术条件下国际分工和产业演进的规律，以及如何提升我国在国际分工和利益链条中的位置，实现静态和动态比较优势。第二，价值规律在国际市场上的作用形式，以及如何通过产业升级和创新驱动来保证我国在全球利益分配中得到合理的份额。第三，参与全球治理的途径。与国内市场相比，世界市场更不完善，国家扮演重要角色，生产要素的流动性低，壁垒众多，资本门槛高，因此竞争规则和参与规则的制定就显得非常重要。中国特色社会主义政治经济学在诸如此类的问题上都可以大有作为。

（原载《经济研究》2016 年第 7 期）

改革开放 40 年我国所有制理论的创新和发展

所有制问题是马克思主义政治经济学的基本理论问题。改革开放 40 年来，我国所有制理论取得了一系列重大进展，最大的理论突破是提出了公有制为主体、多种所有制经济共同发展的基本经济制度理论。社会主义基本经济制度理论的确立，为社会主义初级阶段经济制度和社会主义市场经济奠定了重要理论根基。回顾改革开放 40 年来我国所有制理论的演进脉络，对于构筑新时代经济发展的制度基础，具有重要的理论和现实意义。

一　改革开放初期所有制结构的多元化

中国经济体制改革的起点是高度集中的计划经济体制，在所有制结构上的表现就是"一大二公"，公有制经济一统天下。这是中国特色社会主义所有制理论形成、发展并不断取得突破的历史背景，也是理解中国所有结构变迁的基本前提。

我国所有制结构的变迁是以允许个体经济的存在和发展为发端的。而一旦打开这个缺口，所有制结构便获得了自我演进的内生动力，并成为推动我国所有制理论不断发展的现实基础。1978 年党的十一届三中全会指出："社员自留地、家庭副业和集市贸易是社会主义经济的必要补充部分，任何人不得乱加干涉。"[①] 1982 年，发展和

[①] 《中国共产党第十一届中央委员会第三次全体会议公报》，人民出版社 1978 年版，第 9 页。

保护个体经济被写入了《中华人民共和国宪法》："在法律规定范围内的城乡劳动者个体经济，是社会主义公有制经济的补充。国家保护个体经济的合法的权利和利益。"

改革开放初期，理论界对个体经济的发展进行了热烈的讨论，著名经济学家薛暮桥的观点具有代表性。他举例说："实践向我们提出了一个问题，我们一向把长途贩运当作投机倒把，这到底对不对呢？山货土产没有腿，没有人长途贩运，怎么会自己跑到城里来呢？如果让山货烂在山上叫'社会主义'，贩到城里来丰富市场供应是'资本主义'，这能说是马克思主义吗？我认为不能把长途贩运和投机倒把等同起来，应当允许长途贩运。"他进一步指出："对于手工劳动，我认为集体所有制经济甚至个体户可能比全民所有制更加优越，生产关系一定要适合生产力的性质，认为全民所有制在任何条件下（比如手工劳动条件下）一定比集体、个体所有制优越，这不是马克思主义。"[①]

个体经济的发展适应了当时经济社会的客观形势和需要。一是当时有大量的劳动者找不到就业门路，公有经济部门也提供不了足够的就业岗位，仅1979年由返城知青形成的失业人口就达到140.66万人；二是当时城镇居民日常生活遇到的一系列亟待解决的难题，如吃饭难、理发难、修理难、洗澡难等一直困扰居民，个体经济在解决这些民生难题上具有天然的优势；三是个体经济的发展不需要大量的资金，技术门槛和经营风险较低，适应了当时的经济发展水平。在各项鼓励、引导政策的刺激下，个体经济发展迅速，到1992年全国登记注册的个体工商户达1533.9万户，从业人员达2467.7万人，注册资金达600.9亿元，实现产值926.2亿元，营业额为2238.9亿元，商品零售额为1861.3亿元。

个体经济发展孕育着私营经济破土而出的能量，私营经济的出现是个体经济自然演化的结果。私营经济与个体经济的基本区别是存在雇佣关系，而个体经济的发展必然会产生雇工现象。适应个体经济发

---

① 转引自黄孟复主编《中国民营经济史》，社会科学文献出版社2009年版，第148—149页。

展的需要，1981年，适时发布《国务院关于城镇非农业个体经济若干政策性规定》，提出了雇工（当时称为"帮手"或"学徒"）的政策界限：个体经营户，经过工商行政管理部门批准，可以请一至两个帮手，技术性较强或有特殊技艺的，可以带两三个最多不超过五个学徒。1987年，雇工政策进一步放宽，当年中央发布了《把农村改革引向深入》的通知，除了重申有关个体经济"帮手"的规定以外，还提出：对于某些为了扩大经营规模，雇工人数超过5人限度的私人企业，也应采取允许存在、加强管理、兴利抑弊、逐步引导的方针。这实际上对私人企业雇工人数已经没有刚性限制，这就给私人资本与劳动力的结合开拓了足够大的政策空间。

当然，与个体经济相比，改革开放初期，私营经济的发展之路要曲折艰难得多，当时的政策基调是"不宜提倡，不要公开宣传，也不要急于取缔"[①]，但私营经济凭借自己顽强的生命力暗暗生长。1987年私营经济的命运开始发生了实质性变化，当年召开的党的十三大对私营经济给予了明确的定位，指出："私营经济一定程度的发展，有利于促进生产，活跃市场，扩大就业，更好地满足人民多方面的生活需求，是公有制经济必要的和有益的补充。"[②] 1988年的《中华人民共和国宪法修正案》指出："国家允许私营经济在法律规定的范围内存在和发展。"至此，私营经济的合法地位在《宪法》中首次得到了确认。1988年，全国各地开始私营企业登记注册工作，1989年年底，全国登记注册的私营企业90581户，从业人员1640051人，工业、建筑业、交通运输业实现产值974005万元，饮食业、服务业、修理业等行业的营业额为388055万元，商品零售额为337434万元。

改革开放初期，经济理论界对私营经济的发展进行了许多有价

---

① 在谈到当时颇受争议的雇工问题时，邓小平指出："还有的事情用不着急于解决。前些时候那个雇工问题，相当震动呀，大家担心得不得了。我的意见是放两年再看。"参见《邓小平文选》第3卷，人民出版社2005年版，第91页。

② 《十三大以来重要文献选编》（上），人民出版社1991年版，第32页。

值的研究，聚焦于私营经济的性质和定位，以及雇工问题。一些学者谈到了私营经济与社会主义的兼容性。单东、王政挺认为："作为私营经济，其生产资料归业主所有，雇主获取剩余价值，对工人有剥削，这是私营经济的一般性。但是，我国的私营经济，是在社会主义经济的大环境中存在的，公有制经济影响和支配着私营经济，从而使之有不同于资本主义社会中的性质和地位。"① 王勇指出："私营经济是我国现阶段经济中必然组成部分。因为在商品经济条件下，私有制经济同公有制经济之间存在着内在的经济联系，正是这一联系才构成了国民经济体系。在市场上，各种所有制经济成分都是平等的，在它们之间建立了相互依赖的关系，并非只有私有制经济依赖于公有制经济的一面。在这个体系中，缺乏哪一个部分都不利于生产力的发展。"② 而对于雇工经营的性质，蒋振明认为：现阶段的雇工经营"既为社会或共同体创造劳动者共同需要的价值（税收、集体提留、银行贷款利息等），也为私人雇主创造剩余价值。所以这种雇工既具有社会主义联合劳动的性质，也具有资本主义因素③。张木生认为："在社会主义条件下，农村雇工经营的性质不是其本身所能决定的，而要看人民民主国家为其准备的条件轨道。"④

无论是对私营经济的性质和地位，还是对私营经济所涉及的雇工问题，当时的主流看法是，要从整个经济制度背景，即公有制为主体来把握，而不能仅仅看到其生产资料的私有性质。这符合马克思主义政治经济学的基本原理，也为私营经济的发展创造了较好的理论和舆论氛围。

改革开放初期，我国所有制结构的多元化还表现为较早打开了利用外资的大门。1982年1月，党中央和国务院批转《沿海九省、

---

① 单东、王政挺：《对个体经济、私营经济和搞活公有制企业的一些理论问题的探讨》，《经济学动态》1990年第5期。

② 王勇：《把私营经济放在商品经济的大环境中来研究》，《经济学动态》1988年第5期。

③ 蒋振明：《雇工的一般与特殊》，《农业经济丛刊》1986年第1期。

④ 张木生：《关于当前"雇工"经营的实践与理论》，《农业经济丛刊》1984年第2期。

市、自治区对外经济贸易工作座谈会纪要》，该纪要提出：抓住当前有利时机，大胆利用外资，加强国际经济合作和技术交流。1983年，国务院发布《中华人民共和国中外合资经营企业法实施条例》，对利用外资作出了明确的政策规定。1979—1982年，我国实际利用外资124.57亿美元，1991年，实际利用外资达115.54亿美元。利用外资缓解了我国早期经济发展中的资本、技术和管理的"三缺口"。同时，外资进入，特别是外国直接投资，同个体经济和私营经济一起，改变了我国的所有制结构，并为随后的市场竞争和国有经济结构调整准备了前提条件和经济基础。

随着个体经济、私营经济和外资经济的发展，以及公有制经济主体的多元化，中国经济中的资本等生产要素日益多元化，数量不断累积。资本等生产要素的本性要求不断流动，在流动中不断重新组合，实现最大化增值，带来尽可能多的收入。因此，作为资本等生产要素相互融合、功能互补组织形式的股份制便在实践中产生了客观需要。1986年国务院颁布的《关于深化企业改革增强企业活力的若干规定》就允许全民所有制企业进行股份制改造，党的十三大充分肯定了股份制，指出："改革中出现的股份制形式，包括国家控股和部门、地区、企业间参股以及个人入股，是社会主义企业财产的一种组织方式。"①

20世纪80年代初和90年代初，股份制是经济理论界争论的一个热点，不同观点相互交织。1988年在四川省自贡市召开了"股份制理论与实践研讨会"，与会大多数代表认为："不同财产主体经济利益的独立性和差别性决定了它们只能通过股份制这一财产组织形式实现资金的集中使用，并借助于股票的转移和股金的再投入实现资金的流动。"② 蒋学模认为："股份制是同生产社会化和商品化相适应的一种集资形式。它既可以为资本主义企业利用，也可为社会

---

① 《十三大以来重要文献选编》（上），人民出版社1991年版，第28页。
② 杨钢：《股份制理论与实践研讨会观点介绍》，《经济学动态》1988年第5期。

主义企业利用。"① 厉以宁认为，"在社会主义社会中，建立和发展股份企业不仅是必要的，而且也是可行的"。② 对于股份制经济的性质，多数学者认为取决于总体制度环境和公有股份所占的比例。刘国光认为：只要保持"国家股份为主体"，就能保证股份制经济的社会主义全民所有制性质。③ 也有专家对股份制持保留甚至反对态度，如认为："那种想用股份制实行股份化私有化，要劳动者在持股上产生积极性，然后在股份化上发展资金市场，持股者可以不劳动，而劳动者没有持股时则由劳动力市场来决定劳动力供求和工资高低的想法和做法，很显然是西方资本主义的本本主义。"④

从实践来看，1984年至1986年是股份制发展的第一个高潮时期，一些企业开始冲破地区、部门、所有制的界限，组建多种形式的经济联合体，并逐步从单一的生产技术协作发展到以资金、技术、设备等投资入股，还有一些企业开始明确采用股份制的形式改造老企业和组建新的股份公司。1988年是我国股份制发展的另一个高潮时期。1989年年底，中国股票累计发行42亿元。1989年到1991年，因国家治理、整顿经济秩序，股份制由"热"变"冷"，许多股份制企业又退回去了，大多数股份制企业靠还本付息方式结束了股份制。1991年后，党和政府的一系列文件都肯定了股份制，并强调试点，中国又掀起了股份制的一个高潮。

二　社会主义基本经济制度理论的形成

从1978年到20世纪90年代初期，我国所有制结构已经呈现出多元化格局，与改革开放之初相比已是天壤之别，这为社会主义基本经济制度理论的形成奠定了坚实基础。20世纪90年代，是

---

① 蒋学模：《评"所有者缺位"论》，《经济研究》1988年第3期。
② 厉以宁：《社会主义所有制体系的探索》，《河北学刊》1987年第1期。
③ 刘国光：《关于所有制关系改革的若干问题》，《经济日报》1986年1月4日。
④ 马宾：《全民所有制企业的动力不是化公为私的股份制》，《经济学动态》1986年第10期。

中国所有制理论和所有制改革实践大发展的重要时期，我们党正式提出了社会主义基本经济制度理论，实现了所有制理论的质的飞跃。

1992年10月，党的十四大召开，其重要理论贡献是确立了我国经济体制改革的目标是"建立社会主义市场经济体制"。按照社会主义市场经济的内在逻辑，党的十四大指明了社会主义市场经济的所有制基础："在所有制结构上，以公有制包括全民所有制和集体所有制经济为主体，个体经济、私营经济、外资经济为补充，多种经济成分长期共同发展，不同经济成分还可以自愿实行多种形式的联合经营。国有企业、集体企业和其他企业都进入市场，通过平等竞争发挥国有企业的主导作用。"[①] 1993年，党的十四届三中全会召开，通过了《中共中央关于建立社会主义市场经济体制若干问题的决定》，勾画了社会主义市场经济体制的基本框架，并在所有制理论上取得了新进展，主要体现在：一是突破了"非公有制经济"作为公有制经济"有益补充"的传统定位，提出"坚持以公有制为主体、多种经济成分共同发展的方针。在积极促进国有经济和集体经济发展的同时，鼓励个体、私营、外资经济发展，并依法加强管理"；"国家要为各种所有制经济平等参与市场竞争创造条件，对各类企业一视同仁。"二是首次对公有制主体地位作出了说明："公有制的主体地位主要体现在国家和集体所有的资产在社会总资产中占优势，国有经济控制国民经济命脉及其对经济发展的主导作用等方面。"[②] 三是提出了混合所有制经济的思想，指出："随着产权的流动和重组，财产混合所有的经济单位越来越多，将会形成新的财产所有结构。"这是改革开放以来党的文献首次对混合所有制经济的阐述。四是提出国有股权在公司制企业中所占比例需要根据具体情况来确定，不能一概而论和一刀切。可见，党的十四届三中全会《中共中央关于建立社会主义市

---

① 《十四大以来重要文献选编》（上），人民出版社1996年版，第19页。
② 《十四大以来重要文献选编》（上），人民出版社1996年版，第526页。

场经济体制若干问题的决定》已经勾画出了社会主义基本经济制度的轮廓，为社会主义基本经济制度理论的形成做了比较充分的准备。

1997年党的十五大召开，十五大的重大贡献是正式提出和系统表述了社会主义基本经济制度理论，指出"公有制为主体、多种所有制经济共同发展，是我国社会主义初级阶段的一项基本经济制度"，实现了中国特色社会主义所有制理论的重大飞跃。社会主义基本经济制度理论凝结了改革开放前20年理论和实践创新的成果，为后来的经济体制改革开辟了巨大的空间，其创新性主要体现在以下几个方面：

第一，适应所有制结构多元化的现实，拓展了公有制经济的范围，提出公有制经济不仅包括国有经济和集体经济，还包括混合所有制经济中的国有成分和集体成分。将混合所有制经济（包括股份制企业、联营企业等）中的国有成分和集体成分纳入公有制经济范畴，体现了深邃的理论和实践洞察力。

第二，明晰了公有制主体地位和国有经济主导作用的内涵。如何认识公有制的主体地位，党的十五大作出了两个方面的界定：一是公有制的主体地位主要体现公有资产在社会总资产中占优势，国有经济控制国民经济命脉，对经济发展起主导作用；国有经济的主导作用主要体现在它对整个经济的控制力上。二是对公有制主体地位的数量界限需要辩证把握。公有资产的数量占优势是就全国而言的，不同地方、不同产业可以有所差别；公有资产要有量的优势，更要注重质的优势。

第三，提出从战略上调整国有经济布局。这是一个重大的理论进展。对关系国民经济命脉的重要行业和关键领域，国有经济必须占支配地位，其他领域，可以通过资产重组和结构调整加强重点，提高国有资产的整体质量。党的十五届四中全会通过的《中共中央关于国有企业改革和发展若干重大问题的决定》对国有经济的分布领域作了比较明确的规定，即国有经济主要分布在以下四大领域：涉及国家安全的行业，自然垄断的行业，提供重要公共产品和服务的行业，以及支柱产业和高新技术产业中的重要骨干企业。

第四，提出公有制实现形式可以而且应当多样化，股份制是现代企业的一种资本组织形式，社会主义可以用；股份制经济是公有还是私有，关键看控股权掌握在谁手中。

第五，进一步突破了非公有制经济是社会主义公有制经济"补充"的理论，提出非公有制经济是我国社会主义市场经济的重要组成部分，对个体、私营等非公有制经济要鼓励、引导，使之健康发展，这就把非公有制经济的地位提高到一个新的理论和实践高度。

党的十六大和十七大以后，社会主义基本经济制度理论有了进一步的发展。党的十六大报告首次提出了"两个毫不动摇"方针，从此，"两个毫不动摇"方针在党中央国务院的重要文献中一再被重申，成为处理公有制经济与非公有制经济关系的基本理论和实践准则。党的十六届三中全会将混合所有制提升到公有制主要实现形式的高度，指出："大力发展国有资本、集体资本和非公有资本等参股的混合所有制经济，实现投资主体多元化，使股份制成为公有制的主要实现形式"，同时提出建立归属清晰、权责明确、保护严格、流转顺畅的现代产权制度。党的十七大在基本经济制度理论中首次提出了"平等保护物权"，把"公有物权"和"私有物权"放在平等保护之列，形成各种所有制经济平等竞争、相互促进的格局，党的十七届五中全会进一步明确："营造各种所有制经济依法平等使用生产要素、公平参与市场竞争、同等受到法律保护的体制环境"。

从1992年邓小平"南方谈话"到2012年党的十八大召开的20年间，经济学界对社会主义基本经济制度理论作广泛深入的探讨，提出了许多重要理论观点，推动了社会主义基本经济制度理论的形成和发展。董辅礽是较早提出混合经济思想的经济学家之一，早在20世纪80年代初，他就说，社会主义经济不能只有公有制经济，没有私有制经济，这样是不能促进生产发展的。社会主义经济应当是"在保持多种公有制占主导的条件下发展多种非公有制（个体、私营的、混合的私有制等）"，这样"可以使各种所有制的强点和弱点互相补充，可以较好地解决公平与效率问题"。① 20 世纪 90 年代初，他用"八宝饭"来形象地比喻和描绘社会主义经济的所有制结构，他说："社会主义经济好像一盆八宝饭，八宝饭是以糯米饭为主要成分的，其中还有豆沙、红枣、莲子等食品。虽然，糯米饭是为主要成分的，但糯米饭本身不是八宝饭。同样，豆沙、红枣、莲子等食品，一样一样地单独地说，各自也都不是八宝饭。……只有把糯米饭、豆沙、红枣、莲子等等组合起来，并以糯米饭为主要成分才是八宝饭。"② 20 世纪 90 年代中后期，国有经济的结构性调整是经济理论界讨论的一个热点，这方面的一部重要著作是吴敬琏、张军扩、刘世锦、陈小洪、王元、葛延风等 1998 年出版的《国有经济的战略性改组》。他们认为，国有经济从整体上讲之所以缺乏竞争力，症结在于国有资本在企业、行业之间分布过散、战线过长，"有限的国有资本难以支撑如此庞大的国有经济'盘子'"③。因此，需要对国有经济进行战略性改组，即"通过国有资产的流动和重组，在适当收缩国有经济战线的前提下，改善国有资产的配置结构和国有企业的组织结构，集中力量加强国家必保的行业和企业，使国有经济在社会主义市场经济中更好地发挥作用"④。

三 新时代所有制理论的新发展

党的十八大以来，以习近平同志为核心的党中央开启了改革开

---

① 张卓元主编：《论争与发展：中国经济理论50年》，云南人民出版社1999年版，第159页。
② 董辅礽：《经济体制改革研究》（上卷），经济科学出版社1994年版，第343—344页。
③ 吴敬琏、张军扩、刘世锦、陈小洪、王元、葛延风等：《国有经济的战略性改组》，中国发展出版社1998年版，第32页。
④ 吴敬琏、张军扩、刘世锦、陈小洪、王元、葛延风等：《国有经济的战略性改组》，中国发展出版社1998年版，第9页。

放和经济发展新时代。2013年11月,党的十八届三中全会通过了《中共中央关于全面深化改革若干重大问题的决定》(以下简称《决定》);2015年10月,党的十八届五中全会通过了《中共中央关于制定国民经济和社会发展第十三个五年规划的建议》;2017年10月党的十九大召开,习近平总书记做了《决胜全面建成小康社会 夺取新时代中国特色社会主义伟大胜利》的报告。党的十八大以来,习近平总书记发表了一系列治国理政的重要讲话。党的十八大以来的实践和理论创新,形成了习近平新时代中国特色社会主义思想,其中包含社会主义基本经济制度理论的创新和发展。

第一,将社会主义基本经济制度提高到新的理论和实践高度。1997年党的十五大提出社会主义基本经济制度,2013年党的十八届三中全会《决定》指出:"公有制为主体、多种所有制经济共同发展的基本经济制度,是中国特色社会主义制度的重要支柱,也是社会主义市场经济体制的根基。"① 这就把社会主义基本经济制度上升到了一个新高度。基本经济制度的"重要支柱"和"根基"地位,是改革开放40年来中国特色社会主义和社会主义市场经济建设经验的科学总结,促进了我国经济实力的稳步提升。从资本形成来看,1998年,全社会固定资产投资为28406.17亿元,其中公有制经济19561.54亿元,混合所有制经济2007.5亿元,非公有制经济6718.18亿元,其他经济118.95亿元。2016年,全社会固定资产投资增加到606465.6亿元,其中公有制经济137967.0亿元,混合所有制经济220849.8亿元,非公有制经济225394.1亿元,其他经济22254.7亿元。仅从资本形成来看,已呈现出各种经济形式共同发展的局面,这从一个重要侧面说明,我国基本经济制度是适合社会生产力发展要求的,这一基本制度安排有利于激发各种所有制经济的活力和创造力,为我国经济持续健康发展奠定了坚实基础、提供了广阔的空间。

第二,混合所有制经济理论的新发展。基本经济制度理论的一

---

① 《中共中央关于全面深化改革若干重大问题的决定》,人民出版社2013年版,第9页。

个重要发展是对混合所有制经济的认识向前推进了一大步。党的十八届三中全会《决定》提出:"国有资本、集体资本、非公有资本等交叉持股、相互融合的混合所有制经济,是基本经济制度的重要实现形式,有利于国有资本放大功能、保值增值、提高竞争力,有利于各种所有制资本取长补短、相互促进、共同发展。"[①] 1993年党的十四届三中全会提出了混合所有制经济的思想,经过20年认识和实践的发展,《决定》把混合所有制经济提高到"基本经济制度重要实现形式"新高度,这是对中国特色社会主义和社会主义市场经济认识的深化。党的十九大又提出:"深化国有企业改革,发展混合所有制经济,培育具有全球竞争力的世界一流企业",把发展混合所有制经济作为培育世界一流企业的重要途径。在实践中,发展混合所有制经济的途径日益多样化,形式更加开放,如允许非国有资本参股国有资本投资项目,鼓励发展非公有资本控股的混合所有制企业,"交叉持股、相互融合"。允许非公有资本控股的混合所有制企业,意味着多种所有制经济可以在一个公平竞争的环境中融合发展,主体地位是完全平等的。

实践中,混合所有制经济改革不断向前推进。2013年9月国务院常务会议提出,尽快在金融、石油、电力、铁路、电信、资源开发、公用事业等领域向民间资本推出一批符合产业导向、有利于转型升级的项目,形成示范效应,发展混合所有制经济。2014年7月,国资委选择具有较好基础的中国建材集团和国药集团开展混合所有制经济改革试点。到2017年年底,中国建材集团和国药集团实施混合所有制经济改革的企业户数占比分别超过85%和90%,营业收入分别超过70%和90%。2015年,国务院《关于国有企业发展混合所有制经济的意见》发布后,国资委和国家发改委共同在7个重点领域(电力、石油、天然气、铁路、民航、电信、军工)开展混合所有制经济改革试点,到2017年年底,确定了3批50家试点企业。

---

① 《中共中央关于全面深化改革若干重大问题的决定》,人民出版社2013年版,第8—9页。

前两批 19 家试点企业中，7 家已经完成引入战略投资者、重组上市、新设公司等工作，引入各类投资者 40 多家、资本超过 900 亿元。截至 2017 年年底，中央企业各级子企业，包含 98 家中央企业集团公司，基本上完成了公司制改制，其中超过 2/3 的企业引进各类社会资本实现了混合所有制。中央企业产权登记数据显示，2013 年至 2016 年，中央企业及各级子企业中混合所有制企业户数占比由 65.7%提高至 68.9%，2017 年中央企业新增混合所有制企业户数超过 700 户，其中通过资本市场引入社会资本超过 3386 亿元。①

第三，国有经济改革发展形成新思路。一是强调国有资本的合理分布。国有资本有其自身的特定功能，国有资本只有分布于自身功能领域，才能更好地发挥作用。《决定》指出了国有资本的五大功能领域："国有资本投资运营要服务于国家战略目标，更多投向关系国家安全、国民经济命脉的重要行业和关键领域，重点提供公共服务、发展重要前瞻性战略性产业、保护生态环境、支持科技进步、保障国家安全。"明确了国有资本的功能领域，也就明确了国有经济改革的基本方向，那就是国有资本向五大功能领域集中，以此彰显自己的本质，发挥自己的影响力、控制力。二是提出有国有企业分类管理。将国有企业分为公益类和商业类两大类型。公益类国有企业以保障民生、服务社会、提供公共产品和服务为主要目标，考核重点是成本控制、产品服务质量和服务保障能力；商业类国有企业主要分布在重要竞争性领域和技术创新等领域，按照市场规则实行商业化运作，遵循价值规律和竞争规律，优胜劣汰，以利润、资产保值增值和市场竞争力为考核目标。

第四，构建国有资产管理新体制，提出"以管资本为主加强国有资产监管"的新思路。国有资产监管机构职能从"以管企业为主"向"以管资本为主"的转变，具有重大的理论和实践意义。一是有利于推进国有资本所有权和经营权的分离，使国有资本控股和

---

① 《央企混改将拓展广度和深度　逾三分之二央企已实现混合所有制》，《经济日报》2018 年 2 月 1 日。

参股企业真正成为自主经营、自负盈亏、自担风险、自我发展的独立市场竞争主体；二是有利于提高国有资本的流动性，促进国有资本在不同领域、地区、企业和项目上流动，实现优化配置，同时规避风险。

第五，非公有制的新定位。改革开放初期，非公有制经济的定位为公有制经济的"补充"，随后非公有制经济地位提升到"我国社会主义市场经济的重要组成部分"。新时代，对非公有制经济在中国特色社会主义经济中的地位有了更进一步的认识。一是不仅一再重申"公有制经济和非公有制经济都是社会主义市场经济的重要组成部分"，更进一步指出它们都是"我国经济社会发展的重要基础"，肯定非公有制经济在支撑增长、促进创新、扩大就业、增加税收等方面具有重要作用。二是强调各类经济主体的平等地位和"权利平等、机会平等、规则平等"的现代市场经济竞争规则，废除对非公有制经济各种形式的歧视性规定，保证各种所有制经济依法平等使用生产要素，同等遵守政府监管规则；加强对非公有制经济产权保护，提出"公有制经济财产权不可侵犯，非公有制经济财产权同样不可侵犯"。三是废除非公有制经济各种形式的不合理规定，为非公有制经济开辟更加广阔的发展空间。四是着力构建新型政商关系。在我国，政府官员掌握许多经济资源的控制权，拥有许可、禁止、检查、处罚等行政权力，在实施具体行政行为时，有很大的自由裁量空间。因此，从某种程度上讲，官员决定着企业的发展空间、经营的难易和盈利的水平，甚至生死存亡。习近平总书记提出的"亲""清"二字为处理好政商关系提供了科学准则。

四 结语

基于改革开放 40 年的丰富实践，所有制问题所涉及的基本要素、理论难点和政策重点都已经清晰地展现在我们面前。进入新时代，我国经济社会发展的基本条件发生了重大变化。从经济发展阶段看,我国经济已经从高速增长阶段转向高质量发展阶段,社会的主要矛盾已经演变为人民日益增长的美好生活需要和不平衡不充分发展之间的矛盾;从经济发展的复杂程度来看,我国的经济关系越来越复杂,分工越来越细密,经济联系越来越广泛,各类经济信息呈几何级数增长;从经济发展的资源环境条件来看,高投入、高排放、高污染的粗放增长之路已经走到了尽头,资源、环境约束越来越硬;从经济发展的动力来看,靠要素投入和规模驱动经济增长的潜力已基本耗尽,经济增长越来越依靠创新和全要素生产率的提升;从社会需求来看,消费日趋多样化、个性化,消费者越来越注重产品品质和消费安全性,对生态产品的需求日益旺盛。这些新因素都是非常重要的,将对我国所有制形态和所有制理论的演进产生深远影响,也是我们进一步优化所有制结构和完善社会主义基本经济制度的重要依据。新时代所面临的新情况和新挑战,促进所有制理论的进一步发展,需要着重研究以下三个问题:如何科学地理解定位公有制经济的主体地位和国有经济的主导作用?如何建立起完善的现代产权制度?如何构建各种所有制经济平等竞争共同发展的体制机制?从理论和实践上解决好这三个问题,就能够为我国现代市场经济体制和新发展阶段构筑坚实的经济制度基础。

(原载《中州学刊》2018 年第 3 期)

改革开放 40 年收入分配理论的创新和发展

一 改革开放初期"按劳分配"原则的回归

分配关系和分配原则的变动,是一个社会利益格局的重要调整,是经济体制演变的综合反映。要弄清改革开放以来我国收入分配理论的演进过程,有必要回顾一下收入分配理论和实践演进的历史出发点。

我国收入分配理论演进的理论起点是经典作家对未来社会个人消费品分配的构想。马克思在《资本论》中描绘了"自由人联合体"的个人消费品的分配:"每个生产者在生活资料中得到的份额是由他的劳动时间决定的",劳动时间是"计量生产者在共同劳动中个人所占份额的尺度"。[①] 马克思对未来社会收入分配理论的完整论述,则是在《哥达纲领批判》中:"每一个生产者,在作了各项扣除以后,从社会领回的,正好是他给予社会的。他所给予社会的,就是他个人的劳动量。……他以一种形式给予社会的劳动量,又以另一种形式领回来。"[②] 马克思承认未来社会劳动者个人收入和消费上的差别。列宁后来将马克思按劳分配原则概括为"按等量劳动领取等量产品"[③],并根据苏联社会主义经济建设的实际情况,对按劳分配原则的实践形式进行了探索,如通过货币工资制度(包括计时与计

[①] 《马克思恩格斯文集》第 5 卷,人民出版社 2009 年版,第 96 页。
[②] 《马克思恩格斯文集》第 3 卷,人民出版社 2009 年版,第 434 页。
[③] 《列宁选集》第三卷,人民出版社 1972 年版,第 252 页。

件工资）来实行按劳分配、通过奖金与利润提成来保证"多劳多得，少劳少得"等。

计划经济时期，理论上和政策上是承认按劳分配原则的，即"多劳多得，少劳少得，不劳动者不得食"。实践中，农村集体经济采用"工分制"，政府机关、事业单位、全民所有制企业和城镇集体企业采用"工资制"。但无论是工资制还是工分制，在实践中都演变为平均主义"大锅饭"，根本原因在于，在计划经济条件下找不到有效的手段来准确计量劳动者实际付出的劳动的质和量，只能以劳动时间、按事先评定的工资等级来计量劳动量，结果必然是既无效率又无公平。根据杨小凯的测算，1981年湖北全省的基尼系数为0.1332；① 据世界银行估计，1980年中国城市居民收入的基尼系数为0.16。② 这表明，当时中国城市和农村居民的收入都处于高度平均之中。

针对计划经济时期平均主义造成的懒惰和效率低下，改革开放伊始，我们就明确强调物质利益原则和切实贯彻按劳分配。1978年12月，邓小平在《解放思想，实事求是，团结一致向前看》的著名讲话中，鲜明提出了要实行社会主义的物质利益原则。③ 邓小平还提出了"先富"论断，同时阐释了"先富"和"共富"的内在联系。④ 对于社会主义物质利益原则，列宁在十月革命胜利四周年时曾做了清晰的阐述，他说："我们为热情的浪潮所激励，我们首先激发了人民的一般政治热情，然后又激发了他们的军事热情，我们曾计划依靠这种热情直接实现与一般政治任务和军事任务同样伟大的经济任务。……现实生活说明我们错了。……不能直接凭热情，而要借助伟大革命所产生的热情，靠个人利益，靠同个人利益的结合，靠经

---

① 杨小凯：《社会经济发展的重要指标——基尼系数》，《武汉大学学报》1982年第6期。
② 世界银行：《中国：社会主义经济发展》第1卷（英文），华盛顿，1983年，第83页。
③ 《邓小平文选》第二卷，人民出版社1994年版，第146页。
④ 《邓小平文选》第二卷，人民出版社1994年版，第152页。

济核算"。① 1978年年底,党的十一届三中全会召开,会议指出:"调动我国几亿农民的社会主义积极性,必须在经济上充分关心他们的物质利益",② 1979年9月党的十一届四中全会通过的《中共中央关于加快农业发展若干问题的决定》指出:"按劳分配、多劳多得是社会主义的分配原则,决不允许把它当作资本主义原则来反对。"③ 1984年《中共中央关于经济体制改革的决定》提出,国有企业内部拉开收入档次,以充分体现奖勤罚懒、奖优罚劣,充分体现多劳多得、少劳少得,充分体现脑力劳动和体力劳动、复杂劳动和简单劳动、熟练劳动和非熟练劳动、繁重劳动和非繁重劳动之间的差别;④ 鼓励一部分人先富起来是走向共同富裕的必由之路。

改革开放初期,我国思想理论界关于按劳分配的讨论异常热烈,许多重要的经济学家都参与其中,仅1977年春至1978年冬就召开了四次有关按劳分配的大型讨论会,⑤ 构成当时思想解放运动的重要组成部分。可以说,经济学界的拨乱反正是从按劳分配讨论开始的。于光远认为,按劳分配是客观经济规律:"如果长期不贯彻按劳分配,社会主义制度就不能存在下去。按劳分配是社会主义本性所决定的。"⑥ 对于按劳分配的必然性,大多数学者是从公有制来论证的。徐禾认为,在全民所有制范围内,按劳分配"已经具备了它发生作用的充分条件"⑦。一些学者还分析了现实中的按劳分配与马克思设想的未来社会个人消费品分配原则的异同。马克思设想的要义是:以劳动为尺度进行个人消费品分配,因此,以劳动为主要尺度来分配个人收入,这是社会主义所必须坚持的。但马克思设想的个人消费品分配有严格的实施条件,重要的有两个:一是全社会

---

① 《列宁专题文集论社会主义》,人民出版社2009年版,第247页。
② 《三中全会以来重要文献选编》(上),人民出版社1982年版,第7页。
③ 《三中全会以来重要文献选编》(上),人民出版社1982年版,第181页。
④ 参见《十二大以来重要文献选编》(中),人民出版社2011年版,第63页。
⑤ 参见《按劳分配理论讨论会四次会议纪要汇编》,中国财政经济出版社1979年版。
⑥ 于光远:《关于深入研究按劳分配理论的几个问题》,《经济研究》1979年第1期。
⑦ 徐禾:《社会主义基本经济规律·按劳分配·奖金》,《学术论坛》1979年第1期。

范围内实现了生产资料公有制，二是不存在商品货币关系，劳动者的劳动是直接的社会劳动。这两个条件在现实生活中都不具备，因此，现实中的按劳分配具有许多不同于马克思设想的特点。比如，现实中，按劳分配需要借助货币来完成，劳动者付出劳动后先领取货币工资而不是"劳动券"，再拿货币工资去购买自己所需要的消费品；再如，还不能在全社会范围内实施统一的按劳分配，因为还存在一个个独立核算的企业，它们仍是利益独立的经济实体。正是在这个意义上，蒋一苇提出了"两级按劳分配"理论，即社会首先对企业进行按劳分配，企业再对个人进行按劳分配。①

改革开放初期对按劳分配中"劳"的探讨是富有理论启迪的。能否切实贯彻按劳分配，关键看能否科学而准确地计量劳动者的"劳动"。劳动者实际付出的劳动取决于劳动者的技能、劳动强度和劳动态度，是劳动者体力和脑力的实际耗费，这些在很大程度上是难以直接观测的。更为重要的是，现实中，由于劳动者的劳动还不是直接的社会劳动，它是否花在了社会需要的用途上，也是至关重要的。用于个人收入分配的劳动，只能是对社会有用的劳动，那些不创造社会财富和使用价值的无效劳动，是不能作为分配尺度的。改革开放初期，洪远朋对劳动的计量作过深入的探讨，提出了"按劳分配中的劳动量必须是社会必要劳动时间"的观点。② 社会必要劳动时间是由平均技术水平、平均劳动熟练程度、平均劳动强度，以及产品满足社会需要的程度等重要因素决定的，因此，用社会必要劳动时间而不是自然劳动时间来计量劳动者实际付出的劳动，符合市场经济条件下价值规律运动的客观要求。从今天的角度看，这一观点具有前瞻性。

我国的改革肇始于农村家庭联产承包责任制。承包制在收入分配上彻底改变了原来的"工分制"，实行"交够国家的，留足集体的，剩下全是自己的"收入分配方式。对于承包制是否贯彻了按劳

---

① 蒋一苇：《关于按劳分配的几个问题》，《工人日报》1980 年 3 月 21 日。
② 洪远朋：《关于按劳分配中劳动计量问题的探讨》，《复旦学报》1979 年第 3 期。

分配原则，理论界进行了热烈的讨论，主流观点给予了充分肯定。李家蓬认为，从分配依据看，人民公社体制下，主要是按劳动的潜在形态与流动形态来计酬的，这两种方式都很容易滑向平均主义；而在家庭承包制下，是以劳动的物化形态（劳动的最终产品）来计酬的。这种计酬方式将劳动报酬与劳动成果直接挂钩，能准确有效地衡量劳动的实际贡献，因而是按劳分配原则的真正贯彻。①

二　社会主义基本收入分配制度的确立

（一）居民收入来源和形式多样化

改革开放40年来，我国的所有制结构和经济运行机制不断发生变化，收入分配原则和格局必然随之不断发生变化。从所有制结构来看，计划经济时期的单一公有制结构被打破，个体经济、私营经济、外资经济迅速成长，所有权结构和财产结构日益多元化；从经济运行机制来看，市场在资源配置中的作用越来越大，劳动力、资本、土地等生产要素需要经过市场才能进入经济流转过程之中，劳动者与生产资料的结合不再是简单而直接结合，往往要借助资本等中介。所有制结构和经济运行机制变迁导致收入分配原则和格局的变迁，那就是劳动以外的要素逐渐加入到收入分配中来，按劳分配之外的收入日渐增多。

早在改革开放之初实行家庭承包责任制时期，收入分配原则和格局就已经悄然发生变化，"物"的因素开始影响人们的家庭收入和经济条件。徐禾在论述集体经济贯彻按劳分配不充分时就明确点出了这一点："每一个集体经济单位，占有的生产资料、生产资金的情况，是各不相同的，因而即使它们付出同样多的劳动量，各单位的生产水平和收入水平，也是有差别的。在付出同样劳动量的条件下，那些生产条件好的单位，所得的总收入要多一些，因而社员的个人

---

① 李家蓬：《包干到户是生产关系前进性的变革》，《经济研究》1983年第11期。

收入也会多一些；反过来，那些生产条件比较差的单位，它们的总收入和社员的个人收入，就会少一些。"① 可见，实行承包制以后，决定农民家庭收入的不仅是家庭成员付出的劳动，还有土地肥沃程度、农具好坏、种子质量、农业基础设施、气候等非劳动因素，那些自然条件好、投入资金多、经营管理水平高的农户，优势马上就显现出来了，这反过来又激励着其他农户加大要素投入和提高经营管理水平，以获取更好的收成和更多的收入。因此，从理论上讲，联产承包责任制时期按生产要素分配就已经开始萌芽。

联产承包责任制时期收入分配的另一个重要变化是，个人收入或家庭收入分配已经超出了个人消费品分配的范围，这与经典作家将未来社会的收入分配仅限于个人消费品分配的设想有重大差别。在家庭承包制下，农户获得的归自己的收入不仅包括维持自身及家庭的简单再生产的部分，还包括用于扩大再生产的追加投资部分。② 也就是说，个人收入中已经包含着一部分可以转化为投资和财产的收入，这意味着我国积累和资本形成机制的质的改变，是一个重大变化，预示着非公有财产开始生成且会越来越多，社会财产结构开始多元化。可以说，家庭承包制的实行同时标志着新收入分配理论的萌生。

非公有制经济和非公有财产的出现是我国收入分配原则和居民收入结构发生变化的转折点。我国非公有制经济的发展是从个体经济开始的。党的十一届三中全会肯定了社员自留地、家庭副业和农村集贸市场的存在，并把它们视为增加农民收入的渠道。个体经济中劳动者同自己所有的生产资料直接结合进行生产，所得到的产品和收入归劳动者个人所有。个体经营者的收入显然是一种劳动收入，因为他为此付出了辛勤劳动，但这种收入不是根据按劳分配原则取得的。从本质上讲，它是一种经营性收入，从市场上取得，由个体

---

① 徐禾：《社会主义基本经济规律·按劳分配·奖金》，《学术论坛》1979 年第 1 期。
② 于祖尧：《农业实行包干到户是我国经济体制改革的前奏》，《经济研究》1983 年第 3 期。

劳动者的劳动付出、生产条件、技术和经营水平等多因素决定，受价值规律制约。

我国私营经济发展稍晚于个体经济，但成长很快。私营经济的最大特点是雇工经营，其分配方式迥异于公有制经济。雇工的收入是劳动收入，但它是由劳动力价值决定的，同时受劳动力市场供求状况的影响。雇主的收入则包含许多成分：作为经营者，他负责企业经营决策和日常运作，付出了脑力和体力劳动，由此获得劳动收入；作为资本所有者，他投入了资本，这些资本参与了利润的社会平均化过程，由此获得资本收入；作为雇主，他雇用工人，由此获得工人创造的剩余价值；他还要承担经营和财产风险，由此获得风险补偿性收入。因此，雇主收入是劳动收入、资本收入、剩余价值、风险补偿收入等的混合体。外资经济的收入分配原则与私营经济是一样的。

改革开放初期，随着居民收入和消费剩余的增加，居民财产开始增加和多样化，财产性收入随之增加和多样化。居民的财产和财产收入主要包括：一是储蓄存款和利息。1978年，城乡居民储蓄存款余额为210.6亿元，1995年增加到29662.3亿元，增加近140倍。1995年，半年期定期存款利率6.65%，五年期为13.86%，储蓄存款带来可观的利息收入。二是企业债券及利息。1995年，企业债余额为679.87亿元，国债余额为2286.4亿，金融机构债券余额为876.29亿元，国家投资债券余额为139.39亿元，国家投资公司债券余额为151.81亿元，构成居民和企业的固定收益资产。三是股票及其股息和资本化收益。20世纪80年代初期，股份制企业开始出现，一些企业开始向本企业职工或社会发行股票筹资，到1989年年底，我国股票累计发行42亿元。四是房产及其房租和资本化收益。随着住房制度改革的推进，住房逐渐获得了商品和财产的属性，房产日益成为居民持有的一种重要资产，给持有者带来丰厚的资本化收益和租金。

20世纪80年代中后期，越来越多的学者开始关注收入分配原则和居民收入结构的变化。1988年,谷书堂、蔡继明对现实中收入分配原则的变化作出了分析,认为由于存在着多种所有制成分,存在着商品生产和商品交换,国民收入中积累与消费的比例、劳动者眼前利益与长远利益、个人需要与公共需要的选择等还不能完全由国家统一规定,企业和个人都具有不同程度的收入分配和积累的自主权,所以还不能完全实行经典作家所设想的那种按劳分配。社会主义初级阶段的分配方式可以概括为"按贡献分配",即按照各种生产要素在创造社会财富中所作出的实际贡献进行分配。① 当然,也有学者对按要素分配提出质疑,一种代表性观点认为,按要素分配就是萨伊"三位一体"公式的翻版,有悖于社会主义原则。②

(二) 社会主义基本分配制度的确立

改革开放初期,我国收入分配原则和居民收入结构已经开始多元化了,为基本分配制度的形成奠定了现实基础。1987年党的十三大正式提出"实行以按劳分配为主体的多种分配方式",尽管党的十三大没有明确提出"按生产要素分配",但是它对一系列非劳动收入都加以肯定,实际上就是对按生产要素分配实践的肯定。党的十四届三中全会通过《中共中央关于建立社会主义市场经济体制若干问题的决定》,首次提出"允许属于个人的资本等生产要素参与收益分配",并将原来的"以按劳分配为主体,其他分配方式为补充"改为了"以按劳分配为主体、多种分配方式并存"。③ 从"补充"到"并存",表明多种分配方式(主要是按要素分配)地位的提升。党的十五大提出了社会主义基本经济制度,同时明确提出了"按生产要素分配":"坚持按劳分配为主体、多种分配方式并存的制度。把按劳分配和按生产要素分配结合起来……允许和鼓励资本、技术等

---

① 谷书堂、蔡继明:《按劳分配理论与现实的矛盾》,《中国社会科学》1988年第3期;《按贡献分配是社会主义初级阶段的收入分配原则》,《经济学家》1989年第2期。

② 郭仲藩:《价值论:政治经济学的基础和出发点——兼议按要素分配论的理论来源》,《湖北师范学院学报》(哲学社会科学版)1992年第5期。

③ 《十四大以来重要文献选编》(中),人民出版社1997年版,第1470页。

生产要素参与收益分配。"① 党的十六大进一步把按要素分配上升为"原则",提出"确立劳动、资本、技术和管理等生产要素按贡献参与分配的原则,完善按劳分配为主体、多种分配方式并存的分配制度",同时指出"一切合法的劳动收入和合法的非劳动收入,都应该得到保护"。② 党的十七大报告重申:"坚持和完善按劳分配为主体、多种分配方式并存的分配制度,健全劳动、资本、技术、管理等生产要素按贡献参与分配的制度",提出"创造条件让更多群众拥有财产性收入"。③ 可见,从党的十三大到党的十七大,社会主义基本分配制度已经形成。

如何从理论上看待社会主义基本分配制度?它符合马克思主义经典作家有关分配的一般原理。关于收入分配的一般原理,马克思有两段经典论述:一是在《哥达纲领批判》中的论述:"消费资料的任何一种分配,都不过是生产条件本身分配的结果;而生产条件的分配,则表现生产方式本身的性质。"④ 这里,"生产条件本身分配"可以理解为生产资料所有制结构。二是在《1857—1858年经济学手稿》中的论述:"分配关系和分配方式只是表现为生产要素的背面。……分配的结构完全决定于生产的结构。分配本身是生产的产物,不仅就对象说是如此,而且就形式说也是如此。就对象说,能分配的只是生产的成果;就形式说,参与生产的一定方式决定分配的特殊形式,决定参与分配的形式。"⑤ 从马克思的这两段论述可以清晰地看出,决定一个社会分配制度的是它的所有制结构。改革开放初期,我们就开始打破计划经济时期"铁板一块"的公有制结构,所有制结构和社会财产结构日益多元化,这是不以人的意志为转移的。党的十五大确立了社会主义基本经济制度,即"以公有制为主体、多种所有制经济共同发展",股份制、私营企业、混合所有制经

---

① 《十五大以来重要文献选编》(上),人民出版社2000年版,第24页。
② 《十六大以来重要文献选编》(上),中央文献出版社2005年版,第21、12页。
③ 《十七大以来重要文献选编》(上),中央文献出版社2009年版,第30页。
④ 《马克思恩格斯文集》第3卷,人民出版社2009年版,第436页。
⑤ 《马克思恩格斯文集》第8卷,人民出版社2009年版,第19页。

济等快速成长起来，并且在经济社会生活中发挥越来越重要的作用。与社会主义基本经济制度相适应的基本分配制度必然是"按劳分配为主体、多种分配方式并存"："公有制为主体"决定了按劳分配的主体地位，"多种所有制经济共同发展"决定了多种分配方式并存，而"多种分配方式"中的主要方式是按生产要素分配。

社会主义基本分配制度的突破点是引入了按生产要素分配，而按生产要素分配涉及的基本理论问题是价值创造与价值分配的关系，以及财产收入的性质。按生产要素分配的提出使许多人想到了"三位一体公式"。"三位一体公式"是由法国经济学家萨伊提出来的，他认为，劳动、资本和土地这三个生产要素不仅是创造商品使用价值的要素，而且是创造商品价值的要素。因此，三者都应获得相应的收入：劳动获得工资，资本获得利息，土地获得地租。马克思在《资本论》第三卷设专章对"三位一体的公式"进行了深刻的批判，① 但有时被误认为马克思否定生产要素收入。"三位一体公式"的要害是混淆了价值创造与价值分配的关系，试图用价值创造作为价值分配的依据。但如果用价值创造作为价值分配的依据，那么，资本、土地等生产要素是不能参与价值分配的，这显然不符合现实。或者，承认生产要素创造价值，从而为生产要素参与价值分配提供依据。而这是违背劳动价值论的。而在马克思看来，"三位一体公式"的庸俗之处在于将资本、土地、劳动都同等地看作价值的源泉。但马克思并没有否认土地所有权、资本等成为收入的源泉。他说："天然就是资本的劳动资料本身也就成了利润的源泉，土地本身则成了地租的源泉。"② 在马克思看来，价值分配和价值创造是不同的，生产资料所有权是参与价值分配从而获取收入的基本依据。在马克思的理论中，所有权从来不是仅仅被看作一种人与物之间的纯"法"的占有关系，它在本质上是一种人与人之间的经济利益关系，是一种利益索取权，即要素的所有者通过对要素的占有而拥有的获得该

---

① 《马克思恩格斯文集》第 7 卷，人民出版社 2009 年版，第 921—942 页。
② 《马克思恩格斯文集》第 7 卷，人民出版社 2009 年版，第 934 页。

要素所带来的物质利益的权力。马克思在论述土地所有权的性质时写道:"如果我们考察一下在一个实行资本主义生产的国家中,资本可以投在土地上而不付地租的各种情况,那么,我们就会发现,所有这些情况都意味着土地所有权的废除,即使不是法律上的废除,也是事实上的废除。但是,这种废除只有在非常有限的、按其性质来说只是偶然的情况下才会发生。"① 马克思以土地所有权为例论述了价值分配与价值创造的关系,所有权的本质在这种关系中更充分地显露了出来:"按照我们所谈的理论,对于自然对象如土地、水、矿山等的私有权,对于这些生产条件,对于自然所提供的这种或那种生产条件的所有权,不是价值的源泉,因为价值只等于物化劳动时间;这种所有权也不是超额剩余价值……的源泉。但是,这种所有权是收入的一个源泉。"②

所有权是参与收入分配的基本依据,但所有权还不是生产要素所有者参与收入分配的全部依据。生产要素所有者之所以能够以所有权参与收入分配,并为社会所广泛接受,除了他拥有所有权之外,还因为他拥有的生产要素本身在社会财富创造过程中发挥了重要作用。"物"的要素哪怕不创造一个价值"原子",但它参与社会财富的创造。马克思的劳动价值论区分了价值创造和财富创造,但价值创造不能替代财富创造。社会财富是使用价值和价值的统一体。马克思从财富创造过程中抽象出价值创造过程,目的是要从价值关系和价值创造分析中揭示剩余价值的来源。因此,"我们在运用劳动价值论时决不能将从财富创造中抽象出的价值创造过程代替财富创造过程"③。马克思和恩格斯在《哥达纲领批判》对德国工人党纲领提出的"劳动是一切财富和一切文化的源泉"进行了分析,指出:"劳动不是一切财富的源泉。自然界同劳动一样也是使用价值(而物质财富就是由使用价值构成的!)的源泉,劳动本身不过是一种自然

---

① 《马克思恩格斯文集》第 7 卷,人民出版社 2009 年版,第 849 页。
② 《马克思恩格斯全集》第 26 卷第 2 册,人民出版社 1973 年版,第 36 页。
③ 洪银兴:《先进社会生产力与科学的劳动价值论》,《学术月刊》2001 年第 10 期。

力即人的劳动力的表现。上面那句话……在劳动具备相应的对象和资料的前提下是正确的。"①

从上面的分析可以看出，非劳动生产要素虽然不是价值创造的要素，但它们是财富创造的要素。马克思具体分析了非劳动生产要素在创造财富过程的作用，他分析了土地、矿藏等自然资源在创造财富中的作用。② 他举例说："如果发现富矿，同一劳动量就会表现为更多的金刚石。"③

资本是一种重要的生产要素，对于资本在财富创造和价值形成中的作用，需要给予特别的关注。根据马克思的分析，资本最重要的作用是将劳动力、土地等在内的各种生产要素并入生产过程中。④ "资本一旦合并了形成财富的两个原始要素——劳动力和土地，它便获得了一种扩张的能力。"⑤ 不仅如此，科学技术在生产和工艺上的应用也需要通过资本的并入功能来完成，如果没有资本的介入，科学技术就不能转化为现实的生产力，再先进的科学技术也只能停留在观念形态上。资本不仅参与了财富的创造，对于价值的创造，资本也是有影响的。在财富的价值构成（$c+v+m$）中，$v+m$是新价值，由劳动创造，c是"物"或"资本"的转移价值，这个转移价值对价值创造也不是被动的，能能动地起作用。具体地说，资本质量的提高，含有更高技术的机器设备可能会因创造更多的产品而影响价值量。⑥ 正如马克思所指出的："使用一架强有力的自动机劳动的英国人一周的产品的价值和只使用一架手摇纺车的中国人一周的产品的价值，仍有大得惊人的差别。"⑦ 而且"劳动也不是均质的，劳动也是被资本导入价值创造过程的。资本雇佣更高质量的

---

① 《马克思恩格斯文集》第3卷，人民出版社2009年版，第428页。
② 《马克思恩格斯文集》第5卷，人民出版社2009年版，第56页。
③ 《马克思恩格斯文集》第5卷，人民出版社2009年版，第53页。
④ 洪银兴：《先进社会生产力与科学的劳动价值论》，《学术月刊》2001年第10期。
⑤ 《马克思恩格斯文集》第5卷，人民出版社2009年版，第697页。
⑥ 洪银兴：《先进社会生产力与科学的劳动价值论》，《学术月刊》2001年第10期。
⑦ 《马克思恩格斯文集》第5卷，人民出版社2009年版，第699页。

活劳动则可能创造更高的价值。"①

党的十六大提出"确立劳动、资本、技术、管理等生产要素按贡献参与分配的原则",党的十七大重申"健全劳动、资本、技术、管理等生产要素按贡献参与分配的制度",都涉及生产要素的"贡献",对于如何理解"生产要素的贡献",学术界进行了热烈讨论。根据以上的分析,"生产要素的贡献"显然不是指生产要素自身创造了价值,而是指它参与了财富的创造和影响了价值的创造。这与马克思的劳动价值论不存在矛盾。

那么,资本等生产要素参与价值分配在现实经济生活中是怎样进行的呢?是通过市场这只"看不见的手"进行的,即生产要素的所有者首先借助价值规律、竞争规律和供求规律对新创造的价值进行分割。马克思在《资本论》中阐释的利润平均化理论已经科学地解释了这一过程。那就是:"等量资本获得等量利润"的内在要求驱使生产要素不停地在不同产品、不同部门、不同地区的生产之间流动,从而改变不同产品、部门、地区的供求关系和价格,相应改变它们的盈利水平。这个过程会一直持续下去,直到等量生产要素获得的报酬趋于相等。所以,在企业获得的利润中,就已经包含资本等生产要素参与社会新增价值分配的结果,而在企业等微观层面上给予生产要素所有者的报酬实际上是对市场分配价值过程的确认。

社会主义基本分配理论是对马克思主义政治经济学收入分配理论的继承和创新,奠定了社会主义市场经济的基本激励结构。

第一,它坚持以按劳分配为主体,这就坚持了社会主义的基本性质,体现了社会主义的公平观。马克思认为,未来社会收入分配的唯一尺度是劳动,现实中还做不到以劳动作为分配的"唯一"的尺度,但劳动应该是主要的分配尺度,坚持了这一点,就坚持了经典作家关于未来个人收入分配的精髓。

第二,它承认多种分配方式的存在,承认和鼓励劳动、资本、

---

① 洪银兴:《先进社会生产力与科学的劳动价值论》,《学术月刊》2001年第10期。

土地、技术、管理等多种生产要素参与分配。引入按生产要素分配无疑是马克思主义政治经济学收入分配理论中国化、时代化的重大突破。传统个人收入分配理论只承认按劳分配收入，不承认其他形式的劳动收入，更不用说生产要素收入等非劳动收入，这显然不符合社会主义初级阶段生产力发展水平和社会主义市场经济的内在规律。承认按生产要素分配和非劳动收入，为人民群众开辟了多种收入渠道和广阔的致富空间。

第三，确立了与社会主义市场经济高度融合的激励机制。利益是经济运转的原始驱动力。一个好的分配制度，应能够使社会成员合理的利益诉求得到充分释放，进而汇聚成经济社会发展的不竭动力。社会主义基本分配制度所确立的利益结构与社会主义市场经济内在的激励结构高度契合。一方面，"按劳分配为主体"能够激励亿万劳动者的劳动积极性和积累人力资本的积极性，鼓励人们勤劳致富；另一方面，允许和鼓励按生产要素分配，能够调动人民群众积累财富、配置资源的积极性，促进社会资本形成和提高生产要素的流动性，为市场在资源配置中的决定性作用奠定微观激励基础。总之，社会主义基本分配制度能够"让一切劳动、知识、技术、管理、资本的活力竞相迸发，让一切创造社会财富的源泉充分涌流"①。

三　新时代我国收入分配理论的新进展

党的十八大以来，以习近平同志为核心的党中央带领中国进入全面深化改革和经济发展新时代。习近平总书记在2016年11月主持中央政治局学习时明确把按劳分配为主体、多种分配方式并存称为"社会主义基本分配制度"。党的十九大报告提出，必须坚持和完善我国社会主义基本经济制度和分配制度，把社会主义基本分配制度置于社会主义基本经济制度同等重要的地位。新时代，收入分配理

---

① 《中共中央关于全面深化改革重大问题的决定》，人民出版社2013年版，第3页。

论和收入分配改革向纵深发展，基本分配制度进一步完善。

（一）以人民为中心的发展思想是新时代收入分配改革和实践的主线

以人民为中心是新时代改革和发展的主线，也是新时代收入分配理论和实践向前推进的主线。2015年党的十八届五中全会首次明确提出了"以人民为中心"的发展思想，并把"共享"作为五大发展理念之一。2015年11月23日十八届中共中央政治局集体学习时，习近平指出："坚持以人民为中心的发展思想……发展为了人民，这是马克思主义政治经济学的根本立场。"① 党的十九大进一步强调了以人民为中心的发展思想。

贯彻以人民为中心的发展思想，新时代收入分配理论发展具有两个鲜明底色。一是更加注重社会公平正义，强调在不断做大"蛋糕"的同时，把"蛋糕"分好。二是更加强调迈向共同富裕。通过一系列政策措施调整收入分配格局，通过完善以税收、社会保障、转移支付为主要手段的再分配调节机制，缓解收入差距问题，使发展成果更多更公平地惠及全体人民。

（二）巩固按劳分配主体地位，着力提高劳动报酬比重和劳动者收入比重

改革开放初期，按劳分配收入等劳动收入是居民收入的主体，按劳分配的主体地位显而易见。随着按生产要素分配等多种分配方式的引入，按劳分配收入等劳动收入的比重下降，生产要素收入等非劳动收入的比重上升。整个国民收入分配的格局也发生了变化，劳动报酬在初次分配中的比重下降，居民收入在国民收入分配中的比重下降。据测算，1992年，劳动报酬占国内生产总值的比重为49.40%，2004年下降到42.14%，2011年上升为44.93%。随着劳动报酬在国内生产总值中比重的下降，居民收入在国内生产总值中的比重呈下降趋势。1992年，居民收入占国内生产总值的比重为

---

① 《习近平关于社会主义经济建设论述摘编》，中央文献出版社2017年版，第30页。

65%左右,2012年下降到41.6%。"两个比重"的下降不利于坚持按劳分配的主体地位。党的十八大报告针对性地提出"两个同步"和"两个提高"的思想,即"居民收入增长和经济发展同步、劳动报酬增长和劳动生产率同步","提高居民收入在国民收入分配中的比重,提高劳动报酬在初次分配中的比重"。①2013年国务院批转《关于深化收入分配制度改革的若干意见》,提出了提高劳动报酬比重的具体措施,包括实施就业优先战略和更加积极的就业政策,创造平等就业环境,提升劳动者获取收入能力,实现更高质量的就业;深化工资制度改革,完善企业、机关、事业单位工资决定和增长机制,等等。党的十八届三中全会强调了提高劳动报酬的重要性:"着重保护劳动所得,努力实现劳动报酬增长和劳动生产率提高同步,提高劳动报酬在初次分配中的比重"②,党的十九大报告重申提高"两个比重"。③

2012—2016年,"两个同步"和"两个提高"有了成效。粗略计算,2012年,劳动报酬占地方生产总值的比重为44.9%,2015年提高到47.9%,提高了3个百分点,平均每年提高0.75个百分点。2012年,居民收入占国内生产总值的比重为41.6%,2016年提高到45.6%,共计提高4个百分点,平均每年提高1个百分点。无论是劳动报酬还是居民收入的占比,都初步实现了稳步提高。同时,2012—2016年,我国GDP和城乡居民人均收入都保持较快增长速度,且保持同步增长态势,劳动生产率与劳动报酬也实现同步提升。

(三)完善按生产要素分配,多渠道增加居民的财产性收入

自党的十五大提出"按生产要素分配"以来,按生产要素分配和生产要素收入扮演着越来越重要的角色。但我国市场经济仍处于发育过程中,按生产要素分配本身还存在诸多不完善之处,党的十

---

① 《十八大以来重要文献选编》(上),人民出版社2014年版,第28页。
② 《中共中央关于全面深化改革若干重大问题的决定》,人民出版社2013年版,第45页。
③ 习近平:《决胜全面建成小康社会 夺取新时代中国特色社会主义伟大胜利——在中国共产党第十九次全国代表大会上的报告》,人民出版社2017年版,第47页。

八大提出"完善劳动、资本、技术、管理等要素按贡献参与分配的初次分配机制",党的十八届三中全会提出"健全资本、知识、技术、管理等由要素市场决定报酬的机制",党的十九大提出"完善按要素分配的体制机制"。完善按生产要素分配的关键是建立一个完善的生产要素市场,在这个市场上,生产要素能够充分自由地流动,生产要素的价格能够准确地反映它们在创造社会财富上的贡献和自身的稀缺性。只有这样,按生产要素分配,加上处于主体地位的按劳分配,才能建立起合理的收入分配秩序和格局。

随着按生产要素分配的引入,人们的财产收入增加。财产收入具有循环累积效应,往往会迅速拉大社会成员的收入差距。为了提高居民收入水平,同时缓解财产收入拉大收入差距效应,就必须让更多的人拥有更多的财产,从而获得更多的财产收入。党的十八大以来,以习近平同志为核心的党中央多次提出"多渠道增加居民财产性收入","拓宽居民劳动收入和财产性收入渠道"。鼓励劳动者获得劳动收入,同时能够获得更多的要素收入。因此,虽然各种生产要素参与收入分配以后,劳动报酬在总收入中的比重下降了,但不意味着劳动者的总收入会下降。劳动者收入会随着其拥有更多的生产要素和财产性收入而提高。

(四)注重培育壮大中等收入群体

2010年10月,《中共中央关于制定国民经济和社会发展第十二个五年规划的建议》提出了"中等收入群体"的概念,党的十八届三中全会明确提出:增加低收入者收入,扩大中等收入者比重,努力缩小城乡、区域、行业收入分配差距,逐步形成橄榄形收入分配格局。党的十八届五中全会把"扩大中等收入群体"作为全面建成小康社会的重要内容,"扩大中等收入者比例"纳入了"十三五"规划纲要。党的十九大报告对于扩大中等收入群体提出了更长远的目标:2020—2035年,在全面建成小康社会的基础上,使中等收入群体比例明显提高,基本实现社会主义现代化。

中等收入群体具有明显的经济特征,他们拥有较为宽裕的收入,可以自由地用于耐用消费品、高质量教育和医疗、住房、度假及其他休闲活动等支出。我国已经迈入中等偏上收入国家行列，中等收入群体成长对于我国经济社会持续健康发展具有重要意义。根据国际经验，"繁荣的中产阶层是促进消费需求、维持经济增长和摆脱中等收入陷阱的必要条件"①。一些中等收入国家迟迟没有成功地跨越中等收入陷阱，一个重要原因可能就是没有培育出一个中等收入群体。因为"如果没有这样的群体，就很难创造支撑增长所需要的巨大的消费市场、对教育的投资、制度化的储蓄和社会动员力"。②

党的十八大以来，我国中等收入群体增长速度较快。习近平总书记在 2015 年西雅图中美企业家投资座谈会上表示，中国的中等收入人群接近 3 亿人，未来十年内还将翻番。③ 有学者估算，2012 年我国中等收入群体占总人口的比重为 38.1%，2014 年提高到 47.6%。但与高收入国家相比，我国中等收入群体规模偏小。美国中产阶层 2.3 亿人，占全国人口的 3/4；韩国、日本、欧盟的中产阶层超过全部人口的 90%。④ 因此，中国中等收入群体还有很大的成长空间。新时代需要加速中等收入群体的成长，尽快形成橄榄形收入分配格局。

（五）精准扶贫，全面建成小康社会

改革开放以来，我国经济高速增长使许多人摆脱了贫困。据《中国扶贫开发报告 2016》，1981—2012 年，中国贫困人口减少了 7.9 亿，占全球减贫人口的 71.82%。党的十八大报告进一步提出到 2020 年全面建成小康社会的目标。全面建成小康社会，关键是使贫困人口尽快脱贫。习近平总书记一直关注消除贫困问题，2013 年 11 月 3 日在湖南湘西土家族苗族自治州十八洞村考察扶贫开发时，首

---

① 林重庚、迈克尔·斯宾塞编著：《中国经济中长期发展和转型：国际视角的思考与建议》，中信出版社 2011 年版，第 40 页。
② 林重庚、迈克尔·斯宾塞编著：《中国经济中长期发展和转型：国际视角的思考与建议》，中信出版社 2011 年版，第 42 页。
③ http://china.cnr.cn/ygxw/20150923/t20150923_519944639.shtml.
④ 林重庚、迈克尔·斯宾塞编著：《中国经济中长期发展和转型：国际视角的思考与建议》，中信出版社 2011 年版，第 42 页。

次提出"精准扶贫"理念。2015年11月中央扶贫开发工作会议在北京召开,习近平总书记指出:到2020年稳定实现农村贫困人口不愁吃、不愁穿,义务教育、基本医疗和住房安全有保障;实现贫困地区农民人均可支配收入增长幅度高于全国平均水平,基本公共服务主要领域指标接近全国平均水平。[①] 至此,中国扶贫开发工作进入脱贫攻坚新阶段。

2012年,我国贫困人口为9899万人;到2014年,贫困人口为7017万人;到2020年,确保现行标准下农村贫困人口实现脱贫、贫困县全部摘帽、解决区域性整体贫困。党的十八大以来,我国减贫成效非常明显。2012年到2017年,贫困人口共减少6853万人,平均每年减少1370.6万人,贫困发生率由10.2%降低到3.1%。2017年,井冈山、兰考县等28个贫困县已率先脱贫,实现贫困县数量历史上首次减少。

四 小结

经过40年的改革开放,我国社会主要矛盾已经转化为人民日益增长的美好生活需要和不平衡不充分发展之间的矛盾,经济发展已开始由高速增长转向高质量发展阶段,我们追求的将是更高质量、更有效率、更加公平、更可持续的发展。根据党的十九大的战略安排,在2020年全面建成小康社会的基础上,2035年基本实现社会主义现代化,到那时,人民生活更加富裕,中等收入群体比例明显提高,城乡区域发展差距和居民生活水平差距显著缩小,基本公共服务均等化基本实现,全体人民共同富裕迈出坚实步伐。到2050年,建成富强民主文明和谐美丽的社会主义现代化强国,到那时,全体人民共同富裕基本实现,人民将享有更加幸福安康的生活。改革开放40年的实践证明,以按劳分配为主体、多种分配方式并存的基本

---

① 《习近平谈治国理政》第二卷,外文出版社2017年版。

分配制度是行之有效的，促进了居民收入的快速增长和社会财富的快速积累，新时代必须坚持。同时，由于社会主要矛盾和经济发展阶段发生变化，以及影响收入分配一些基本要素的地位和作用发生了重要变化。新时代，需要进一步完善社会主义基本分配制度，以回应社会的关切。

第一，缩小收入差距，追求共同富裕。

"共同富裕"是社会主义的本质特征和根本目标，是社会主义制度最大的优越性。马克思曾明确指出，在新社会制度中，"社会生产力的发展将如此迅速……生产将以所有人的富裕为目的"[1]。邓小平将"共同富裕"作为社会主义的本质之一，指出"社会主义的本质，是解放生产力，发展生产力，消灭剥削，消除两极分化，最终达到共同富裕"[2]。习近平总书记系列重要讲话反复强调缩小收入差距、促进共同富裕，使发展成果更多更公平惠及全体人民。经过40年的改革开放，我国居民的收入水平和生活水平普遍提高，但贫富差距明显扩大，已演变为各种社会经济矛盾的一个重要根源。缩小收入差距，追求共同富裕将是新时代推进收入分配理论和收入分配实践的一条主线。

第二，进一步处理好公平与效率的关系。

公平是一种权利，马克思认为："权利决不能超出社会的经济结构以及由经济结构制约的社会的文化的发展。"[3] 马克思的这一论断对于正确认识公平与效率的关系及其历史演进脉络提供了重要的理论启迪。

改革开放初期，为了克服平均主义，激发人们的生产热情，从理论到实践都需要强调"效率"的作用，效率的优先地位被逐渐确立下来，并为社会所广泛接受。党的十四届三中全会首次提出"效率优先，兼顾公平"的原则。党的十六大之后，随着收入差距的日

---

[1]《马克思恩格斯全集》第46卷（下册），人民出版社1980年版，第222页。
[2]《邓小平文选》第三卷，人民出版社1993年版，第373页。
[3]《马克思恩格斯全集》第25卷，人民出版社2001年版，第19页。

益扩大，注重公平、促进共同富裕等提法越来越多地出现在党和政府的决定、政策文件中。从党的十六届四中全会开始，就不再提"效率优先、兼顾公平"了。党的十七大将原来的"初次分配注重效率，再分配注重公平"改为"初次分配和再分配都要处理好效率与公平的关系，再分配更加注重公平",① 把公平与效率的关系置于生产与分配的全过程来考量。党的十八大以来，对公平与效率的关系有了一系列新的认识，突出的理论和实践特色是"公平"的分量越来越重。新时代，我们要以"权利公平、机会公平、规则公平"为基本准则，以"起点公平、过程公平、结果公平"为关键着力点，将公平内嵌于社会主义市场经济体制之中，奠定人民美好生活的坚实基础。

（原载《中国经济史研究》2018 年第 6 期）

---

① 《十七大以来重要文献选编》（上），中央文献出版社 2009 年版，第 30 页。

论人的需要及其实现

人的需要是马克思主义政治经济学的核心范畴，也是中国特色社会主义政治经济学的核心范畴。人的需要是不断发展的，它的实现程度和方式取决于生产力发展水平、经济体制和社会制度的性质。需要的释放和满足是一个社会繁荣昌盛的重要标志。改革开放以来，我国人民的需要发生了重大变化，需要满足的程度逐步提高，满足的方式日趋多样化，已经从日益增长的物质文化需要演变为日益增长的美好生活需要。中国特色社会主义进入新时代，必须进一步解放和发展社会生产力，实现经济的高质量发展，进一步深化全面改革，以满足人民对美好生活的新期待，焕发社会的生机活力，为开启全面建设社会主义现代化新征程提供不竭动力。

一　需要是人的本质

自从人类社会诞生的那一刻起，人的需要就随之产生。生命的维持和人类自身再生产、人与自然界的相处、人与人之间的社会交往，都孕育着人的方方面面的需要。人的需要伴随着人类发展的始终，构成经济社会发展最基本的动力源泉。

马克思把人的需要视为人的本质，是人与生俱来的"内在规定性"，是人的自然属性、社会属性、思维属性共同作用的结果。人作为生命有机体，有衣食住行等方面的基本需要，以维持基本的生命活动。在满足基本生存需要的基础上，又有娱乐、阅读、思考、探索和冒险、自我实现等精神层面的需要。作为"社会关系的总和"，人还有自由、交往、尊严、秩序、民主、公平、正义等社会、政治方面需要。

所以,"在现实世界中,个人有许多需要"①。在《1844年经济学哲学手稿》中,马克思分析了人的肉体需要、自然需要、社会需要、交往需要、文明需要等由人的自然属性、思维属性、社会属性产生的多种多样的需要。从总体上看,人的需要可以分为三大类型,即生存需要、享受需要和自由而全面发展的需要。

生存需要是人作为生命有机体最原始的内在需要,它是人的其他需要产生的自然基础。在经济生活中,它则是必要劳动的界限,也是剩余劳动和财富积累的起点。马克思在《德意志意识形态》中指出:"一切人类生存的第一个前提,也就是一切历史的第一个前提,这个前提是:人们为了能够'创造历史',必须能够生活。但是为了生活,首先就需要吃喝住穿以及其他一些东西。"② 这就阐明了生存需要在人的需要中的基础地位,它是经济社会发展处于较低级阶段的基本需要形态,并贯穿人类社会发展始终,是任何一个社会必须首先面对和加以解决的。

享受需要是一种追求高质量生活的需要。如果把人的生活分为物质生活和精神生活,享受需要就是人们对高品质物质生活和内心精神生活的追求。高品质物质生活体现为人们享受物质生活资料范围的扩大和品质的提高。精神生活包括文化艺术、科学研究、社会交往、政治权利等方面的精神诉求和活动,是物质需要满足到一定程度以后自然发展起来的。享受需要的满足,特别是精神追求的满足,要以生产力发展到一定程度,尤其是闲暇时间的存在和不断增加为前提。"由于给所有的人腾出了时间和创造了手段,个人会在艺术、科学等等方面得到发展"③;"从整个社会来说,创造可以自由

---

① 《马克思恩格斯全集》第3卷,人民出版社1960年版,第326页。
② 《马克思恩格斯文集》第1卷,人民出版社2009年版,第531页。
③ 《马克思恩格斯全集》第31卷,人民出版社1998年版,第101页。

支配的时间，也就是创造产生科学、艺术等的时间"①。与此同时，随着生产力的发展和物质需要的满足，生产时间的相对重要性下降了，而闲暇时间的相对重要性提高了，人们愿意用更多的闲暇时间去替代物质财富生产时间，或者把更多时间分配到闲暇活动中。

自由而全面发展的需要是人的最高层次的需要。自由而全面的发展，就是"社会的每一个成员都能完全自由地发展和发挥他的全部才能和力量"②，也就是恩格斯所说的"每个人的爱好都能得到满足，每个人都能做自己愿意做的事情"③。人的自由而全面发展，首先是人的才能的全面发展。马克思在描绘未来社会人的自由而全面发展时指出："任何人都没有特殊的活动范围，而是都可以在任何部门内发展，……我有可能随自己的兴趣今天干这事，明天干那事，上午打猎，下午捕鱼，傍晚从事畜牧，晚饭后从事批判，这样就不会使我老是一个猎人、渔夫、牧人或批判者。"④ 同时，社会为每个人提供了许许多多选择机会和充分的流动性，人们可以在职业、消费、居住地等经济生活领域自由选择，在精神生活领域放飞自我、探索未知，在政治和社会生活领域，追求理想价值和实现人生抱负。

"自由时间"是马克思在论述人的自由而全面发展时所提出的一个重要范畴，在《1861—1863 年经济学手稿》中，马克思指出："时间实际上是人的积极存在，它不仅是人的生命的尺度，而且是人的发展的空间。"⑤ 有"'可以自由支配的时间'，也就是有真正的财富，这种时间不被直接生产劳动所吸收，而是用于娱乐和休息，从而为自由活动和发展开辟广阔天地。时间是发展才能等等的广阔天地"⑥。自由时间是直接劳动时间以外、供个人自主支配、自由运用、充分发展的时间，包括"个人受教育的时间，发展智力的时间，履

---

① 《马克思恩格斯全集》第 30 卷，人民出版社 1995 年版，第 379 页。
② 《马克思恩格斯全集》第 42 卷，人民出版社 1979 年版，第 373 页。
③ 《马克思恩格斯全集》第 1 卷，人民出版社 1995 年版，第 578 页。
④ 《马克思恩格斯文集》第 1 卷，人民出版社 2009 年版，第 537 页。
⑤ 《马克思恩格斯全集》第 47 卷，人民出版社 1979 年版，第 532 页。
⑥ 《马克思恩格斯全集》第 26 卷第 3 册，人民出版社 1974 年版，第 281 页。

行社会职能的时间，进行社交活动的时间，自由运用体力和智力的时间"①。人的自由而全面发展需要主要体现在精神生活和政治生活领域，人们已经摆脱了物质需要和肉体需要方面的羁绊，能够自由地从事娱乐性、创造性、探索性甚至冒险性的活动，以寻求身心的愉悦；能够自由追求高质量的生态环境，在优美的环境中陶冶情操，实现自身与自然在更高层次上的融合统一；能够自由追求人的价值实现，把自由、交往、尊严、公平、正义、政治权利作为自身内在的、现实的需要。实现了人的自由而全面发展，也就最终进入到恩格斯所提出的人类的"两个和解"，即"人类同自然的和解"和"人类本身的和解"。②

二 人的需要是不断发展的

人的需要不是一成不变的，而是随着时间的推移不断发展演变的。美国心理学家马斯洛在 1943 年发表的《人类激励理论》中将人类需要从低到高依次划分为五个层次，即生理需要、安全需要、社交需要、尊重需要和自我实现需要。这里，自我实现需要是指人们对道德、创造力、公平公正和自我价值实现的追求，它是人们在满足了生存需要和享受需要之后产生的更高层次的需要。

人的需要演进有两个基本动力：一是人的需要自身具有不断向前发展的力量。人体中蕴涵着无穷无尽的潜在需要，这是自然界赋予人类不断开拓新生活和赋予生命新形式的基因，是人类自身发展不断累积而自然演进的结果。从某种意义上讲，这是人类所拥有的终极资源和财富。人类首先呈现出来的需要是由感官直接释放出来的，用于维系生命活动，如饮食的需要等等，这种需要是动物界所共有的，是需要拓展的起点。正如马克思指出："不能说，这种饮食

---

① 《资本论》第 1 卷，人民出版社 2004 年版，第 306 页。
② 《马克思恩格斯文集》第 1 卷，人民出版社 2009 年版，第 63 页。

与动物的饮食有什么不同。"① 随着基本生存需要的满足，已经蛰伏在人体中的潜在需要就会被唤醒和生长出来，变为现实的渴求。人的需要演进的一般路径是，从较低级的动物式的物质需要向高品质的物质需要、从单一的需要向多方面的需要、从共性需要向个性化需要、从个体的需要向社会需要、从物质需要向精神需要演化，最终发展为以精神需要为主。如果说物质的需要存在某种限度，那么，人区别于动物的精神需要则是无限的，从这种意义上讲，人的需要的发展是无限的，社会生产力、社会交往形式和社会组织形式的发展便获得了不竭的动力源泉。

人的需要演进的第二个动力是社会生产力的发展。自然界赋予人的潜在需要能够在多大程度上释放出来，或者呈现出什么样的现实形态和演进路径，是由生产力发展水平及其性质决定的。生产提供满足需要的对象和手段，决定着人的潜在需要是处于蛰伏状态还是萌芽生长。随着社会生产力的发展，越来越多的产品和服务被提供出来，品质不断提高，形式不断丰富，潜在的需要不断被唤醒，进入现实世界，并不断得到满足。不仅如此，随着生产的发展，人们的交往越来越频繁，交往范围越来越广泛，潜在的需要不断被触动和诱发，也不断被发现和挖掘，人的生存状态和日常生活不断得到更新，生产发展不断获得新动力。从世界经济发展史来看，生产力发展越迅速，人的需要发展也越快；反之，人的需要的发展也就越慢。人的潜在需要唤醒和开发的快慢，人的需要演进的现实路径，以及需要呈现的具体形态，在很大程度上受制于生产力发展的速度和性质。科学技术的发展会使自然界被越来越广泛、越来越深入地纳入人类经济活动中，人们会发现原有使用价值的新属性、新组合，形成新的财富形态，从而对人的肉体和精神生活产生影响，诱发新的需要。

马克思在谈到人的需要的发展演进规律时指出："已经得到满足

---

① 《马克思恩格斯全集》第 42 卷，人民出版社 1979 年版，第 126 页。

的第一个需要本身、满足需要的活动和已经获得的为满足需要而用的工具又引起新的需要"①；人的"解放"是"由历史的关系，是由工业状况、商业状况、农业状况、交往状况促成的"。② 经典作家的这些论述为我们认识人的需要的发展规律提供了重要理论启示。

三 需要是经济社会发展的最根本动力

"需要"是一种潜在的、原始的力量，驱动着人的活动，构成经济、社会、政治、文化等发展的根本动力。马克思主义经典作家对此有清晰的论述。在《德意志意识形态》中，马克思和恩格斯指出：人从事第一个历史活动的出发点或"创造历史"的真正动机是人的"生活"，亦即人的需要。"任何人如果不同时为了自己的某种需要和为了这种需要的器官而做事，他就什么也不能做。"③ 从世界经济发展史来看，人的需要驱动生产的发展，而生产发展的需要驱动科学技术的发展，科学技术的发展驱动社会生产力一步一步前进，并成为"第一生产力"。恩格斯描述过"需要"的巨大力量："社会一旦有技术上的需要，这种需要就会比十所大学更能把科学推向前进。"④ 这样，"人的需要、生产及科学在人类历史发展过程中就构成一个链条，在这个链条上，三者是由此及彼地一环套一环，环环相扣，同时这种环环相扣，又是无限的序列"⑤。

在现实经济生活中，人的需要构成人的利益，需要的满足也就是利益的实现。因此，利益构成经济社会发展的根本动力。1842年马克思在《莱茵报》发表的《第六届莱茵省议会的辩论》一文中指出："人们为之奋斗的一切，都同他们的利益有关。"⑥ 在市场经济

---

① 《马克思恩格斯文集》第1卷，人民出版社2009年版，第531页。
② 《马克思恩格斯文集》第1卷，人民出版社2009年版，第527页。
③ 《马克思恩格斯全集》第3卷，人民出版社1960年版，第286页。
④ 《马克思恩格斯文集》第10卷，人民出版社2009年版，第668页。
⑤ 邵晓光：《人的需要、生产与科学》，《辽宁大学学报》1988年第2期。
⑥ 《马克思恩格斯全集》第1卷，人民出版社1995年版，第187页。

中，利益则构成市场机制运转和价值规律作用的根本动力，资源的流动和动态配置主要是由利益来驱动的。判断一个制度或体制的好坏，从根本上就是要看这个制度或体制能否在既定的生产力条件下较好地满足人的需要，较充分地释放人的利益诉求，同时能够较好地协调人们之间的利益关系。只有那些既能够满足人的现实需要、实现人的现实利益又能协调好人们利益关系的制度和体制，才能促进生产力的循环发展，也才能持久存在。

列宁在苏联十月革命胜利四周年时曾批评过对物质利益的忽视，认为搞社会主义"不能直接凭热情，而要借助于伟大革命所产生的热情，靠个人利益，靠同个人利益的结合"①。邓小平在改革开放初期就提出要重视利益的作用，他说："不讲多劳多得，不重视物质利益，对少数先进分子可以，对广大群众不行，一段时间可以，长期不行。……革命是在物质利益的基础上产生的。"② 改革开放以来，我国经济保持长期快速发展，一个重要的原因是尊重人们对物质利益的追求，建立了与我国生产力发展水平和市场经济体制相适应的激励机制。

四 需要的实现及其机制

人的需要存在于人类社会的始终，如何使人的需要得以实现呢？显然，首先要发展社会生产力。马克思主义经典作家十分重视社会生产力的发展，在《共产党宣言》中，马克思和恩格斯就明确指出，未来社会要"尽可能快地增加生产力的总量"③。只有社会财富的充分涌流，才能奠定满足人的需要的坚实物质基础。那么，在既定的社会生产力水平下，如何构建满足人的需要的有效机制呢？

在经济领域，这就涉及如何促进生产力的发展，建立起生产与

---

① 《列宁专题文集论社会主义》，人民出版社 2009 年版，第 247 页。
② 《邓小平文选》第二卷，人民出版社 1994 年版，第 146 页。
③ 《马克思恩格斯文集》第 2 卷，人民出版社 2009 年版，第 52 页。

需要之间的有机互动关系，从而使生产能够不断适应和满足人的需要这一重要问题。恩格斯在《反杜林论》中设想，未来社会，生产资料由社会占有，并以直接社会化的形式应用于生产，劳动一开始就成为直接的社会劳动。"在这种情况下，社会也必须知道，每一种消费品的生产需要多少劳动。它必须按照生产资料来安排生产计划，这里特别是劳动力也要考虑在内。各种消费品的效用……最后决定这一计划。人们可以非常简单地处理这一切，而不需要著名的'价值'插手其间。"① 列宁在十月革命前夕写作的《国家与革命》中设想，在共产主义社会的第一阶段，计算和监督能够把生产和消费组织得非常好，他说："对这些事情②的计算和监督已被资本主义简化到了极点，而成为一种非常简单、任何一个识字的人都能胜任的手续——进行监督和登记，算算加减乘除和发发有关的字据。"③ 但实践证明，通过行政计划机构来发现和发掘人们的需要并直接组织社会生产，并不能实现生产与需要的有效衔接，因为这首先会遇到信息显示、收集、处理、传递方面的制约。兰格曾预言，在计算机时代到来以后，计算机就能够替代市场有效解决组织社会生产和消费所面临的信息约束，④ 但实践尚未证明兰格的预言。迄今为止，市场机制仍是显示和发现人们现实和潜在需要，并把它转化为市场信号，进而引导资源配置，以满足人们需要的比较有效的机制。亚当·斯密在《国富论》中对此有过分析，那就是通过一只"看不见的手"来激励和引导人们进行生产，并把生产与人的需要协调起来。

在现代市场经济中，人们能够自由作出各种选择，如职业、消费、居住地，以及收入、财富和时间的分配等，每一个人偏好和他的幸福要素等都会在这种选择中充分表现出来。人们在自由选择时依据的是他所掌握的公共知识、公共信息和不为人知的私人知识、

---

① 《马克思恩格斯文集》第9卷，人民出版社2009年版，第327页。
② 这里指生产与消费。
③ 《列宁专题文集论社会主义》，人民出版社2009年版，第41页。
④ 兰格：《计算机和市场》，载《社会主义经济理论》，中国社会科学出版社1981年版。

私人信息。公共知识和信息的收集、处理和传递相对简单，而私人知识和信息的显示、收集和处理则是很困难的。自由选择的重要价值就在于它能够比较充分地显示、吸收和利用了各类知识和信息，特别是私人知识和信息。人们的自由选择转化为可识别的价格信号，价格信号综合了方方面面的信息和知识，进而引导资源的流动和配置。这样，由价格信号引导的资源配置活动就能够在较大的程度上反映市场需求，从而反映人们的现实和潜在的需要，从而形成需要与生产的有机互动关系。

我们还要考虑市场经济中企业家的功能。企业家组织生产和进行创新活动，其直接出发点可能并不是人的需要，而是为了获取利润或其他利益，但在价格的引导和市场竞争的驱使下，企业家的决策通常会沿着市场需求的方向逼近人的现实和潜在需要。在企业家的眼里，人的需要是他获取利润的中介，而从社会的总体经济循环来看，利润则扮演着实现人的需要的中介。企业家的重要功能是发现和发掘社会需要，并通过资源配置和创新活动加以满足。企业家具有冒险精神，勇敢面对不确定性，他是在敏锐判断力（对未知趋势的判断）和直觉（对未知因素的感觉）的引导下作出决策的，正如费尔普斯指出的："他们在并不掌握太多微观或宏观实际知识的情况下，在还没有也不可能有百分百正确的模型或决策规则时，展示出了做正确决策的能力。"[1] 可见，企业家的冒险和探索精神对于发现和发掘人的需要、唤醒人的潜在需要、开拓满足新需要的新领域是极为重要的。

当然，市场经济能否成为满足人的需要的有效机制，还取决于市场经济本身的制度建设和实际运行状况。只有运行良好的市场机制才能激励人们生产和创新，并建立起经济活动与人的需要之间的有效互动关系。因此，支撑市场机制有效运转的基础性制度建设，如产权制度、竞争制度、金融制度、监管制度等，以及物质基础设

---

[1] 埃德蒙·费尔普斯：《大繁荣：大众创新如何带来国家繁荣》，中译本，中信出版社2013年版，第31页。

施建设，就显得非常重要。

市场机制是满足人的需要的重要机制，但诸如文化、道德、民主、自由、公平、正义等精神和政治层面的需求，则是市场机制难以充分满足的，需要借助完善的社会机制和政治机制等加以保证。美国经济学家罗斯托指出，当一个国家进入成熟阶段或大众消费时代以后，需要通过政治程序和国家的力量来保证社会福利和社会保障方面的资源配置，"用国家的力量……来实现个人的和社会的目标（包括增加闲暇时间），这些目标是不太坏的自由市场制度所不能实现的。"[①] 因此，一个国家在建立完善的现代市场经济体制的同时，还要进行政治制度、社会制度、文化制度等建设，这对于满足人的高层次需要，特别是精神层面的需要是至关重要的。

五 新时代满足人民日益增长的美好生活需要

改革开放以来，我国居民的需要发生了重大变化。这完全可以从城乡居民恩格尔系数的变化中看出来。1978 年，我国农村居民恩格尔系数为 67.70%，城镇居民为 57.50%，总体恩格尔系数为 60%。到了 2018 年，农村居民恩格尔系数降到 30.1%，城镇居民降到 27.7%，总体恩格尔系数降到 28.4%，居民需要的层次明显提升，已经从生存需要向享受需要演进。不仅如此，有关人的自由而全面发展需要的若干要素已经萌芽并呈快速生长之势。这符合人的需要发展的内在规律、社会主义发展规律和经济社会发展一般规律。21世纪伊始，党的十六大提出了"促进人的全面发展"的要求，从此，"人的全面发展"不断出现在党的重要文献中。党的十九大指出，中国特色社会主义已经进入新时代，我国社会主要矛盾已经由"人民日益增长的物质文化需要同落后的社会生产之间的矛盾"转化为"人民日益增长的美好生活需要和不平衡不充分的发展之间的矛盾"，这是对

---

① 罗斯托：《经济成长的阶段》，商务印书馆1962年版，第86页。

现阶段我国人民需要和社会主要矛盾演化的科学判断。

新时代，我国人民的需要发生了质的变化，要通过推动经济的高质量发展和全面深化改革来逐步加以满足。

第一，追求高品质物质生活。这需要通过提供高品质的产品和服务来保证。许多一般性的产品和服务供给已经过剩，人们已经转向追求产品和服务的性能、稳定性、安全性、便捷性、舒适性、环保标准，以及其上所附着的精神方面的东西（如愉悦感、归属感、自我和社会评价等），对进口品（由于其品质和新奇性）的喜爱也明显提升了。随着智能化时代的到来，人们已经开始注重产品的智能化、网络化和数字化，对智能产品和服务的需要已经唤醒，开始转化为快速增长的市场需求。住房是一种特殊的需要，一方面，它是生存的基本条件，属于生存需要；另一方面，它是享受需要乃至自由而全面发展需要的基本要素，事关人力资本的形成和质量、劳动者选择的自由度，以及创造性的发挥，是新时代人民美好生活需要的重要组成部分。

实现人民日益增长的高品质物质生活需要，需要推进供给侧结构性改革，提高经济发展的质量，使供给体系和能力能够更好地满足广大人民日益增长、不断升级、多样化和个性化的需要。对于供给侧结构性改革，习近平总书记已有许多精辟的论述："供给侧结构性改革，重点是解放和发展社会生产力，用改革的办法推进结构调整，减少无效和低端供给，扩大有效和中高端供给，增强供给结构对需求变化的适应性和灵活性，提高全要素生产率。"[①]

第二，追求优美的生态环境。随着人民群众对生活质量的要求越来越高，良好的生态环境已经成为人民群众的内在需要，新鲜空气、清洁水源、宜人气候、安全食品等已经成为人们选择的重要参数，并日趋内化为人们的价值判断。生态环境的价值是多方面的：优美的生态环境是一种最公平的公共产品，一旦形成就具有普惠性，

[①] 习近平：《在省部级主要领导干部学习贯彻党的十八届五中全会精神专题研讨班上的讲话》，人民出版社2016年版，第29页。

任何人都可以享受；优美的生态环境有利于人的身心健康，提高生活质量，节约社会医疗成本，从而降低对 GDP 的抵消和折扣；而且，绿色本身已经开始成为经济发展的源泉。总之，良好的生态环境本身就是人的内在需要，人们生活在一个和谐、优美、宁静的自然环境之中，享受生命的美好，在更高层次上实现人向自然界，进而向自身本质的回归。对于人的需要、生态环境和经济增长之间的辩证关系，习近平总书记讲过一段著名的话："既要绿水青山，也要金山银山；宁要绿水青山，不要金山银山，而且绿水青山就是金山银山。我们绝不能以牺牲生态环境为代价换取经济的一时发展。"①

满足人民群众对优美生态环境的需要，建设美丽中国，要切实把经济发展转换到绿色、可持续的轨道，使绿色成为经济增长和人们生活的新增长点。这需要一系列深刻的体制变革。重要的有两点：其一，借助市场机制正确评估自然要素的价值。投入到经济流转过程中的自然要素，如能源、土地、水、空气、空间等等，要依据其稀缺性和对人类生活的意义进行正确的评价，转化为合理的市场价格。其二，对生产和消费过程中排放废物的负价值，也要依据其对人类生活的损害和环境容量的挤占进行正确的评估，转化为合理的市场价格，并把这些市场价格作为生产者和消费者选择的基本参数，使其内化于人们日常的经济行为和消费行为，引导生产和生活方式的绿色转型。强化生态环境监管，设置生产和消费的生态门槛，用绿色监管来规范和约束人们的行为。

第三，追求公平。公平是人类最深沉的价值追求，内嵌于人的基因。21 世纪之初我们已经越过了"效率优先，兼顾公平"的早期经济发展阶段，对公平的内在需要开始凸显出来。从公平实现的过程来看，公平包括机会公平和结果公平。在现代市场经济中，如果机会是公平的，那么，由此而造成的竞争结果就可以被视为符合公平原则，人们也能在较大程度上认可和接受这种结果。因此，机会

---

① 《在哈萨克斯坦纳扎尔巴耶夫大学演讲时的答问》，《人民日报》2013 年 9 月 8 日。

公平在构筑社会公平的过程中居于核心地位。但结果公平也具有自身独立的价值。这是因为，结果的公平性不仅会影响下一轮竞争中的机会公平，还直接影响消费的公平和生活本身，影响劳动力的再生产和人力资本的质量，进而影响人的自由而全面的发展，以及人的解放。

教育、健康、住房、融资机会和社会保障在实现机会公平过程中起着关键作用，它们决定着每个人选择的自由度、抓住和利用机会的能力、流动的可能性，以及抗御风险和冒险的能力。以教育和健康为例，接受良好的教育和拥有健康的体魄是人们，尤其是处于不利社会地位的群体抓住和利用机会的关键因素，同时也是享受高品质生活，特别是精神生活的关键因素。更进一步，教育和健康本身已经不再仅仅是实现某种目的的手段，还是人的需要本身。马克思指出，未来教育"不仅是提高社会生产的一种方法，而且是造就全面发展的人的唯一方法"①。因此，在社会主义现代市场经济中，国有资源等公共资源要主要用于构筑这些基本条件，为实现机会公平奠定坚实基础。在此基础上，通过税收、补贴和消除贫困等多项措施，以及社会保障制度的系统建设，实现更高程度的结果公平。

第四，追求社会和政治参与。马克思认为，人本质上是"一切社会关系的总和"②，"社会关系实际上决定着一个人能够发展到什么程度"③。人追求社会和政治参与可视为人的"一种内在的、无声的和把许多个人自然联系起来"的"类"本质。追求社会和政治参与包含道德、自由、尊严、公平、民主、法治等诸多因素，属于精神层面的需要。党的十九大在描述人民日益增长的美好生活需要时已经指出了这些方面的需要："人民美好生活需要日益广泛，不仅对物质文化生活提出了更高要求，而且在民主、法治、公平、正义、

---

① 《马克思恩格斯文集》第5卷，人民出版社2009年版，第557页。
② 《马克思恩格斯文集》第1卷，人民出版社2009年版，第501页。
③ 《马克思恩格斯全集》第3卷，人民出版社1960年版，第295页。

安全、环境等方面的要求日益增长。"① 满足人民社会和政治参与的需要,要通过社会体制改革和民主法治制度建设来完成,党的十八届三中全会通过的《中共中央关于全面深化改革若干重大问题的决定》对民主政治制度建设、法治中国建设、社会事业改革等做出了系统安排,把"推进国家治理体系和治理能力现代化"作为全面深化改革的总目标之一。党的十八届四中全会通过的《中共中央关于全面推进依法治国若干重大问题的决定》对法治国家、法治政府、法治社会一体化建设做出了系统部署。现在的关键是要把这些部署落到实处,为满足人民群众参与政治和社会治理提供制度坚实保证和有效途径。对于改革的落实,习近平总书记反复强调,在2016年11月1日召开的中央全面深化改革领导小组第二十九次会议上指出:"坚定不移抓好各项重大改革举措,既抓重要领域、重要任务、重要试点,又抓关键主体、关键环节、关键节点,以重点带动全局,把各项改革任务落到实处。"②

(原载《中州学刊》2020 年第 10 期)

---

① 习近平:《决胜全面建成小康社会 夺取新时代中国特色社会主义伟大胜利——在中国共产党第十九次全国代表大会上的报告》,人民出版社 2017 年版,第 11 页。
② 《全面贯彻党的十八届六中全会精神,抓好改革重点落实改革任务》,《人民日报》2016 年 11 月 2 日。

中国经济改革

国有资产结构调整

一

1988年以来，我国国有资产以年均18%的速度递增，至1993年年底，全国国有资产存量已高达34950亿元。但是，国有资产的结构很不合理，呈过度分散状态。无论是垄断行业还是竞争行业、制造业还是流通行业、基础产业还是加工工业、军事工业还是民用工业、大中型企业还是小微型企业、城市还是乡村，都有国有资产的广泛分布。在国有企业中，大量国有资产散布在数以万计的中小型企业中。

国有资产过度分散是集权体制的产物。在传统体制下，全社会的资产都集中在国家手中，国家是社会唯一的积累主体。个人收入只限于生活消费，很少有非消费性剩余，即使有，也被限制用于投资；其他非国有资产也被禁止存在。相应地，国家也是社会唯一的投资主体，所有投资都必须由国家进行，从而形成国有资产在各行各业广泛分布的局面。国家独家积累模式对我国工业化起过积极的历史作用，但由此形成的国有资产过度分散的弊端随改革的深入而日益明显。

第一，难以对国有资产实行有效的管理，造成国有资产的大量流失。据国有资产管理局的统计，从1982年到1992年，国有资产共流失5000亿元，平均每天流失近1.4亿元。国有资产大量流失，原因是多方面的，如国有资产产权不清、责任主体不明、量化机制不完善等。但国有资产过度分散也是一个不可忽视的重要原因，从理论上讲，难以找到这样一个完善的国有资产责任主体，它能够像非国有资产的责任主体那样担负起保护资产的责任。因为国有资产的责任主体同非国有资产的责任主体有一个最大的不同，即资产利益对它们来说是外在的，必须用资产利益以外的利益去刺激它们，但这种非资产的利益同资产利益相比，刺激力要小得多，在缺乏有效监督的情况下，一些构造出来的责任主体有可能用损害国有资产利益的办法去谋取自身的私利，或者对国有资产抱不负责任的态度。这是国有资产的一个缺陷，而且难以克服。因此，如果国有资产过度分散，必然会形成无数个资产流失的漏洞；相反，如果国有资产相对集中在某些领域，无论采取什么样的国有资产管理体制，都能较容易地堵住国有资产的流失漏洞。所以，为了防止国有资产的继续流失，除了采取其他措施之外，要缩小国有资产战线，实现其相对集中。一旦实现国有资产的相对集中，国有资产的委托代理成本就会大大降低。

第二，大量国有资产分布在规模小、技术落后、经营不善的小型企业中，造成国有资产运营效率低下。据统计，1980年至1992年，国有工业企业的亏损面、亏损额基本上是逐年上升的。1980年，国有企业的亏损面为19.20%，亏损额为34.3亿元；1992年，两者分别上升至23.4%、369.3亿元；1994年1—5月，两者高达44.2%、276.6亿元。1990年，分布在机械、食品、建筑材料行业的企业（多为中小型企业）的亏损额为111.3亿元，占国有资产亏损总额的32%。国有资产之所以严重亏损，除了政策性因素（如对石油、煤炭等基础产业的定价制度不合理）外，一个重要原因是国有资产分布面广。笔者有这样一个看法：我们不太容易建立这样一种国有资产的经营机制，它能充分保证国有资产的经营者担负起国有资产增值的责任。因此，无论采取何种国有资产经营机制，为了实现国有资产的保值和增值，都需要国有资产管理部门各种形式的参与，如检查监督经营活动、任命经营者、委派董事以及未来的买卖国有股票等。但是，如果国有资产过度分散，尤其是分散在数以万计的小型、微型企业中，就会使大量的国有资产实际处在国有资产管理部门的有效控制之外，从而使许许多多明亏、潜亏、破产的国有企业得以产生。相反，如果国有资产相对集中，国有资产管理部门参与国有资产管理的工作量就会大大降低，参与效率就会大大提高，从而为提高国有资产收益奠定坚实的基础。

第三，国有资产过度分散阻碍了国有资产应尽职能的发挥。理论和实践证明，对于竞争性行业（如加工工业、流通行业）和中小型企业，市场机制能够很好地起调节作用，非国有资产没有必要参与，至少没有必要大量参与。国有资产存在的必要性在于，还存在一些非国有资产不愿进入或进入不足的领域，即广义的公共品领域，如文化、教育、科研、社会安全等领域的非经营性资本支出，社会基础设施和基础工业中的大型经营性资本支出、高科技开发项目等高风险资本支出，这些领域才是国有资产的功能领域，国有资产应主要集中在这些领域；以这种标准来衡量，我国国有资产的结构是十分不合理的，大量的国有资产分布在加工工业和中小企业中。有人测算，分布在中小企业的国有资产在国有总资产中至少占一半以上，且许多处于亏损经营状态；而公共品领域的国有资产一直过低。于是，呈现这样一种矛盾的现象：从总量上看，国有资产额高达34950亿元，占全社会资产总量的80%以上，足以保证其发挥应尽职能。但现实的情况是，公共品的供给严重短缺，长期以来一直是制约国民经济和社会发展的瓶颈因素。之所以出现这种情况，主要原因是，大量国有资产没有投向它的功能领域，而是投向了本应由非国有资产充分发挥作用的竞争性领域。在此我们可以顺便得出一个结论：消除公共品瓶颈并不需要大幅度提高财政收入在国民收入中的比重，而是要重组国有资产结构，使其转移到公共品领域。

第四，国有资产的过度分散妨碍了企业自主权的真正落实和企业制度改革的深化。为了搞活国有企业，我们采取了许多措施分离所有权和经营权，如推行承包经营责任制、颁布《全民所有制工业企业管理条例》，但效果不理想，企业真正得到的自主权不多，各种行政机构仍可以以各种理由干预生产经营活动。邓小平"南方谈话"以后，股份制试点在全国展开，人们希望通过股份制来实现两权的真正分离。经过一段时间的试验却发现，股份制企业的经营机制同传统企业的差异并不像人们原来想象的那么大。大多数股份制企业虽然换了名字，设立了股东会、董事会、监事会，但往往徒具形式。政府仍可以以股东、董事、监事的身份去干预企业的人事安排和经营活动。结果，企业和政府的关系并没有大的变化，有的股份制企业甚至反映政府的干预有增无减。因为现在多出了以董事、监事身份出现的政府官员对企业的干预，这种结局的出现并不是偶然的。因为在股份制企业的治理结构中，掌握最大权力的人是掌握最多股份的人，在已改制的股份制企业中，国有股份一般都在50%以上，国家作为最大的股东，如果不去干预企业，任凭非国有股东、经理人员和企业职工去操纵企业，就会造成国有资产权益的流失。在现实中，由于资产所有者的有效控制没有到位而导致国有资产权益流失的现象已大量存在。这里我们遇到了一个两难问题：作为国有资产代表的政府，如果弱化对国有资产的有效控制，会造成国有资产权益的流失；加强这种控制又会面临新的难题。加强这种控制的结果：一是政企不分问题依旧得不到解决；二是由于国有资产的分布面太广，国有企业数量庞大，政府派不了这么多董事、监事，否则就会导致政府机构的再度膨胀；况且，即使能派出这么多董事、监事，也很难保证他们真正负起责任。解决这一难题的出路是把国有资产从中小企业抽取出来，集中在公共品领域，这样一方面可以使许多原有的国有企业的股权分散，从而真正摆脱政府的行政干预；另一方面，集中起来的国有资产又便于政府的有效管理。

因此，应该收缩国有资产战线，使其集中在自己的功能领域，具体说就是提高两个比重：公共品领域国有资产在国有资产总量中的比重，非经营性国有资产在国有资产总量中的比重。在这方面，有国际经验可供借鉴，国有资产并非社会主义国家仅有，世界各国均有一定量的国有资产,它们的国有资产主要分布在以下领域:一是决定国民经济和社会发展的基础设施和公用设施领域,如邮电、交通、港口、供水、供电、供气等,这些领域投资量大、回收慢,又是整个国民经济运行的重要条件,其收入又有明显的外在性,因而是形成相对缓慢的私人资本无力或不愿承担的;二是基础工业领域,如矿山、能源、大型水利工程,这些领域的投资大、回收慢、服务面广,只靠民间资本难以及时开发;三是国民经济的支柱产业,如钢铁、汽车、重化工业,这些产业在一定时期是国际竞争最激烈的产业;四是某些高科技产业,这些产业需要超前投入,且往往投资量大、风险大,民间资本一时难以涉足;五是对国民经济起重要调节职能的部门,如中央银行和其他金融机构。国有资产的这种分布不具有制度性质,而是由市场经济的内在联系和国有资产的自身性质决定的。表1是西方发达市场经济国家国有资产分布的主要领域,可供我们在重组国有资产时参考。

表1　　　　西方主要发达国家国有企业的主要分布领域

（占各自的百分比）　　　　　单位：%

	邮政	广播通信	电力	航运	钢铁	汽车	矿业	铁路
英国	100	100	100	100	75	50	75	100
法国	100	100	100	75	75	50	50	100
意大利	100	100	75	—	—	25	—	100
西德	100	100	75	75	75	25	50	100
美国	100	—	25	—	—	—	0	25
日本	100	100	—	—	—	—	0	75

资料来源:《1983年世界发展报告》。

二

重组国有资产结构不仅是必要的,而且具有现实的可行性。因为,经过十几年的改革开放,我国的资产结构已经多元化了,非国有资产已经大量累积并将继续增长,成为国有资产改造的物质基础。据统计,1991年,我国居民的各种金融资产总额达13520亿元,1992年乡镇企业资产总额达6648.7亿元,至1994年6月,私营企业的注册资金达1041亿元。1993年,在全国工业企业的总资产中,非国有资产额已占到38.3%。大量非国有资产的存在和增长为国有资产退出竞争性行业和小型企业,进而集中到公共品生产领域创造了条件。

如何改造国有资产结构实现其相对集中呢?应该从流量和存量两个方面着手。

首先,新增国有资产(即国有资产流量)应集中投向公共品领域,以形成非经营性国有资产为主。由于新增国有资产主要由政府的财政支出形成,因此应根本改变计划经济时期形成的财政支出结构,使其与国有资产的合理结构相一致。但从统计资料我们可以发现(见表2),改革后我国的财政支出仍维持原有的格局,用于公共领域的财政支出份额没有提高,大量的新增国有资产继续投向竞争性领域,或用于补贴亏损企业的亏损,国有资产分散状况仍在加剧。应该根据上述原则迅速调整财政支出结构,使其与国有资产的合理结构相一致。

表2　　各期用于基本公共品生产的财政支出比例　　单位:%

时间	基本公共品所占比例	其他
"一五"时期	42.14	57.86
"二五"时期	28.94	71.06
"三五"时期	38.58	61.42
"四五"时期	35.13	64.87
"五五"时期	36.08	63.92
"六五"时期	40.98	59.02
"七五"时期	37.41	62.59
1991年	39.85	60.15
1992年	39.19	60.81

资料来源:《中国统计年鉴1993》。

其次，调整国有资产存量结构，使竞争行业和中小企业中分布的国有资产逐渐转移到公共品生产领域和大型国有企业。从理论上讲，国有资产调整可分两步进行：第一，采取拍卖方式出售竞争性行业中的绝大多数小型企业和部分中型企业，尤其是严重亏损拯救无望的企业，将其中的国有资产抽取出来，转移到教育、科学、社会安全、社会保障等部门，能源、交通、通信和重要原材料等部门，以及关键性行业的大中型企业和经济效益好的大中型企业；第二，对基础设施部门的企业以及其他大中型国有企业进行股份制改造，然后出售部分国有股份，抽出部分国有资产，转移到教育、科学、社会安全和社会保障等纯公共品部门。对于必须由国家控制的企业，只要把国有资产份额保持在控制额以上就行了。

在对国有资产存量结构进行调整时，必须防止由此造成的国有资产流失。首先，国有资产存量结构的调整速度受制于非国有资产的增长速度，前者不能快于后者，操之过急会造成国有资产的贬值和流失。其次，准确量化国有资产防止国有资产在量化环节中流失。目前我国国有资产量化环节很不完善，表现在以下两个方面：（1）相当一部分国有资产没有进行评估或被低估。如在国家批准进行股份制改造的企业中，对国有资产按有关规定进行评估的只占少数，1992 年在全国 8500 多家实行中外合资的国有企业中，有 5000 多家根本没有进行资产评估。国有资产被低估的情况也十分普遍。在已进行的国有资产评估中，国有无形资产一般都没有纳入评估的范围，在国有土地使用权转让中，政府土地的批租价格与市场价格有很大差距，致使大量本应国家收回的资金流进了土地开发商或投机者手中；还有自 1993 年秋全国城镇开始出售公房以来，全国出售公房收回的资金仅占建房成本的 20%。（2）国有资产量化机制不科学，带有浓厚的行政色彩。所谓国有资产量化，就是确定国有资产的价值或交易价格。到目前为止，国有资产的量化工作是由各类隶属于政府部门的资产评估机构进行的。这些机构及其中的工作人员与国有资产量化是否准确、国有资产是否流失没有切身的利害关系，没有什么内在动力去促使它们准确评估国有资产。相反，由于种种不利因素的作用，如地方利益、企业拉拢与讨价还价、钱权交易，导致存在明显的低估国有资产的倾向。仅用行政性资产评估机构去评估国有资产如同由行政机构给产品定价一样不符合市场经济规律，由此而造成的国有资产流失也是不可避免的。

构造新的国有资产量化机制是重组国有资产结构的一个前提条件。如何构造这种机制呢？笔者的设想是，在国有资产量化过程中引进市场竞争机制的作用。

（1）如国有企业、国有土地等国有资产的量化及产权转让应通过产权市场的竞争性购买进行。在产权交易之前，也需要由权威性的资产评估机构对国有资产进行评估，但这个评估数据只作为产权交易的参考数据，由国有资产经营机构向产权市场发布。产权市场的需求者，即国有资产的购买者，依据这个评估数据，综合考虑其他因素，如企业未来发展前景、资本市场总态势，来确定自己的需求价格。产权市场上多家需求者的竞争性购买促使国有资产的转让价格逼近其真实值。目前，我国产权市场刚刚起步，但发展潜力很大。主要原因是：经过16年的改革开放，我国非国有资产，包括城镇集体企业资产、乡镇企业资产、个体私营企业资产、居民非消费性收入、外资，已大量累积并将继续迅速增长，对国有资产有巨大的潜在需求，足以形成竞争性的需求环境。政府应采取有力措施加速产权市场的发育。在产权市场尚未发育成熟之前，国有资产的量化及转让应通过更大范围的招标、投标进行，以防止幕后交易对国有资产的侵蚀。

（2）打破目前由政府所属国有资产评估机构独揽评估权的局面，允许非政府的、商业性的资产评估机构存在。政府和非政府资产评估机构都把资产评估作为自己的业务，以竞争的方式取得对国有资产的评估权，以此获得经营性收入。国有资产经营机构选择那些信誉良好的评估机构进行国有资产评估。非政府资产评估机构出于盈利的考虑，会不断地改进自己的评估技术，广泛收集市场信息，提高评估结果的准确性、公正性，以赢得政府和企业的信赖。非政府资产评估机构同西方国家的私人会计师事务所、私人审计师事务所、私人律师事务所的运作机制应是一样的。新的国有资产量化机制的运行需要有良好的市场条件，即商品市场、生产要素市场、货币市场必须运转正常，从而保证市场价格信号真实反映各类资本的相对稀缺性和盈利能力。只有在正确价格信号的基础上，资产评估活动和企业家间的竞争才能有可靠的依据。

(原载《学术月刊》1996年第8期)

我国政府实际支配的资源

我国经济体制改革的目的是要把绝大部分资源的配置权从政府手中转到居民和企业手中。因此，从理论上讲，随着改革的推进，政府实际支配资源的份额会逐步减少，市场自由配置资源的份额会逐步增加。我国已经走过了18年的改革历程，现在来估算一下政府实际支配的资源究竟有多少，以此来评价改革所取得的成就，把握下一步改革的方向，很有意义。

本文对政府所有的资源与政府实际支配的资源这两个概念做了严格的区分。政府所有的资源，是指其所有权为中央政府（代表全国人民）和地方政府（代表当地居民）所拥有的那一部分资源，即所有权掌握在政府手中的那一部分资源。这一部分资源的实际支配权显然也在政府手中，构成政府实际支配资源的一部分。而政府实际支配的资源则指，在社会经济资源总量中，政府能够直接影响其配置状况的所有资源，它既包括所有权属于政府的那一部分资源，又包括所有权虽然不属于政府，但配置权牢牢控制在政府手中的那一部分资源。

政府实际支配的资源包括三大部分：一是业已沉淀下来的国有资产存量；二是政府通过各种收入形式取得的一部分资源（资源流量）；三是政府通过各种行政手段控制的一部分非国有资源（资源流量）。前两部分资源的所有权掌握在政府手中，后一部分资源的所有权则不在政府手中。限于篇幅，本文只对这三部分政府实际支配的资源作初步的定量分析，对政府实际支配资源量是否适度这一问题，不作详细分析。

一　政府以国有资产存量形式支配的资源量

国有资产存量大部分沉淀在国有企业，国家统计局的统计资料显示，1978—1995 年，我国国有企业固定资产原值和净值的年增长率均在 7% 以上，20 世纪 80 年代中期以后，二者的增长明显加速，1986 年开始超过 10%，1993 年开始超过 20%，1995 年达到 27% 以上。1978—1995 年，国有企业固定资产原值和净值的平均增长率分别约为 14.1%、13.8%。国有企业固定资产的高速增长，说明在以 GNP 所代表的经济资源流量中有相当一部分形成了国有资产或政府实际控制的资产。

国有资产存量除了包括沉淀在国有企业的经营性国有资产以外，还包括沉淀在国家机关和事业单位的非经营性国有资产。表 1 列出我国国有资产的总量数据。从表中可以看出，进入 20 世纪 90 年代以后，国有资产总量仍维持高增长，年增长率均在 13% 以上，平均增长率为 19.4%。另据统计，1978—1994 年，我国国有资产总量的年均增长率约为 17%（名义增长率），与同期 GNP 的名义增长率（17.3%）基本相同。

表 1　　　　　　1990—1996 年国有资产总量及增长率

年份	1990	1991	1992	1993	1994	1995	1996
总量（亿元）	22713	25846	30697	34950	42929	57101	65894
增长率（%）		30.9	18.2	14.3	13.9	22.8	33.0	15.4

资料来源：《中国财政年鉴 1996》，第 581 页；《光明日报》1997 年 8 月 19 日。

国有资产存量除数量大和增长率高以外，在社会总资产存量中所占的比例也是很高的。以工业领域为例，1993 年，全国独立核算工业企业的资本金共计 20397.5 亿元，其中国有工业企业有 12617.89 亿元，占 61.86%；全国独立核算工业企业固定资产净值共计 18427.1 亿元，其中国有企业有 13304.37 亿元，占 72.20%。1996 年，这两个比例有所下降，分别为 47.43% 和 64.19%，但若考虑到股份经济和其他混合经济中的国有成分，二者估计不会低于 55% 和 70%。目前还没有全社会资产存量的精确数据，因此，无法准确计算出国有资产存量在社会总资产中所占的比例，但据初步估算，该比例不会低于 65%。

国有资产存量之所以高速增长，重要原因是，改革以来，国有经济的固定资产投资占全社会固定资产投资的比例一直保持在很高的水平上。1980 年，国有经济投资占全社会固定资产投资的 81.98%，以后虽逐年下降，但一直保持在 50% 以上的水平，1995 年，该比例为 52.5%。也就是说，在新增社会资产存量中，至少有 50% 以上是国有资产或处于政府直接控制下的资产。

这里我们可以明显感觉出一个矛盾的存在：一方面，众所周知，改革以来，政府财政收入一直在下降，国有资产的形成能力相应减弱；另一方面，国有资产存量却在高速增长。之所以出现这种矛盾的局面，基本原因是，有相当数量的国有资产是靠非国有资源形成的，从下面的分析中我们可以更清楚地看到这一点。

二 政府以收入形式支配的资源量

可以用政府取得的各种收入来测度它在社会经济资源流量中所支配的数量和份额。依照统计数据的性质，政府以收入形式占有的资源量可划分为四部分：（1）各级政府以财政收入形式支配的资源流量。在我国目前的统计资料中，政府财政收入主要包括预算内收入，预算外收入中，地方财政预算外收入和行政事业单位预算外收入计入了财政收入，而企业主管部门的预算外收入则没有计入（钟伟，1996），但从政府实际支配资源的角度看，后者也应该计入，但笔者没能获得这一数据，以下的统计分析对这一项不予考虑，因此，实际数据要比本文数据大一些。（2）用于补贴国有企业亏损的政府收入。在我国目前的财政收入统计中，这部分收入被扣除掉了。但从政府实际支配资源的角度看，这一扣除是没有道理的。因为，补贴亏损是政府运用资源的一种方式。鉴于此，本文把用于补贴国有企业亏损的那一部分收入也作为一项政府实际支配的资源。（3）债务收入。我国财政收入中没有计入政府债务收入（发行国库券、财政债券等筹措的收入）这一项，之所以这样处理，是因为政府债务收入所对应的那一部分资源的所有权属于居民或企业，而不属于政府，债务到期必须偿还。但是，在债务到期以前，这部分资源的实际支配权掌握在政府手中，因此，应视为政府实际支配的资源。（4）政府非规范收入。政府非规范收入是指各级政府，主要是地方政府，以"集资""摊派""收费""罚款"等非规范的形式筹集的一部分资金。转轨时期，旧的财政制度越来越不能满足公共收支的需要，新的财政制度又没有建立起来，作为一种适应性反应，地方政府强制性收取了大量的非规范收入。据一些学者的个案调查，有些乡镇政府的非规范收入已占到了其规范收入的70%以上，甚至高达90%以上。从全国平均水平来看，地方政府的非规范收入相当于地方财政预算内收入的30%（樊纲，1995）。根据以上的分析，表2列出了政府以收入形式支配的资源量。

表2　　　　　　　　政府以收入形式支配的资源量

年份	财政收入（亿元）	弥补亏损收入（亿元）	债务收入（亿元）	非规范收入（亿元）	总收入（亿元）	总收入占GNP的比例（%）
1978	1132.26	0	0	0	1132.26	31.2
1986	2122.01	324.78	138.25	403.08	2988.12	29.3
1987	2199.35	376.43	169.55	438.92	3184.25	27.5
1988	2357.24	446.16	270.78	474.71	3549.19	23.8
1989	2664.90	598.88	282.79	552.71	4099.28	24.2
1990	2937.10	578.88	375.45	583.40	4474.83	24.1
1991	3149.48	510.24	461.40	663.37	4784.49	22.1
1992	3483.37	444.96	669.68	751.16	5349.17	20.1
1993	4348.59	411.29	739.22	1017.13	6516.89	18.9

续表

年份	财政收入（亿元）	弥补亏损收入（亿元）	债务收入（亿元）	非规范收入（亿元）	总收入（亿元）	总收入占GNP的比例（%）
1994	5218.10	366.22	1175.25	693.48	7453.05	16.0
1995	6242.20	327.77	1549.76	895.67	9015.40	15.7
1996	7407.99	337.40	1967.28	1124.08	10836.75	16.0

注：假定1978年前后的若干年份不存在非规范收入。

资料来源：《中国统计年鉴1997》，中国统计出版社1997年版，第42、235、239、247、256页。

从表2可以看出，改革以来，政府以收入形式支配的资源有三个特点：(1) 从总量上看，政府以收入形式支配的资源在GNP中所占的比例逐年下降。改革初期，该比例在30%以上，1995年下降到15.7%，1996年略回升到16.0%，平均每年下降约1个百分点。(2) 如果不考虑非规范收入，政府通过规范形式支配的资源流量下降得更快一些。1978年，政府以财政收入形式支配的资源量占GNP的比例为31.2%，1996年为11.0%。应该说，政府财政收入比例的下降与经济体制改革的总体方向是相吻合的，只是下降的幅度过大、速度过快而已。(3) 转轨时期，非规范收入是政府获取、支配资源流量的一个重要途径，涉及地方利益的许多公共品（如道路、学校等）就是通过征收非规范收入提供的（樊纲，1995）。但是，非规范收入因为其"非规范性"而常常遭到农民和企业的强烈反对，而且容易失控，也是地方政府官员腐败的一个温床。因此，政府以非规范收入形式来获取资源流量的做法是难以持久的。

三 政府以行政手段支配的非国有资源

在政府实际支配的资源中有相当一部分是非国有资源。从所有权的角度看，这一部分资源属于企业、居民或其他经济主体，而不属于政府，但它的配置受到政府的直接控制，从而成为政府实际支配的资源。

政府支配非国有资源的方式很多，如投资项目审批、经营许可证审批、设置行政性进入障碍、国有银行信贷资金配给、股票和债券发行审批、上市公司审批、外汇配给等。转轨时期，政府支配非国有资源的一个最重要的方式是对金融机构的行政性管制和对信贷资金的行政性配给。

改革以来，GNP 的分配格局发生了重大变化（见表3）。1978年，我国居民收入总额为1801亿元，1996年增至44280亿元，18年时间增加了近24倍，平均每年递增19.5%（名义增长率），而同期GNP 的年均增长率为17.6%（名义增长率），居民收入增长率高于GNP 增长率近2个百分点。居民收入在 GNP 中的比例随之持续提高。1978年，居民收入在 GNP 中的比例为50.2%，1996年提高到65.5%，提高了15个百分点以上。政府收入在 GNP 中的比例则由32.7%降低到14.2%，降低了18.5个百分点（贺铿等，1997）。

表3　　　　　　　居民收入、消费剩余及其配置方式

年份	居民收入（亿元）	居民收入占GNP比例（%）	消费剩余（亿元）	消费剩余占GNP比例（%）	股票、债券发行量（亿元）	股票、债券发行量占消费剩余的比例（%）	储蓄增量（亿元）	储蓄增量占消费剩余的比例（%）
1978	1801	50.2	30.2	0.8	0	0	na.	na.
1987	6950	59.9	938.6	8.1	40.0	4.3	835.7	89.0
1988	8929	59.8	1235.0	8.3	100.4	8.1	728.2	59.0
1989	10026	59.3	1438.0	8.5	81.88	5.7	1345.4	93.6
1990	11239	60.4	2058.6	11.1	130.65	6.3	1887.3	91.7
1991	12813	59.2	2435.7	11.2	279.48	11.4	2076.1	85.2
1992	15792	59.3	3254.9	12.2	735.33	22.6	2435.1	74.8
1993	20598	59.6	4823.0	14.0	110.68	2.3	3658.1	75.8
1994	28772	61.8	7426.8	16.0	172.72	2.3	6315.8	85.0
1995	38578	67.1	10546.6	18.4	221.40	2.1	8143.5	77.2
1996	44280	65.5	11516.1	17.0	na.	na.	8858.5	76.9

注：na.：没有获得数据。
资料来源：根据《中国统计年鉴》各年份的有关数据整理而得。

居民收入比例的大幅度提高使居民收入中出现了大量的消费剩

余（即居民收入用于日常消费以后的余额），且这种消费剩余是资本性的，它最终要转化为经济增长中的资本积累。1978年，我国居民收入中的消费剩余只有30.2亿元，1996年，消费剩余增至11516.1亿元，平均每年递增39.1%。消费剩余在GNP中的比例不断提高，1978年，该比例仅为0.8%，1996年上升到17.0%。

所以，无论从居民收入来看，还是从消费剩余来看，改革18年来，在资源流量中，所有权属于居民的资源，其比例在迅速提高，所有权属于政府的资源，其比例在急剧下降。但是，如果我们马上据此得出结论：政府实际支配的资源量也在同比例下降，则是错误的。实际情况是，政府实际支配的资源量并没有因为居民收入和消费剩余的迅速提高而减少，而是随之增加。这是因为，在资本市场尚不发育、金融体制改革严重滞后和政府对金融体系实施严格管制的情况下，许多属于居民的资源，如消费剩余，其配置权却牢牢控制在政府机构手中，成为政府实际支配资源的一部分。

如果不考虑政府对股票、债券发行、公司上市的行政审批制度，居民用于购买股票、债券的那部分自有资源，是由居民自主配置的。因为，股票、债券的购买和出售完全由居民自己决策，决策依据是市场盈利性和风险性。但是，我国股票、债券的发行量很少，居民用于购买股票、债券的消费剩余在消费剩余总量中的比例很低。表3显示，除1991年、1992年两年该比例较高以外，其他年份该比例均没有超过10%。这就是说，在所有权属于居民的全部资本性消费剩余中，真正由居民自主配置的不足1/10。

那么，居民的大部分消费剩余到哪里去了呢？它以储蓄存款的形式进入银行等金融机构。1978年，我国居民的储蓄存款为210.6亿元，1996年增至38520.8亿元，增加了近182倍。储蓄增量在消费剩余中所占的比例除个别年份稍低以外，绝大多数年份都在70%以上（见表3）。而且，居民储蓄主要集中在四大国有银行，进入非银行金融机构的比例很低，而四大国有银行的市场化程度低于非银行金融机构。1995年，居民储蓄存款进入国家银行的占74.0%，进入非银行金融机构的只占25.1%，居民的大部分消费剩余之所以进入银行等金融机构，主要原因是，在资本市场不发育和金融抑制的情况下，可供居民选择的金融工具，特别是直接融资工具太少。

进入银行等金融机构的居民消费剩余，其配置方式取决于金融制度的现状。在我国，金融制度改革严重滞后于其他改革，各级金融机构，特别是国有银行，仍是政府机构的附属物，存贷利率、信贷范围和方向仍严格控制在各级政府，特别是地方政府的手中。结果，进入银行等金融机构的那一部分居民消费剩余，其支配权实际上掌握在政府手中。各级政府依据自己的政策意图来分配来自居民的信贷资源，其中绝大部分进入了效益低下的国有企业。1995年，在国家银行的各类贷款中，城镇集体企业、个体私营企业和三资企业的贷款只占5.1%，1996年占7%，国有企业的贷款则高达80%以上，其中1/5形成不良贷款，更多的是形成不良资产。如果按照安全性、流动性、收益性的商业原则发放贷款，进入国有企业的贷款肯定不会占如此高的比例。

现在我们可以来具体估算一下政府通过银行等金融机构所支配的非国有资源数量。由于国有企业贷款占银行贷款的80%以上，我们据此可以认为，在居民储蓄存款中，政府控制的比例至少为70%。1996年，我国城乡居民储蓄存款增量为8858.5亿元，如果70%为政府实际控制，那么，政府通过金融体系所控制的非国有资源量高达6200.95亿元，约占当年GNP的9.2%。如果把企业等经济主体的存款考虑进来，政府通过金融体系所支配的非国有资源量数量更大。

四　小结

在本文的最后，我们有必要计算一下在GNP中政府实际支配的资源有多少。它主要包括两部分：一部分是政府以各种收入形式支配的资源流量，这在本文第二部分中做了定量分析；另一部分是政府通过金融机构支配的资源流量，本文第三部分对此做了定量分析。

表 4 是综合以上分析得出的总量结果。

表 4　　　　　　　　在资源流量中政府实际支配的份额　　　　　单位：%

年份	政府通过各种收入形式支配的资源占 GNP 的比例	政府通过金融机构支配的资源占 GNP 的比例	政府支配的资源（流量）占 GNP 的比例
1986	29.3	4.2	33.5
1987	27.5	5.0	32.5
1988	23.8	3.4	27.2
1989	24.2	5.6	29.8
1990	24.1	7.1	31.2
1991	22.1	6.7	28.8
1992	20.1	6.4	26.5
1993	18.9	7.4	26.2
1994	16.0	9.5	25.5
1995	15.7	10.0	25.7
1996	16.0	9.2	25.2

资料来源：根据《中国统计年鉴 1997》的有关数据计算。

从表 4 不难看出，虽然政府通过收入形式支配的资源量占 GNP 的比例逐年下降，但通过金融机构所支配的资源在逐年上升。结果，政府实际支配的资源流量在 GNP 中所占的比例仍保持在较高水平上。结合前面对国有资产存量所进行的数量分析，我们可以得出这样的结论：从总量上看，政府实际支配的资源量过大，超过政府履行自身功能（主要是提供公共品）所需要的数量，也超出了政府的管理能力。因此，应采取措施加以减少，其中最重要的措施是，通过发展资本市场、开拓直接融资渠道、国有银行的企业化改造、允许设立非国有银行等把非国有资源的配置权真正交给居民和市场。

参考文献：

国家统计局：《中国统计年鉴》（1997），中国统计出版社 1997 年版。

贺铿等:《对当前收入分配的透视》,《中国统计》1997 年第 2 期。
樊纲:《论公共支出的新规范》,《经济研究》1995 年第 6 期。
钟伟:《我国财政收入规模和结构的国际比较》,《财经研究》1996 年第 8 期。

(原载《管理世界》1998 年第 2 期)

中国私营经济:贡献与前景

私营经济的快速发展是改革开放以来我国经济生活的一个重要现象。随着以公有制为主体混合经济格局的形成,私营经济在实现充分就业、促进经济增长、培育市场主体、促进市场发育等方面将会发挥越来越大的作用。

一 改革开放以来我国私营经济的发展状况

私营经济是以雇工劳动为基础的私有制经济。中华人民共和国成立初期,私营经济是允许存在的,并在生产和生活中发挥重要作用。但随着1952年开始的社会主义改造运动,私营经济的规模开始缩小,1957年以后,私营经济的各项数据便从统计资料中彻底消失。

改革开放以来,私营经济的命运逐渐发生了变化,其社会经济地位的变迁大致经历了以下三个阶段。第一阶段:1978—1987年,没有地位。当时,个体经济因其没有剥削性已基本得到政府和公众的认可,并取得了合法地位。但私营经济因有雇工和剥削现象而到处受到歧视、压制和排斥。尽管如此,私营经济仍在凭借自己的生命力暗暗生长。第二阶段:1988—1997年,补充地位。经过一段时期的发展,私营经济的规模逐渐扩大,作用日渐显现,得到了社会和政府的认可,地位随之得到提升。1988年4月,《宪法》修正案增加规定:"国家允许私营经济在法律规定的范围内存在和发展。"第三阶段:1997年以后,私营经济连同其他非公有制经济的地位提升到了"社会主义市场经济的重要组成部分"。

经过 20 年，特别是 1992 年以来的发展，私营经济在我国经济生活中已扮演着越来越重要的角色。表 1 是 1989 年以来我国私营经济的发展情况。1989 年，我国私营企业共有 90581 户；1998 年，私营企业户数增至 1200978 户，增加了约 12.3 倍，平均每年增长约 33.3%。从业人员由 164 万人增加到 1710 万人，增加了约 9.4 倍，平均每年增长约 29.8%。注册资金由 84 亿元增加到 7198 亿元，增加了约 84.7 倍，平均每年增长约 64.0%。

表 1　　　　　　　　我国私营企业发展情况

年份	户数		从业人员		注册资金	
	户数（户）	比上年增长（%）	人数（万人）	比上年增长（%）	金额（亿元）	比上年增长（%）
1989	90581		164		84	
1990	98141	8.3	170	3.7	95	13.1
1991	107843	9.9	184	8.2	123	29.5
1992	139633	29.5	232	26.1	221	79.9
1993	237919	70.4	373	60.8	681	208.1
1994	432240	81.7	648	73.7	1448	112.6
1995	654531	51.4	956	47.5	2622	81.1
1996	819252	25.2	1171	22.5	3752	43.1
1997	960726	17.3	1349	15.3	5140	37.0
1998	1200978	25.0	1710	26.7	7198	40.0

注：表中数据经过四舍五入处理，下同。
资料来源：张厚义、明立志主编：《中国私营企业发展报告（1978—1998）》，社会科学文献出版社 1999 年版。

我国私营企业之所以在 20 世纪 80 年代末以来呈快速发展趋势，除了制度和意识形态障碍被逐步突破以外，还有其深厚的现实经济基础。

第一，农村联产承包责任制的推行为私营企业发展奠定历史基础。农村联产承包责任制在以下三个方面刺激了私营经济的发展：一是农村承包制大幅度提高了农副产品的产量。农民的温饱问题不仅基本得到了解决,而且出现了大量农产品富余。这就为农业劳动力脱离土地和粮食种植提供了最基本条件。二是农村联产承包责任制使农村收入分配关系和财产占有状况发生了重大变化,从而为私营企业诞生提供了最基本条件。传统体制下集体所有的生产资料绝大部分被分配给了农户,农民的自我积累能力也在不断增强。三是农村联产承包责任制释放出大量剩余劳动力,并把它们变成自由劳动力,从而为城乡私营经济发展提供取之不尽的雇工来源。

第二,广阔的市场需求是私营经济发展的基础。城乡居民货币收入的大幅度增长带动消费品市场和服务市场迅速扩张,为私营经济的发展提供了巨大的商机。我国私营经济首先就是在商业、饮食、运输等服务业领域迅速成长起来的。

第三,个体经济的发展必然带动私营经济的发展。我国私营企业中有许多是从个体经济演化而来的。按照现行的统计标准,雇员人数在7人以下(包括7人)的,归于个体经济;雇员在8人以上(包括8人)的,归于私营经济。个体经济在其发展过程中,资金规模日益扩大,产值逐年递增,雇员人数也随之增加,其自身也逐渐演变为私营经济。我国改革开放初期诞生的相当一部分个体工商户在20世纪80年代后期演变为私营企业。

第四,国有经济的战略性重组使一部分国有中小企业转化为私营企业。20世纪90年代中期以后,我国国有经济改革思路发生了重大变化,即由原来搞活单个企业转向国有经济的战略性重组。1995年,国务院决定实行"抓大放小",集中力量抓好一批大型国有企业,同时从实际出发,放开、放活国有小企业。在放小的过程中,一批国有小企业被整体出售,其中一部分被出售给一些先富起来的个人或私营、个体企业,这一部分国有企业于是演变为私营企业。

二 私营经济的贡献

私营经济是适应经济发展的需要而产生的。它一经产生,就在社会经济生活的各个领域发挥着越来越重要的作用,日益成为社会主义市场经济的有机组成部分。私营经济的贡献可以概括为以下几个方面。

第一,产值贡献。1989 年,我国私营经济产值为 97 亿元,1998 年上升到 5853 亿元,年增长率均在 20% 以上,1994 年高达 170.1%,平均增长率为 57.7%,远高于同期 GDP 的增长率。私营经济对 GDP 的贡献率,1989 年为 0.57%,1998 年为 7.37%,20 世纪 90 年代以来平均每年提高近 1 个百分点。

从部门产值看,在社会商品零售领域,1978 年私营消费品零售额为 33.7 亿元。1998 年为 3059.3 亿元,年增长率均在 26% 以上。而同期社会消费品零售总额的平均增长率是 15.6%。私营消费品零售总额在社会消费品零售总额的比例,1989 年为 0.42%,1998 年为 10.49%,提高了 10 个多百分点,平均每年提高 1 个多百分点(见表 2)。

表 2　　　　　　　　　私营经济的产值贡献

年份	产值（亿元）	增长率（%）	GDP 增长率（%）	产值占 GDP 的比例（%）	私营消费品零售总额（亿元）	私营消费品零售总额增长率（%）	社会消费品零售总额增长率（%）	私营消费品零售总额占社会消费品零售总额的比例（%）
1989	97			0.57	33.7			0.42
1990	122	25.8	9.7	0.66	43	26.5	2.5	0.52
1991	147	20.5	16.6	0.68	57.6	32.6	13.4	0.61
1992	205	39.5	23.2	0.77	90.7	59.6	16.8	0.83
1993	422	105.9	30.0	1.21	190.5	108.8	13.4	1.52
1994	1140	170.1	35.0	2.44	512.6	170.0	30.5	3.15
1995	2295	101.3	25.1	3.92	1006.4	96.1	26.8	4.88
1996	3227	40.6	16.1	4.75	1458.6	45.0	20.1	5.89
1997	3923	21.6	9.7	5.27	1854.7	27.1	10.2	6.80
1998	5853	49.2	6.6	7.37	3059.3	64.9	6.8	10.49

注:表中增长率为名义增长率。
资料来源:国家统计局:《中国统计年鉴 1999》,中国统计出版社 1999 年版。

私营工业增长异常迅速。据国家工商局公布的数据，1991—1995年，私营工业产值年均增长率为75.2%，1994年高达140.1%。随后几年虽有所回落，但仍快于国有、集体工业的增长率。私营工业总产值在全部工业总产值中的比例，1995年达到2.6%。私营企业对地区经济增长的贡献也是很大的。GDP增长率的地区差异表明，私营经济越发达的地区，经济增长率就越快；私营经济不发达的地区，经济增长率相对慢。1998年，分布于东部的私营企业占全国总数的64.52%，分布于中部的占22.25%，分布于西部的占13.23%，GDP增长水平恰好东部高于中部，中部高于西部，与私营经济发展水平呈相同走向。从省份来看，1998年，国内生产总值排名前6位的省份依次是广东、江苏、山东、浙江、河南、河北，这些省份均是私营企业发展较快的地区。国内生产总值后6名的地区依次是贵州、甘肃、海南、宁夏、青海、西藏，这些地区的私营企业排名也处于倒数位置。

第二，部门贡献。从农村和城市部门看，1990年以前，私营企业主要分布在农村；1990年以后，私营企业在城乡间的分布发生变化，农村所占比例逐渐降低，城镇所占的比例逐渐提高。私营经济发展逐渐成为城镇经济的一个新的增长点。1990年，农村私营企业的户数占总户数的61.6%，城镇占38.4%。到1997年，比例完全倒过来了，城镇占62.1%，农村占37.9%。

从私营企业在三次产业间的分布看，20世纪90年代以来，第三产业所占的比例稳步提高，第二产业趋于下降，第一产业略有增长。这完全符合我国产业结构变动的趋向。1990年到1998年，第三产业私营企业户数在总户数中所占的比例由28.2%提高到55.7%，第二产业则由71.8%降至42.2%，第一产业提高到2.1%（见表3）。

从行业分布上看，私营企业主要分布在以下六大行业：制造业、商业餐饮业、建筑业、社会服务业、文化教育、农林牧渔业。1997年，这六大行业分布的私营企业户数占总数的比例分别为：44.3%、15.7%、8.8%、7.2%、4.5%、3.5%。

表3　　　　　私营经济的部门分布（占总户数的百分比）　　　　单位：%

部门	年份								
	1990	1991	1992	1993	1994	1995	1996	1997	1998
第三产业	28.2	29.7	34.7	44.4	45.8	48.5	50.8	53.5	55.7
第二产业	71.8	70.3	65.3	55.6	53.5	50.4	47.9	44.8	42.2
第一产业					0.7	1.1	1.3	1.7	2.1
城镇	38.4	41.7	47.5	55.5	55.8	56.8	59.6	62.1	na.
农村	61.6	58.3	52.5	44.5	44.2	43.2	40.6	37.9	na.

注：表中数据经过四舍五入处理，合计数可能不等于100%。
资料来源：张厚义、明立志主编：《中国私营企业发展报告（1978—1998）》，社会科学文献出版社1999年版；张厚义、明立志主编：《中国私营企业发展报告（1999）》，社会科学文献出版社2000年版。

20世纪90年代以来，我国私营（民营）科技企业异军突起。1993年以来，私营科技企业每年都以大大超过国民生产总值增长率的速度增长。1997年，全国私营科技企业达11万家，从业人员达3155万人，技工贸总收入达5555.74亿元。自1993年以来，技工贸总收入、工业总产值、上缴税费、出口创汇等几项指标，每年都以50%的速度增长。大量科技人员以人力资本开办的私营企业，将成为我们科技创新体系中的一个重要组成部分。

第三，就业贡献。随着私营经济的发展，其吸纳社会劳动力的能力逐渐增强。目前，私营经济已成为我国劳动力就业的一个重要渠道（见表4），1989年，在私营经济中就业的劳动力为164万人，1998年增至1710万人，年均增长率为29.76%，最高年份达73.73%。而同期全社会就业年均增长率仅为2.64%。这说明越来越多的劳动者流向私营经济部门寻找就业机会。在新增就业量中，私营经济所占的比例越来越高。1989年，全社会每100个新增就业者中，只有0.07人流向私有部门，私营经济的就业贡献还不甚明显。20世纪90年代以后，私营经济在解决就业问题上的作用日益凸显。1995年，每100个新增就业者中有41人到私营企业。1998年，私营企业吸收的劳动力数量超过了当年全社会新增就业人数，这说明其他部门的一部分劳动力（存量）转移到了私营经济中。

表 4　　　　　　　　　私营经济的就业贡献

年份	私营经济就业量（万人）	增长率（%）	全社会就业增长率（%）	私营经济就业贡献率（%）
1989	164	na.	na.	na.
1990	170	3.66	15.51	0.07
1991	184	8.24	1.39	1.57
1992	232	26.09	1.17	6.36
1993	373	60.78	1.25	17.22
1994	648	73.73	1.24	33.29
1995	956	47.53	1.11	41.18
1996	1171	22.49	1.33	23.81
1997	1350	15.29	1.09	23.87
1998	1710	26.67	0.51	100.84

注：就业贡献率＝私营经济新增就业量/全社会新增非农就业量。
资料来源：相关年份《中国统计年鉴》。

从地区来看，情况也是如此。以私营经济发展较快的广东省为例，国有单位吸收城镇待业人员的能力逐年减弱，而私营企业的吸纳能力则逐年增强。1985年，广东全省吸收待业人员就业34.94万人，国有单位占41.8%，城镇私营企业微乎其微。而到了1998年，全省吸收待业人员就业40.27万人，国有单位只占18.2%，城镇私营企业占17.3%。私营企业的就业贡献已不亚于国有单位。

近几年，我国私营经济就业贡献的一个突出方面是解决了大量国有企业下岗职工的再就业问题。我国国有企业中存在大量冗员或富余人员，随着国有经济的战略性重组和国有企业改革的深化，这些人员都要逐渐释放出来。但国有部门难以接纳大量的下岗人员，如果没有其他出路，再就业形势会更加严峻。从近几年的实际情况看，私营经济为下岗再就业立下了汗马功劳，极大地缓解了由下岗而产生的社会矛盾。据《人民日报》1998年2月12日报道，1997年全国个体私营经济安置下岗职工90多万人，另有190多万下岗职工申办了个体工商户和私营企业。1997年，个体私营经济吸收的下岗职工占再就业职工的20%。温州由于私营经济规模较大,70%的下岗工人被私营经济所吸收。

第四,税收贡献。私营企业工商税收迅速增长。1990年至1997年,年增长率均在30%以上,平均增长率73.2%,而同期全国工商税收的平均增长率是17.9%。但从绝对量上看,私营经济的税收贡献还是比较小的。1989年,私营企业工商税只有1.12亿元,1997年不到100亿元。在全国工商税总额中的比例,1989年为0.06%,1997年不过1.38%(见表5)。

表5　　　　　　　　　　私营经济税收贡献

年份	私营企业工商税额(亿元)	增长率(%)	全国工商税总额增长率(%)	私营企业工商税额占全国工商税总额的比例(%)
1989	1.12	na.	na.	0.06
1990	2.00	78.5	5.6	0.11
1991	3.38	69.0	6.6	0.17
1992	4.55	34.6	13.3	0.20
1993	10.46	129.9	42.3	0.33
1994	17.52	67.5	22.5	0.45
1995	35.39	103.1	17.3	0.78
1996	60.23	69.2	14.8	1.14
1997	90.49	50.2	24.4	1.38
1998	na.	na.	16.3	na.

资料来源:相关年份《中国统计年鉴》《中国税务年鉴》。

尽管在统计数字上私营经济的税收贡献不大,但谈论这一问题时还要综合考虑以下两点:其一,有许多私营企业是以"假集体"形式存在的,这一部分私营企业不仅交纳了工商税,还交纳了大量的管理费,但它们在统计上被列入集体经济。考虑这一因素,私营企业的税收贡献要比统计数字所显示的高。其二,私营经济的税收潜力是非常巨大的,可以肯定,随着私营经济的发展,其税收贡献会稳步提高。

第五，其他贡献。私营经济的成长为国有经济和集体经济营造了一个竞争性的市场环境，对公有制企业效率的提高起到了强有力的推动作用。私营经济还是培养企业家的一个摇篮。私营企业从一开始就面临激烈的市场竞争和优胜劣汰的考验，私营企业主的经营才能不断得到检验和锻炼，一部分具有企业家才能的人从中脱颖而出，充实到我国企业家队伍中，使其不断壮大。

一部分私营企业家还热衷于社会事业。1994年，10位私营企业家倡议开展了以扶贫开发为主题的光彩事业。截至1999年，参与光彩事业项目投资的私营企业家有3508位，实施项目3829个，到位资金105.21亿元，贸易总额87.13亿元，培训人员73.36万人次，安排就业76.15万人，捐资办学及其他公益事业12.17亿元，扶助192.92万贫困人口解决了温饱问题。

三　促进私营经济发展

从规模上看，我国私营企业绝大部分属于中小企业。对企业规模，人们往往抱有一种错误的观念，认为由于规模经济的存在，大型企业是把投入转化为产出的有效手段，而小企业则成不了大气候，其作用将日渐衰减。但技术的进步、需求的变化、分工的拓展正在改变这种状况。世界经济已进入多品种、小批量、协同生产的时代，中小型私营企业有广阔的发展空间。在我国，发展私营经济更具有特殊意义。

首先，我国是一个人口和劳动力大国，与成熟经济体和其他发展中国家相比，就业问题尤为严峻。实践业已证明，单靠国有部门来解决就业问题是不可能的。私营经济以其数量多、分布面广、劳动密集度较高而能够为劳动者提供更多的就业机会。今后一段时间，包括私营经济在内的非国有经济将是我国新增劳动力就业和下岗职工再就业的重要渠道。

其次，私营经济的发展是我国国有经济战略性重组的一个重要条件。党的十五届四中全会《中共中央关于国有企业改革和发展若干重大问题的决定》指出，国有经济应主要分布在以下行业和领域：涉及国家安全的行业、自然垄断性行业、提供重要公共产品和服务的行业以及支柱产业和高新技术产业中的重要骨干企业。根据这一精神，分布在其他领域的国有经济应逐步退出，从而实现国有经济的结构和功能优化。但国有经济现有布局与这一要求还相去很远。截至1995年年底，经营性国有资本中有60%以上分布于工业、建筑业以及贸易、餐饮业等一般性竞争领域。在工业领域，共有国有企业87905个，其中小型企业72237个，中型企业10983个。中小国有工业企业占国有工业企业总数的94.7%，分布于其中的国有资产量达17576.4亿元。分布于一般加工业、贸易和餐饮业中的国有企业，是国有经济退出的主要对象。但国有经济能否顺利退出，还要看国有经济退出以后，是否有其他经济形式能够迅速补上。私营经济是填补国有经济退出领域的一支重要力量，其迅速发展构成国有经济战略性调整的一个重要条件。

最后，从社会财富分配和财产结构的变动来看，我国私营经济仍将继续发展。改革开放以来，我国GNP的分配格局发生了重大变化。1978年，我国居民收入总额为1801亿元，1998年增至50244亿元，20年时间增加了近27倍，平均每年递增18.1%（名义增长率），而同期GNP的年均增长率为16.6%（名义增长率）。居民收入增长率高于GNP增长率1.5个百分点。居民收入在GNP中的比例随之持续提高。1978年，居民收入在GNP中的比例为50.2%，1998年提高到64.4%，提高了14.2个百分点。居民收入比例的大幅度提高使居民收入中出现了大量的消费剩余（即居民收入用于日常消费以后的余额），且这种消费剩余是资本性的，它最终要转化为经济增长中的资本积累。1978年，我国居民收入中的消费剩余只有30.2亿元，1998年，消费剩余增至10879.1亿元，平均每年递增34.2%。消费剩余在GNP中的比例不断提高，1978年，该比例仅为0.8%，1998年上升到13.9%。

所以，无论从居民收入来看，还是从消费剩余来看，改革开放20年来，在 GNP 所代表的资源流量中，所有权属于居民的资源，其比例在提高；所有权属于政府的资源，其比例在下降。民间资源的增加必将带动民间资本的积累，从而带动包括私营经济在内的非国有经济的发展。

私营经济的发展已得到了宪法的认可。我国 1999 年《宪法修正案》指出："在法律规定范围内的个体经济、私营经济等非公有制经济，是社会主义市场经济的重要组成部分。国家保护个体经济、私营经济的合法的权利和利益。国家对个体经济、私营经济实行引导、监督和管理。"尽管如此，人们对私营经济的发展还是心有余悸，症结在于以下两个理论问题没有得到彻底澄清。

第一，私营经济的发展会不会动摇社会主义的根基？不会的，这是因为政府可以借助多种手段来实现对私营经济的直接或间接控制。在混合经济中，政府可以通过国有经济在国民经济命脉部门和关键性领域的支配地位，来支撑、引导和带动整个社会经济的发展；国有资本可以通过控股和参股形式对包括私营经济等非国公经济施加影响；政府还可以通过宏观经济政策、产业政策和收入政策对私营经济的分布进行适当调节。更为重要的是，政府完全可以凭借政治权力对整个社会经济，包括私营经济，实施控制，在必要时甚至可以实施接管。

第二，如何看待私营企业主的高收入和私营经济中的剥削现象？从调研资料看，私营经济中雇主收入明显高于雇工收入。20 世纪 80 年代，雇主年收入与雇工年收入相比，前者是后者的 10 倍到 220 多倍，平均为 40 倍。据 1996 年对浙江省 21 户私营企业的调查，雇主平均年收入按最低限计算为 9.3 万元，而同期雇工人均年收入为 7200 元，前者是后者的近 13 倍。青海省雇主平均年收入按最低计算为 4.8 万元，雇工收入人均为 4800 元，前者是后者的 10 倍。据 1997 年的问卷调查，1996 年全国私营企业主平均年收入为 10.4074 万元，雇工的平均年收入为 5500 元左右，相差 18 倍。

如何看待雇主的高收入呢？首先应该看到雇主收入是由几部分构成的。一是私营业主自己和家庭成员的劳动收入。在很多私营企业，雇主及其家属也参与了企业劳动，由此要得到劳动收入。二是人力资本收入。私营企业主是企业经营者，具有企业家才能，负责经营决策事务，由此要获得人力资本收入。三是风险收入。经营企业有方方面面的风险，一旦风险发生，企业主的私有财产就要遭受损失。企业主由此获得风险收入。四是财产收入，即经济学意义上的剥削收入。

如何看待财产收入呢？从理论上讲，财产收入是财产所有权在经济上的实现。如果一种财产不能为它的所有者带来任何收入，它就失去了作为财产存在的价值。消灭财产收入的前提是实现所有财产的全民所有，但在可见的将来这是难以办到的。现实情况是，财产存在差别，产权多元化，在这种情况下消灭财产收入是不可能的。从功能上看，财产收入是经济发展的一个重要原动力，它有利于调动人们积累资本的积极性，有利于把千百万人的聪明才智调动到资源配置活动中来。因此，在社会主义市场经济中，应该遵守"按要素分配"的原则，只要有所投入，就要有所收入。

看待雇主高收入还有一个角度，即观察雇主是如何使用他的收入的。雇主的收入一部分用于个人及家庭的生活消费，另一部分重新投入生产或存入银行。1996年，雇主平均年收入10.4万元，家庭收入11.95万元，当年家庭消费3.54万元，家庭消费占家庭收入的29.62%，没消费的部分占70.38%。可见，雇主的绝大部分收入并没有消费掉，而是投入再生产或存入银行，总之，重新回到社会再生产过程。这一部分用于社会的收入推进了资本积累、经济增长和就业增加，与其他用之于社会的收入形式相比，在功能上没有差别。因此，只要建立起保护合法私人财产的制度，雇主收入中就会有越来越大的部分为社会所用。

改革开放20多年来，私营经济虽然获得了长足发展，但歧视私营经济的做法仍普遍存在。为了促进私营经济的发展，应尽快消除阻碍私营经济发展的不利因素，形成一种有利于私营经济生存和发展的内外部环境。

第一,切实解决私营企业融资困难。在我国的信贷和资本市场上,私营企业一直受到政策上或事实上的歧视。20世纪80年代初,国务院在关于发展城乡个体经济的政策规定中,明确指出个体工商户可以向银行申请贷款,也可以请求当地政府及有关部门帮助筹措。1988年,国务院发布的《私营企业暂行管理条例》中,也规定私营企业可以向银行申请贷款。但实际执行的结果是,多数私营企业,特别是小型私营企业贷款难度很大。1995年,对全国15个行业2546家私营企业的问卷调查结果显示,24.4%的私营业主认为到银行贷款"很困难",46.1%的认为"有困难",只有29.5%的认为"没有困难"。国家统计局的统计数据也显示,我国金融机构,特别是国有银行的信贷资金主要流向了国有企业,达信贷总量的70%以上。1998年年底,我国金融机构各项贷款余额为86524.1亿元,私营及个体经济的贷款余额只有471.6亿元。由于私营企业较难从正规金融机构获得贷款,其资金来源主要依靠自身积累和民间高利贷,因此,筹资规模受到限制,筹资成本很高。

私营企业贷款难的原因主要有两个:一个是银行在发放贷款时存在所有制歧视。具体表现为:银行和地方政府在确定信贷计划时,国有经济总是被当作重中之重,而私营企业往往遭到忽视;私营企业支付的实际利率也比国有企业高。1997年以前,个体工商户及私营企业流动资金贷的利率要比国有企业高出10%,申请贷款往往还要请客送礼;银行业务员在审查私营企业贷款时,一般都十分谨慎,担心出了问题说不清楚;在银根紧缩时期,私营企业往往首当其冲。因此,消除所有制偏见对改善私营经济融资条件极其重要。

私营企业贷款难的另一个重要原因是信贷市场不完善。私营企业一般规模小、分布分散、实力较弱、信用程度不高。因此,与大型企业相比,向私营企业发放贷款涉及的交易成本较大,金融风险较高,大型金融机构一般不愿向它们发放贷款。市场经济发达国家同样存在这种情况。克服金融市场的不完善,是解决私营企业融资困难的重要途径。在这方面，发达国家的一些做法我们可以借鉴。

在发达国家，解决中小私营企业融资问题有两种主要措施：一是设立专门性政府或政策性金融机构向私营中小企业融资。在西班牙，设立了隶属于经济财政部的中小企业专门机构，负责研究、协调和监督对中小企业的金融信贷、参与贷款和建立集体投资资金体系。根据政府的"中小企业金融信贷计划"，西班牙中小企业可在相应的银行得到5—7年的长期优惠贷款，贷款金额可达投资额的70%，且享有1—2年的宽限期。日本政府在第二次世界大战后相继成立了3家由其直接控制和出资的中小企业金融机构，即中小企业金融公库、国民金融公库和工商组合中央公库。它们专门向缺乏资金但有前途的中小企业提供低息融资，保证企业的正常运转。据统计，这3家金融机构平均每年向中小企业提供的专款约为6万亿日元。法国于1996年成立了中小企业发展银行，其主要任务包括为中小企业获得商业银行贷款提供担保，或直接向中小企业贷款。德国的中小企业银行主要有合作银行、储蓄银行和国民银行等。根据相关规定，年营业额在1亿马克以下的企业，可得到总投资60%的低息贷款，年利率7%，还款期长达10年。同时，德国政府本身还通过"马歇尔计划援助对等基金"直接向中小企业提供贷款。

二是政府专设中小企业信用担保体系。日本官方设有专门为中小企业提供融资担保的金融机构——中小企业信用保险公库，民间设立52家信贷担保公司，并在此基础上设立了全国性的"信贷担保协会"，它们共同致力于为中小企业提供信贷担保服务。英国政府自1981年起开始实施"小企业信贷担保计划"，为那些有可行性发展方案却因缺乏信誉而得不到贷款的中小企业提供贷款担保。到1998年年底，该计划已为中小企业提供了6万项、总值达21亿英镑的贷款，现每月仍提供400项这样的担保。法国则成立了具有互助基金性质的、会员制的中小企业信贷担保集团，大众信贷、互助信贷和农业信贷等集团就是专门面向地方中小企业和农村非农产业的三大信贷担保集团。

我国已经着手解决中小企业融资难问题。鉴于大型银行不愿向中小企业直接发放贷款，在国有商业银行中成立了专门面向中小企业的中小企业部。中小企业贷款担保体系也开始形成。据国家经贸委的资料，1999年1月底，全国已有12个省市开展了中小企业信用担保业务，已成立中小企业信用担保机构14个，到位担保资金13.5亿元，这些地区通过担保方式可为中小企业解决60亿—100亿元的银行贷款。到12月底，通过财政预算拨款、资产划拨、会员风险保证金、企业入股等方式筹集到的担保资金达40多亿元，可为中小企业解决400亿元左右的银行流动资金贷款。但是，目前已经启动的中小企业融资制度主要是针对国有中小企业，或改制的国有中小企业，私营个体企业尚未纳入其中。应该尽快把私营个体企业纳入这一体系中来。同时，应在加强金融监管的前提下发展地方性中小银行。中小银行与大银行的不同之处在于，它们把中小企业作为服务对象。因此，中小银行的发展有助于解决私营企业的融资困难。20世纪90年代以后，我国地方性中小银行在改造各地城市信用社的基础上开始发展起来，但是目前业务量还不大，应在规范的前提下发展。

第二，为私营企业的技术创新提供支持。目前，限于实力，我国私营企业的技术创新能力较弱。政府应制定一系列激励措施来促进私营企业的技术创新和产品的更新换代。在国家技术创新体系中加强对适合中小企业情况的技术研究开发；对私营企业中的研究开发项目，政府应同样予以立项，并给予资金支持；鼓励科技人员到私营企业兼职，鼓励大中专毕业生到私企工作；等等。

通过建立风险投资公司来为私营企业技术创新提供资金支持尤其重要。一些发达国家的经验已经证实，创业投资是中小企业尤其是高新技术企业发展的孵化器和催化剂。在美国，中小企业投资公司达300多家，民间风险投资公司有600多家，它们为那些勇于从事创新投资的中小企业注入资金。在常规股票市场之外设立独立的第二板（高科技板块）股票市场，也是发达国家为中小企业技术创新提供资金的通行做法，如美国的纳斯达克市场。

第三，促进私营企业的制度创新。我国私营企业中相当一部分实行的是家族管理制度。家族管理制度的基本特征是：企业中重要事务均由家庭成员或亲戚担任，有强烈的排外性；企业员工以家族成员为主。对外人有选择地加以录用，主要标准是其与家族的亲疏程度；企业的经营决策大权由"家长"垄断，权力集中，实行"一言堂"；企业的生产经营活动常以伦理规范取代经济规范。据调查，我国97.2%的私营企业主同时又是企业管理者，58.8%的经营决策由业主本人制定。

家族管理体制比较适合经营内容单一、技术层次低的中小企业。但其弊端是明显的：决策随意性大、无规范性可言、人才来路不畅。因此，一旦生产规模扩大、经营领域拓宽、技术层次提高、市场竞争加剧，这种企业管理制度就很难适应。近几年，由于市场形势由原来的卖方市场变为买方市场，一些家族式私营企业已遭受挫折，而另一些私营企业则因实行股份制改造和现代企业管理制度而加快了发展。因此，政府应引导私营企业，特别是一些成长性好的大中型私营企业，在产权制度和企业管理制度上做出调整，把制度创新作为推动我国私营经济继续发展的一项重大措施。

第四，政府进一步完善对私营经济服务。包括强化执法力度，消除在司法实践中歧视私营经济的一些做法，使法律真正成为私营企业可以信赖的保护伞；反垄断，使私营企业与其他类型的企业在同一条起跑线上展开竞赛；提供信息服务和咨询服务；把私营个体经济纳入到社会保障体系之中；等等。

（原载《管理世界》2000年第5期）

构建国有资产管理新体制

政企分开在改革之初就已经提出来了,但至今仍没有达到设想目标,政企关系实际上一直处于矛盾状态:一方面,出于国有资产保值增值的考虑,政府依然以各种理由、各种身份(改制以前以行政长官的身份,改制以后则以国有股权代表的身份)对企业实施行政干预,结果政企不分现象仍十分普遍;另一方面,政府作为国有资产所有权代表,受信息、利益、人力等多方面因素的限制,并没有很好地履行所有者职责,相当一部分国有资产处于失控状态,"所有者缺位"和"内部人控制"现象严重,大量国有资产流失。这种情况表明,我们尚未找到适合市场经济的国有资产管理体制。

一 基本分析

从理论上讲,适宜的国有资产管理体制应该满足三个条件:第一,能够使国有资产的功能得以充分发挥。国有资产存在的理由是,现实经济生活中有一些领域,或者由于其重要性不能让非国有资本控制,或者由于其盈利性差、风险大,非国有资本不愿进入或进入不足,这些领域是国有资产的功能性领域。适宜的国有资产管理体制应该能够保证有足够的国有资本进入这些领域,发挥弥补市场缺陷的功能。第二,能够保证国有资产的安全。安全性是任何类型资产的基本要求,国有资产也不例外。要保证资产的安全,资产的所有者就必须对资产实施严格的控制,否则,资产及收益的流失就难以避免。适宜的国有资产管理体制要能够保证政府作为所有权代表对国有资产实施有效控制。第三，提高国有资产的运营效率。国有资产作为一种资产，也有追求增值的内在要求，经营性国有资产更是如此。对国有资产而言，效率与安全是有矛盾的，表现在，为了安全，政府必须强化对国有资产的控制，但这会导致国有资产经营灵活性的损失；反之，为了提高国有资产经营的灵活性，就必须放松对国有资产的控制，但这又会损失资产的安全性，适宜的国有资产管理体制要能够妥善处理好效率与安全的关系，或者说经营灵活性与政府有效控制的关系。

构建国有资产管理体制的真正困难在于，国有资产具有不同于其他类型资产的特征。国有资产具有关心整体利益、克服外在性等方面的优势，但也有自己的缺陷，那就是，国有资产的真正所有者（最终所有者），即全国人民，不能有效发挥所有者的功能，是一个"消极"的所有者。世界各国的通行做法是，政府作为国有资产的产权代表管理国有资产。可见，国有资产在进入市场之前就存在一层委托代理关系，不过，这种委托代理关系是通过政治程序完成的，其有效性取决于政治体制的完善程度。既然政府是国有资产所有权代表，它就要实施对国有资产的控制，否则，国有资产失控现象就不可避免。而一旦实施这种控制，往往就会形成政企不分难题。

二 国外经验

市场经济发达国家也有国有资产，不过发达国家的国有经济存在以下两个突出特点：一是国有资产总量不大，一般不超过社会总资产的10%；二是国有资产主要分布在政府功能领域，即主要分布在公共基础设施、公用事业和自然垄断部门，如供水、供电、铁道、机场、公路、邮电通信、区域开发，以及一些关系国防安全的战略性行业，如宇航、军工。

由于国有资产是用纳税人的钱形成的，发达国家一般都对国有资产实行非常严格的管理。从国有资产管理体制上看，有两种基本类型：一是政府部门直接管理国有资产。国有企业较少的国家，公益性较强和自然垄断部门中的国有企业，一般采用这种体制。在美国，国会对国有企业进行直接监管，每成立一家政府企业，国会就要通过一个专门法律，政府有关部门以及根据国会决议设置的专门委员会也要对国有企业实行监管。德国财政部是国有企业监管体制的核心，负责审批企业的成立、解散、合并等决策事项，以股东身份负责选聘企业监事会、董事会成员等。澳大利亚联邦政府和各州政府先后投资建立了200多个公营企业，主要涉及铁路、港口、航空、电信、能源等基础产业和关系国家经济命脉的产业。这类企业的设立、运行与解散，不在澳大利亚公司法的规范之内，它们的设立，首先由联邦议会或州议会讨论，列入政府财政预算并专门立法。

二是，在国有企业较多、分布领域较广的市场经济国家，如意大利、奥地利，有一部分国有资产处于竞争性领域，对于这部分国有资产，政府通常采取"国有控股公司"体制。这种体制包括三层结构：最上一层是代行国有资产所有权职责的政府主管机构。在奥地利，这一机构1996年以前是公共经济与交通部，之后是财政部；在意大利，1994年以前是国家参与部，之后是国库部。政府主管机构主要通过人事管理、重大事项审批来控制"国有控股公司"和行使所有者职能，但不直接干预所属控股公司、次级控股公司以及国有资产参与企业的经营活动。

第二层是"国有控股公司"，它是国有资产的产权经营机构，代表政府具体运营国有资产。国家控股公司的最高领导机构是公司董事会或监事会，成员由政府主管机构任命，一般由政府机构代表、企业管理人员和专家组成。控股公司与持股企业的关系由公司法规范，即控股公司依据出资额对持股企业行使股东权力。

根据世界银行的一份研究报告，利用国有控股公司对国有资产进行管理的主要好处是：可以缓冲政府干预；有效协调决策、提供战略指导和完善财务纪律；集中稀缺管理人才，提高企业管理水平；可以得到合作的规模效益。国有控股公司能够起到政企分开的作用，这一点对我国尤其具有参考意义。

第三层是国有资产参与企业,包括国有独资企业、国有控股企业和国有参股企业。国有资产参与企业与国有控股公司之间存在产权关系,它接受国有控股公司对自己行使股东权,但不接受政府部门的行政权力。政府与企业实际上在这一层次上是分开的。

意大利的国有控股公司具有典型意义。意大利目前有三家国有控股公司,即工业复兴公司,即伊里公司(IRI)、国有烃化物公司(ENI)、国家电力公司(ENEL)。伊里公司成立于1933年,开始时是为了挽救20世纪30年代经济危机期间企业大破产、主要银行面临倒闭、国家经济行将崩溃的局面;60年代至80年代,国有控股公司被作为解决国有企业政企不分、宏观管理失控和企业经营管理不善的手段;80年代末90年代初以来,国有控股公司则成为政府私有化政策的具体执行机构,私有化的计划、方案及实施,均由国有控股公司来操作。

在意大利,主管国有控股公司的政府机构过去是国家参与部、工业部和部际委员会,私有化以后是国库部和工业部。政府对国有控股公司行使所有者权利,包括:任命控股公司董事会和监事会;提出控股公司的发展方针、目标,审批公司计划。启动私有化进程后,政府还对控股公司提出私有化要求;收取部分利息、红利和私有化收入;进行其他方面的管理,如价格管理。

国有控股公司与持股企业的关系完全按照公司法和民法的规定执行,控股公司主要依据其股份份额参与持股企业的管理。不过,由于控股公司持有的股份常超过股票控制额,它实际拥有对持股企业的绝对控制权:任命企业董事、董事长、总经理,选择企业组织和管理结构;审批企业的生产经营、投资和长期发展计划;监督和审核企业年度报告。

在新加坡,竞争性国有资产也是采用"国有控股公司"体制管理与运营的。其三层结构是:设在财政部内的财长公司是国有资产所有者的最高代表机构,财长公司通过董事任命委员会具体履行所有者职能，董事任命委员会由各部的部长和专家组成，财政部部长任主席；财长公司下辖三大控股公司，即淡马锡控股公司、国家发展控股公司和新加坡保健有限公司；三大控股公司通过独资、控股和参股形式形成对营运企业的持股关系。为了体现所有者意志，董事任命委员会牢牢控制住控股公司的人事权，但不干预控股公司的日常经营活动。1991年以前，董事任命委员会只选定控股公司的董事，从1991年开始，人事控制进一步强化，董事任命委员会不仅选定控股公司董事，还要选定控股公司向其子公司派出的董事长。控股公司实行董事会下的总经理负责制，有的控股公司还有一位副董事长或常务董事参与经营管理。控股公司基于持股数量对持股企业实施股东管理，包括推荐或任命持股企业的董事和总裁，参与决定利润分配方案和获取股息，对资金变更、资产重组、项目投资提出意见或实施控制，等等。在控股公司行使股东权的基础上，持股企业享有充分的经营自主权，它不接受超出股东权的行政权力。

淡马锡控股公司是新加坡最大的国有控股公司，成立于1974年，是财政部的全资注册公司，直接向财政部负责。公司董事会由10名董事组成（1994年），其中8人是政府有关部门的代表，2名来自私人企业，董事长由财政部常务秘书（相当于副部长）担任。新加坡金融管理局局长、财政部总会计师、新加坡贸易发展局局长都担任该公司的董事。虽然淡马锡控股公司的大多数董事由政府官员兼任，但他们兼职不兼薪，薪金仍由政府支付。淡马锡控股公司下辖43家子公司，43家子公司又分别通过产权投资建立了各自的子（孙）公司，从而形成7层600多家公司。淡马锡控股公司在投资决策、资金使用等方面享有完全的自主权，不受财政部约束，但承担国有资产保值增值责任，它每半年要向财政部递交一份有关下属子公司经营状况的报告，财政部部长每两年则要到各公司视察一次。除非重大问题，淡马锡控股公司从不干预直属子公司的日常经营活动，它对于公司的管理和控制，都是基于产权关系的。

三 构建新体制

基于以上分析,构建我国国有资产管理体制应该考虑以下三点:

第一,对不同类型的国有资产实施不同的管理体制。我们从传统体制下继承了数量庞大、多种类型的国有资产。据初步估算,国有企业资产占社会总资产的比重为52.9%。在这些国有资产中,有些是非经营性资产,如分布在政府机构、事业单位的国有资产,有些是经营性国有资产,如分布在工商领域的国有资产。在经营性资产中,有些分布在一般性工商领域,有些则分布在公共品领域。基于这里的分析目的,笔者把目前国有资产的分布领域分为两类:一类是政府功能领域,包括国家安全领域、公共品领域、自然垄断领域和国民经济支柱、主导产业;另一类是竞争性领域,如一般工商业领域。对不同领域的国有资产,管理目标是不一样的。分布于政府功能领域的国有资产,社会目标居于优先地位,盈利目标处于次要地位,政府对这一领域的投资,在一定程度上可以视为提高社会整体福利的支出;分布于一般竞争性领域的国有资产,盈利目标和资产安全则居首要地位。可见,这两类国有资产很难按统一的规则进行运作。而且,把这两类性质不同的国有资产混在一起,也不利于政府对国有资产的经营业绩进行准确考核。因此,对这两类不同的国有资产,应该实施两种不同的管理体制。

第二,设立独立的国有资产所有者机构,把它与其他行使社会经济管理职能的政府机构分开,让其独立行使国有资产所有者职责。目前,我国国有资产产权机构的设置存在两大问题:一是产权机构与行政机构合一,这样,同一个政府机构既行使行政职能,又行使国有资产所有权职能,造成政资不分、政企不分;二是国有资产所有者的各项权能被彼此分割,交由不同的政府行政部门行使。例如,收益权由财政部门行使、投资决策权由计划部门行使、人事权由人事部门行使、监督权由经贸委和主管部门行使。国有资产所有权权能的分割必然导致相关政府部门争抢利益和推卸责任，致使所有者约束软化。在其他政府部门之外设立独立的国有资产产权部门，集中行使国有资产的所有者权能，有利于政资分开，形成较强的所有者约束。

第三，建立商业性国有资产经营机构，独立运营国有资产，提高国有资产的利用效率：在我国国有资产总量中，竞争性资产的比例相当高，这些资产以盈利性为基本目标，应通过建立商业性资产经营机构来具体运作这一块国有资产。国有资产经营机构能够起到两方面的作用：一方面，受国有资产所有者机构委托，经营国有资产，使所有者从产权经营事务中摆脱出来，专门行使所有者职能。由于国有资产经营机构是专业化机构，拥有人才和信息优势，以盈利为目标，因此能够有效配置国有资产，提高利用效率。另一方面，国有资产经营机构能够把政府行政机构、国有资产所有者机构与国有资产参与企业隔开，真正达到政企分开的目的。

如何构建国有资产管理新体制呢？对分布于政府功能领域的国有资产（如机场、港口、地铁、环保、煤气、供水等），实行政府直接管理。直接管理的方式可以多种多样，如直接经营、承包经营、特许经营。分布于政府功能领域的企业以公共服务为基本目标，盈利性差，主要靠政府融资，对其实施直接管理符合经济理论与国际经验。

真正面对的挑战是如何建立竞争性国有资产管理体制。依据理论分析、国际经验和上海、深圳等地的试点经验，采用国有控股公司体制具有可行性。这种体制在结构上包括三个基本层次：

第一层次：代行国有资产所有者职责的国有资产管理委员会。国有资产管理委员会本身是一个政府机构，但独立于政府行政部门，以国有资产的保值增值为工作宗旨。通过设立国有资产管理委员会，实现政府经济、社会管理职能与国有资本所有者职能的分离。

国有资产管理委员会成员由政府任命，可以是政府部门的主要领导，也可以是经济理财专家，设立常设办事机构。上海的做法是，由市委、市政府领导任国有资产管理委员会主任；在深圳，国有资产管理委员会由市体改委、财政局、国土局等政府部门组成，由市长任主任。

国有资产管理委员会体现所有者意志，对国有控股公司实施所有者管理：一是任命国有控股公司的董事、董事长、总经理；二是制定国有控股公司的经营规则；三是审批国有控股公司的重大经营事项，如重大股权变更、重大投资活动、利润分配方案；四是对国有控股公司的财务状况进行审计；五是收取国有资产收益和产权出售收入。

但国有资产管理委员会不干预国有控股公司的日常经营活动，更不干预国有资产参与企业的经营活动，它与国有控股公司之间是规范的委托代理关系。

第二层次：国有控股公司。国有控股公司是国有资产的产权经营机构，它受国有资产管理委员会的委托具体经营国有资产，其经营目标是国有资产收益的最大化。通过设立国有控股公司，实现国有资产所有权与经营权分开。

国有控股公司是新的国有资产管理体制的核心。处理好以下问题非常重要：一是如何设置？上海的做法是在原主管局的基础上组建国有控股公司。这个办法的好处是易于过渡，但由于体制惯性，这样的国有控股公司很容易变为翻牌的行政机构，不容易实现政企分开。应该在原有行政机构之外新设国有控股公司，其人员可以来自原政府主管部门，这样就较易蜕去行政色彩。二是设立何种类型的国有控股公司。按不同标准，控股公司可分为纯粹型控股公司和混合型控股公司、行业性控股公司和综合性控股公司。从我国具体国情看，混合型控股公司和行业性控股公司行政色彩较浓，且易形成垄断，不利于国有资产的自由流动和最佳配置，不利于展开竞争，也不利于国有经济的战略性重组。因此，应以纯粹型和综合性控股公司为主。三是为了形成有效竞争局面，应设立多家国有控股公司。在竞争规律的支配下，国有资产在国有控股公司之间移动，它们的经营业绩相互对照,从而为国有资产管理委员会的监管活动提供准确信息。

国有控股公司与其参股、控股企业之间的关系由《公司法》规范,国有控股公司依出资额行使股东权。

第三层次:国有资产参与企业,即从事生产经营活动的企业。它接受国有控股公司对自己行使股东权,但不接受政府机构的行政权力。

通过第三层次,实现出资人权利与企业法人财产权的分离。

参考文献:

张卓元、胡家勇、刘学敏:《论中国所有制改革》,江苏人民出版社 2001 年版。

吴敬琏、张军扩等:《国有经济的战略性改组》,中国发展出版社 1998 年版。

陈永杰:《意大利和奥地利国家控股公司考察》,《中国工业经济》1998 年第 3 期。

金碚:《论国有资产管理体制改革》,《中国工业经济》2000 年第 3 期。

M. A. 阿尤布等:《公有制工业企业成功的决定因素》,中国财政经济出版社 1987 年版。

(原载《经济学动态》2002 年第 1 期)

论基础设施领域改革

基础设施领域是政府的主要功能领域之一，在基础设施领域，同样存在着市场机制和非国有经济发挥作用的广阔空间，政府应该转换角色，由垄断者变为主导者、规制者，通过调动各方面的积极性，达到"四两拨千斤"的效果。依据这一思路，本文探讨如何推进基础设施领域的改革。

一　基础设施领域的"政企合一"体制

基础设施又被保罗·罗森斯坦－罗丹（Paul Rosensten-Rodan）、阿尔伯特·赫希曼（Albert Hirsehman）等发展经济学家称为"社会分摊资本"（Social Overhead Capital）。但迄今为止，基础设施还没有精确的定义，根据世界银行的归类[①]，它主要包括：第一，公共设施。电力、电信、自来水、卫生设施以及排污、固体废物的收集与处理、管道煤气。第二，公共工程。道路、大坝和灌溉及排水用渠道工程。第三，交通设施。城市与城市间铁路、城市公共交通、港口、航道和机场。

基础设施最基本的技术经济特征是：通过网络传输系统，主要是管网（自来水、煤气、排污）、线网（电信、电力）、路网（铁路、公路）、渠网（灌溉）以及场站（机场、港口、码头、车站）提供服务。在绝大多数情况下，这种网络传输系统具有很强的资产

---

① 世界银行：《1994年世界发展报告：为发展提供基础设施》，中文版，中国财政经济出版社1994年版，第2页。

专用性。也就是说，它只能用来传输某一种服务，而不能移作他用；它只能服务于特定区域，而不能转移到其他区域。所以，一旦在基础设施，特别是在网络系统上进行了投资，这种投资就会"沉淀"下来，形成巨大的"沉淀成本"。基础设施的这一基本经济技术特征派生出它的以下特点：

（1）投资具有严格的不可分性。即要么提供，要么不提供。桥梁建设、网络投资、道路投资即是如此。

（2）规模效益巨大。网络投资一旦完成，随后的产品或服务流量越大，平均成本越低，边际成本呈递减之势。规模经济使得基础设施由一家或少数几家企业经营比多家企业同时经营更符合社会经济效率原则。

（3）初始投资量巨大，建设周期长，但一旦建成，随后所需的经营资本数额较小。

（4）绝大多数基础设施具有自然垄断性。自然垄断性的大小取决于两个因素：一是沉淀成本的大小，二是规模经济和范围经济的大小。这两个因素共同决定潜在进入者进入基础设施领域的难度。

（5）基础设施一直被划归公共品（Public Goods）领域，但与纯公共品（Pure Public Goods）（如国防、社会安全、宏观经济环境、传染病防治）却有所不同，绝大多数基础设施所提供的产品或服务在效用上是可以清楚界定和计量的，因而具有明显的私人品（Private Goods）特征。因为，基础设施所提供的大部分产品或服务只有在拥有某种设备或并入相应网络的情况下，比如与自来水管道、煤气管道或排污系统等相连接，才能使用，这就清晰地界定了产品或服务的使用者；而且，使用者的使用量可以用计量仪器（如电表、水表、计时器、计数器等）来准确计量，并可据此收取费用。

（6）绝大多数基础设施所提供的产品或服务构成社会上所有单位（包括工商企业、事业团体和居民家庭）的基本投入物，对市场物价总水平有重要影响，也是直接决定社会福利的基本要素。正因为如此，基础设施常常被视为国民经济的命脉部门或战略部门。

但值得注意的是，随着技术的发展、企业组织制度和政府规制制度的创新、资本市场的完善，以上特征在某些基础设施领域被削弱了，甚至消失了。例如，在电信领域，卫星和微波系统正在取代长途电缆网络，蜂窝式电话系统正在替代交换局网。所有这些技术变革正在逐步消除电信行业中基于网络的自然垄断性，使竞争性经营成为可能。电力行业也存在类似情况，使用天然气的复合循环式汽轮发电机能在较低投入的水平上高效运行，从而削弱了电力行业的规模经济效应，大幅度地降低了电力生产的最适度规模，使发电成为竞争性业务。随着资本市场的发展，新的融资手段和金融衍生品不断涌现，基础设施领域投资的不可分性逐步得到克服，投资和经营风险不断被分散，从而为基础设施企业独立融资和经营提供了可能性。

基于以上6个特征，经济学家、政治家和实践者大多认为，政府是提供基础设施及其服务的最有效的实体。基于同样的理由，在中国，基础设施领域至今仍基本采用"政府垄断经营""政企合一"的经营体制，政府既是基础设施领域国有资产的所有者，又是具体业务的垄断经营者，还是规制政策的制定者和监督执行者，政府集所有者、经营者和规制者于一身。可见，基础设施领域政企不分状况要远比其他领域严重。

"政企合一""政府垄断经营"体制在其运行初期曾起过积极作用。它使我国基础设施框架能在较短的时间内形成，促进了网络的较快扩张和服务的迅速普及，动员了大量资源投向基础设施领域，对加速中国工业化和城市化也起到了积极作用。但"政企合一"有其固有的弊端。

（1）基础设施企业没有市场主体地位。企业的主要生产经营活动，包括投资决策和服务收费，由国家计划或主管部门安排，企业没有实质性的生产经营自主权，只能被动地接受上级行政部门的指令。

（2）企业处于法定的垄断经营地位，因而缺乏外部竞争压力；企业的物质利益不完全取决于自身的努力，如果发生亏损，则由政府财政进行补贴或通过提价来弥补，因而缺乏内在激励。缺乏压力与激励导致企业对消费者的需求漠然视之。

（3）基础设施服务价格由政府制定，政府在制定价格时，往往更多地考虑政治和社会目标，较少按经济学原理办事；或过多地庇护生产者的利益、漠视消费者利益。结果，基础设施产品或服务的价格既不能准确反映生产成本，又不能准确反映社会需求；既不能对生产形成有效的激励，又不能正确引导消费。

（4）单一的投融资渠道（即政府财政融资）使基础设施领域投资严重不足，造成供需矛盾尖锐。

（5）成为社会收入不公平分配的一个重要根源。改革开放以来，中国收入差距逐步拉大，部分原因是市场竞争的加剧。但是垄断行业，包括基础设施企业，凭借法定垄断地位获得高收入也是一个不可忽视的因素。借助法定垄断地位，基础设施企业可以维持人为高价，甚至可以随便向消费者价外滥收费。在1990年以来国家公布取消的306项滥收费项目中，基础设施部门的滥收费项目占有相当数量，其中：交通部门37项、邮电部门7项、电力部门18项、铁路部门41项。滥收的费用中相当一部分转化为职工的个人收入或个人福利，引发行业间收入差距的不合理扩大。

上述弊端的存在最终导致基础设施领域经济效益低下和资源浪费严重。测度基础设施领域经济效益的一个指标是产出或服务在网络传输过程中的漏损率，有资料显示，中国城市自来水的平均漏水率为20%，高于洛杉矶、巴黎、慕尼黑、鹿特丹、东京等国际大都市近1倍。在中国自来水漏水中，管网漏水占50%—60%，无计量用水占20%—30%，其他损失占10%—20%。

迄今为止的国有企业改革基本上是在一般工商业领域进行的，经过20多年的改革，一般工商业领域的政企关系得到了较大幅度的调整，国有企业垄断经营的局面被打破。与此形成鲜明对照的是，基础设施领域国有企业改革严重滞后，"政企合一"体制基本没变，国有企业的垄断地位依然如故。随着工商业领域国有企业改革的逐步完成和改革向纵深推进，基础设施领域的改革已被提上议事日程，成为下一阶段改革的热点领域。

二 中国基础设施领域的改革思路

基础设施是国民经济的命脉部门和战略部门，具有自然垄断性和规模经济的特点，因此，与一般工商企业相比，政府应该更多地参与基础设施领域。但是，传统的"政企合一"体制应该改革，政府应该重新定位，由原来的垄断经营者变为主导者、引导者和规制者，同时充分发挥市场机制和非国有经济的作用。借鉴发达国家和发展中国家基础设施领域的改革经验，中国基础设施领域改革应从以下几个方面着手。

（一）建立新的投融资体制，构造多元化产权结构

由于基础设施的重要地位和经济特性，国有资本应该在基础设施领域占有质的优势，甚至量的优势。但这并不等于应该由国有资本完全垄断基础设施领域，也不等于应该完全由政府来直接建设和经营基础设施。要在国有资本占优势的条件下，允许非国有资本进入基础设施领域，形成多元化的产权结构。产权结构的多元化可以带来三个方面的好处：一是缓解国有资本之不足，促进基础设施的快速发展；二是非国有资本的进入有助于强化所有权约束；三是为构筑有效的企业治理结构奠定产权基础。

对于不同的基础设施，或同一基础设施的不同环节，其产权结构应该有所不同，以下区分三种基本情况。

第一，基础设施领域中的全国性网络或跨地区网络，包括全国性或跨地区线网、管网、路网、渠网、场站，是国民经济的命脉和基础设施框架，应该实行国家（中央政府）独资或国家（绝对）控股，以便发挥规模经济效益、克服自然垄断性、控制整个国民经济，形成完整、统一的全国基础设施网络。区域性网络则由地方政府独资或控股，小型网络可以让非国有主体独资或控股。

第二，依赖于大型基础设施网络提供服务的大型基础设施企业，如交通枢纽企业、通信枢纽企业，应由国家独资或控股；依赖基础设施网络提供服务的中小型企业，如中小型车站、邮局、发电厂和自来水厂，国有资本就没有必要更多地参与，可以把控股权让与非国有资本，充分发挥非国有经济的积极性。

第三，巨型、大型基础设施项目，如大型水库、码头、桥梁，由国家或地方政府独资或控股；独立的中小型基础设施项目，政府不必控股，可以参股，也可以不参股，让非国有资本独立经营。

中国基础设施领域的现有资产绝大部分是国有资产，可通过以下步骤实现产权结构的多元化：先对基础设施领域的现有资产进行界定和评估，在此基础上，区分以上三种情况对基础设施企业进行产权改造，最终形成四种企业形态：国家独资企业、国家控股企业、国家参股企业和非国有企业。

从动态角度看，基础设施领域产权结构的多元化是以其融资渠道的多元化为前提的。基础设施由于投资量大、建设周期长、具有风险性，非国有资本可能进入不足。因此，政府对基础设施领域的融资负有不可推卸的责任。但是，据此认为基础设施领域的融资应由政府独家负责，或由于基础设施的重要地位，禁止非国有资本流向基础设施领域，或认为非国有资本完全没有流入基础设施领域的倾向，则是不对的。从实践看，到目前为止，中国基础设施的融资及其风险主要由各级政府承担，这种单一的融资渠道既给政府带来了沉重的财政负担，又造成基础设施领域巨大的资金缺口，还限制了非国有资本的活动舞台。

改革开放以来，政府对基础设施领域的融资力度逐年加大，投资额与财政收入的比例已由1985年的14.9%提高到1998年的54.6%。2001年虽有所下降，仍达38.5%。这一方面显示出政府财政职能和国有资产分布结构的优化，另一方面显示出政府财政对基础设施提供更多融资的可能性空间已经不大了。因为，政府财政还要负责教育、国防、行政管理等纯公共品的供给。但中国基础设施领域的资金缺口还很大。世界银行的一项调查表明①，在发展中国家，基础设施投资占全社会总投资的比例一般为 20% 左右。中国 20 世纪 90 年代绝大多数年份为 15% 左右，与世界平均水平约存在 5 个百分点的差距。90 年代中后期由于实施积极财政政策，该比例有所上升，但仍低于世界平均水平。公共基础设施投资占 GDP 的比例，世界平均水平为 2%—8%，中国不到 7%。基础设施领域的资金缺口仅靠政府财政是难以填平的，必须允许和动员非国有资本进入基础设施领域。

基于以上分析，中国基础设施领域融资体制改革的基本思路是：把基础设施领域对非国有资本开放，开拓多元化融资渠道。

具体说，新体制中存在以下 4 条基本融资渠道。

第一条渠道：政府财政。在新的基础设施融资体制中，政府仍要承担重要的投融资之责。主要包括：（1）对于大型网络建设，政府要扮演主要融资者的角色，以此达到对网络项目实施控股的目的；（2）对于一般性的基础设施项目，政府不必承担主要融资责任，但国有资本的适度参与仍是十分必要的。国有资本的参与能够起到 3 方面的作用：帮助克服投资的不可分性，这在目前资本市场不发达的情况下尤其重要；诱导非国有资本流向基础设施领域；分散和承担一部分投融资风险。

第二条渠道：商业银行、邮政储蓄、保险公司和各种基金（包括养老基金、共同基金和捐赠基金）等金融机构的贷款和投资。金融机构依据利润原则向基础设施领域提供商业性融资，这样，那些具有正常盈利水平的基础设施项目就能够像其他产业的盈利项目一样获得稳定的资金来源。在西方国家，养老基金的主要流向之一就是基础设施项目，它构成基础设施领域的一条重要融资渠道。这是因为，一方面，养老金的债务周期较长，与基础设施项目投融资周期和盈利周期相吻合；另一方面，由于大多数基础设施项目都有国有资本的参与，风险较小，未来收入比较可靠，符合养老金寻求长

---

① 世界银行：《1994 年世界发展报告：为发展提供基础设施》，中文版，中国财政经济出版社 1994 年版，第 14 页。

期稳定收入的特征。在智利,养老基金会持有的基础设施公司的股票已占到它所持有的总股本的10%—35%。

金融机构作为基础设施企业的主要债权人和持股人,还能在很大程度上分解政府对基础设施企业的监督责任,起到分离政企的作用。作为大股东或大债主,金融机构具有实施监督的强烈利益冲动;同时,由于拥有较多的专业信息和专业人士,它们也具有实施有效监督的能力。将基础设施企业的部分监督职责转移给金融机构或其他机构投资者,被证实是实现政企分开的一条有效途径。

第三条渠道:利用国内资本市场,把居民手中的一部分消费剩余直接导入基础设施领域。随着GNP分配向居民倾斜,居民手中的非消费性收入越来越多。1996年,中国城乡居民储蓄存款达到38520.8亿元,其中定期存款为30873.4亿元,占80.1%;2001年,居民储蓄存款达73762.4亿元,其中定期存款为51434.9亿元,占69.7%。居民定期存款中有相当一部分属于资本性消费剩余,它是基础设施领域一个巨大的潜在资本来源,可以通过直接向居民发行基础设施债券和股票加以筹措。但目前中国基础设施领域对居民消费剩余的利用程度还很低,这可以从基础设施企业上市状况看出。1993年以来,基础设施领域上市公司的数量虽然逐年增加,但在上市公司总数中的比例一直没有超过10%。而在阿根廷和墨西哥等国家中,基础设施上市公司在资本市场上的份额达到了20%—40%。

基础设施领域能否成功地吸收居民消费剩余,取决于两个因素:一是基础设施债券、股票的收益率是否具有吸引力。应该肯定,只要基础设施服务定价合理,绝大多数基础设施企业是能够获得正常盈利的。目前,中国正处于经济迅速扩张时期,基础设施项目的盈利更有切实的保证。二是基础设施债券、股票是否具有很好的流动性,取决于证券二级市场的发育程度。中国股票市场虽然起步较晚,但目前已基本能够满足居民对股票流动性的要求;债券的流动性则较差,应加速发展债券二级市场。一旦股市和债市得到较快发展,基础设施债券、股票将是居民的较好投资工具。

第四条渠道：外资。基础设施领域对外资开放，是填补基础设施领域资金缺口、解决政企不分问题、强化市场竞争的一个有效手段。改革开放以来，中国外资引进规模逐年扩大，但基础设施领域的外资引进成效不理想。以电力工业为例，截至1997年6月，中国累计批准外商直接投资项目近27万个，电力项目只有8个，而且大多数是中方占65%—75%股权的合作合资项目。应提高基础设施领域的对外开放程度，除全国性、跨地区网络设施和枢纽企业不宜对外资开放外，其他基础设施领域，尤其是竞争性服务，大都可以开放，这不会削弱政府对整个经济的控制力。

在进行基础设施融资体制改革的同时，还要对基础设施的投资体制进行改革。基本思路是：除大型网络项目外，绝大多数基础设施项目的投资主体应由目前的政府转变为基础设施项目企业，让企业承担主要投资风险，这样有利于约束企业的投资行为，强化企业的经济责任，以减少投资决策失误。政府的主要职责相应转移到基础设施项目的统筹规划和合理布局上，以防止重复建设造成的规模经济损失。

（二）在基础设施领域引入市场竞争

基础设施部门是公认的具有自然垄断性的部门，但这并不等于不能在基础设施领域引入竞争机制的作用。技术的发展和管理的创新，使得在基础设施领域实行竞争性经营的可能性变得越来越大，范围变得越来越宽。世界银行《1994年世界发展报告》曾对主要基础设施领域实行竞争性经营的可能性进行了评估，评估结果显示，许多基础设施服务具有潜在竞争性和私人品特征，能够通过收费来弥补成本支出，所承担的公共义务也不是太多，因此，完全可以通过竞争性经营的方式来提供。

在基础设施领域引入竞争的基本途径是把其中的自然垄断性业务与竞争性业务分开。从总体上看，基础设施具有自然垄断性，但对特定的基础设施领域，总是既有自然垄断性业务，又有非垄断性业务。显然，对于垄断性业务，只能由一家或极少数几家企业经营，以获得规模经济效益；对于非垄断性业务，则应该实行多家企业竞争经营，以获得竞争的好处。一般而言，在基础设施领域中，网络本身的运营是垄断性业务，而由网络传输的服务则是竞争性业务，由此可以得出基础设施领域业务分解的一般思路：把网络业务与网络传输的服务业务分开。在中国基础设施经营体制中，垄断性业务与竞争性业务常被捆绑在一起，交给政企不分的国有垄断企业经营，结果运营效率低下、服务质量差、收费高。基础设施领域改革的一个重要方向是：把垄断性业务与竞争性业务分开，垄断性业务仍实行垄断性经营，竞争性业务则实行竞争性经营，以提高基础设施领域的经济效率。

基础设施领域业务分解的具体方式有两种：

第一，垂直分解。基础设施服务具有明显的垂直结构。所谓垂直分解，就是把基础设施服务沿服务流程纵向分解为几个相对独立的部分。例如，电力供应可以沿垂直方向分解为3种独立业务：发电、输电和配电，并把这3种业务交由不同的经营主体去经营。输电是具有自然垄断性的网络业务，由一家企业或少数几家企业经营；发电由于技术的进步（主要是复合循环式汽轮发电机的普遍采用）已成为竞争性业务，可实行多家企业同时经营，竞争上网；配电业务也带有网络性质，可实行垄断经营。在天然气工业中，气源、管道和燃气分配是彼此独立的业务，气源和燃气分配具有竞争性，实行竞争经营，管道是网络业务，实行垄断经营。在铁路运输业中，铁道线路管理与铁路运输业务，亦可彼此分离，前者垄断经营，后者竞争经营。

第二，水平分解，即把基础设施服务按市场来分解。这又包括两种情况：一是按地理区域来分解基础设施服务，二是按业务类型来分解基础设施服务。例如，在电信业务中，就可以把以无线电为基础的蜂窝式移动电话业务与以电缆网络为基础的传统电话业务分离开来，或者把长途电话业务与市话业务分开。在铁路运输业务中，可以把货运与客运分开，分别交由铁路运输公司经营；或者把全国铁路运输按地区分解，交由不同路局经营。水平分解的一个最大好处是可以消除不同业务之间的交叉补贴和由此带来的不公平竞争，缺陷是会导致区域垄断或业务垄断。

基础设施领域的竞争有3种类型：一是来自替代品的竞争，即替代性竞争；二是非垄断业务的竞争；三是获取垄断经营权的竞争。下面对基础设施领域的这3种竞争进行分析。

（1）替代性竞争。替代性竞争是指效用相近的产品或服务的提供者为争夺市场份额而展开的竞争。替代性竞争在基础设施领域同样存在，尤以交通运输和能源两部门最为明显。以运输业为例，铁路运输、公路运输、航空运输和水路运输之间就存在着很强的替代性竞争。替代性竞争使运输企业，即使在自己所处的那一类运输业内居于垄断地位，也会面临其他类运输企业的强大竞争。与同种产品生产者的竞争一样，替代性竞争也能产生巨大的外在压力，迫使企业改善经营业绩。

在中国，运输业内的替代性竞争十分激烈。以铁路运输为例，在中短途运输业务上，它要同公路运输争夺客源和货源；在长途运输业务上，它要同民航争夺客源和货源，而无论铁路还是航空，又都要同水路运输竞争。改革开放以来，特别是进入20世纪90年代，中国铁路面临公路和民航的竞争压力与日俱增，这首先是因为公路和民航运力的迅速提高。公路方面，1978—2000年，中国公路里程由89.02万公里增加到140.27万公里，增加了57.8%。2000年，等级公路（包括高速公路、一级公路、二级公路）为121.6万公里，占公路总里程的86.69%。等级公路直接构成对铁路的竞争。民用汽车数量由1978年的135.84万辆增加到2000年的1608.91万辆，平均每年增加11.9%，其中载客汽车由25.9万辆增到853.73万辆，平均每年增加17.2%，载货汽车由100.17万辆增加到716.32万辆，平均每年增加9.4%。民航方面，民航里程由1978年的14.89万公里增加到2000年的150.29万公里，增加了9.09倍；1985—2000年，国内航线由233条增加到1032条，平均每年增加10.4%；飞机架数由472架增加到982架，平均每年增加5.0%。更为重要的是，公路经营体制改革远远走在铁路前面，国有公路运输企业大多实行了承包经营，很多运输企业甚至把车辆承包给个人经营。与此同时，公路客货运输业向非国有经济大幅开放，业内竞争十分激烈。激烈的内部竞争提高了公路运输对顾客需求反应的敏感性，也提高了公路运输业在整个运输市场的竞争地位。民航运输业在售票服务方面做了很多改进，加之自己在速度方面的固有优势，竞争地位也得到了提高。替代性竞争迫使铁路运输开始改变昔日"铁老大"的傲气，在票价、行车时间、售票服务、运行速度等方面改进服务质量。

（2）非垄断业务上的竞争。当基础设施领域中的非垄断业务从垄断业务中分解出来以后，就可以把它交给多家企业进行竞争性经营。交通运输、电信、电力是非垄断业务最容易被分解出来的三大基础设施领域，也是最容易引入竞争的三大领域。从世界范围看，交通运输、电信、电力的市场化程度和竞争程度在基础设施领域中是最高的。

但在中国，这三大领域的总体竞争水平还很低，且很不平衡。交通运输业是中国基础设施领域中竞争程度相对较高的一个领域。公路运输业务（包括客运和货运）早已从路网业务（道路投资和道路维修）中分解出来，由各运输公司经营，运输公司大都实施了机制转换，拥有经营自主权，经济效益直接与自身物质利益相关，参与竞争的积极性很高。同时，公路运输基本向非国有经济开放，个人和法人单位可以购车从事长短途客货运输业务，这又进一步加剧了公路运输业务的竞争性。但铁路运输的竞争程度很低，主要原因是，路网业务与运输服务业务尚未分开，非垄断业务还没有实行竞争经营，铁道部不仅掌握着铁路线网的规划、投资和管理，还直接控制着全路的生产经营业务，各铁路局的生产经营自主权有限。

在电力工业领域，非垄断性发电业务还没有从垄断性输电业务中彻底分离出来，从而造成竞争不足的局面。改革开放以来，经济高速增长形成对电力的巨大需求，造成电力供应缺口。为了弥补缺口，政府对发电业基本实行开放政策，非国有单位可以自由开办电厂。截至目前，独立于网局之外的集资电厂、股份制电厂和中外合资合作电厂已占全国电力行业总装机容量的60%以上，即将投产和在建的发电项目基本上也是独立电厂。但是，各电力集团公司（网局）和省电力公司以及地方政府在运营电网的同时，仍在经营电厂，其装机容量约占全行业的40%。厂网没有彻底分家，再加上各地政府对本地电厂的保护政策，造成不公平竞争，导致电价混乱和资源配置失误。随着近两年电力供应趋缓甚至部分过剩，这种不良现象在有些地方已表现得相当严重。目前，电力体制改革已经启动，基本思路是"厂网分开，竞价上网，打破垄断，引入竞争"。

在电信领域，1994年以前，中国电信业的市场结构特征是：电信网络的运营与基本电信服务合二为一，由邮电部独家经营。邮电部既是电信业的经营者，又是公用电信业的政府管理机构。1994年，中国电信市场发生了一个重大变化，独立于中国电信的"中国联合通信有限公司"（简称"中国联通"）成立，并率先引进蜂窝数字移动电话系统，首先开通京、津、沪、穗4网。民间电信企业也开始起步，民间无线寻呼企业已占到全国无线寻呼业务量的30%左右。2000年，中国电信业的市场结构发生进一步变化。信息产业部已将中国电信业务按业务性质交由四大独立的电信集团公司经营：中国电信集团公司，主营固定电话业务、因特网业务；中国移动通信集团公司，主营移动通信业务；中国联通公司，主营综合业务；中国网络通信公司，主营宽带因特网业务。还将筹建中国卫星通信集团公司，主营卫星通信业务。2001年，电信改革又有新进展，国务院批准将中国电信现有资源划分为南、北两个部分，分别归属中国电信集团公司和中国网络通信集团公司。但从总体上看，中国电信业仍处于寡头垄断格局，主要原因是网络运营（垄断业务）与网上服务（竞争业务，包括基本服务和增值服务）没有完全分开，区域垄断没有破除，政企没有完全分开。

以上事实说明，中国基础设施领域非垄断业务的竞争性虽有所提高，但还远远不够，还需要采取进一步措施加以提高。

第一，把非垄断业务与垄断业务彻底分开，垄断业务交给垄断性公司经营，非垄断性业务交给多家相互独立的公司竞争经营。

第二，对现有经营非垄断业务的基础设施企业，包括汽车站、铁路局、邮电局（所）、发电厂进行公司化改造，并实现股权结构的多样化，除少数重要的企业由政府控股之外，其余企业的产权结构应彻底开放，以此实现政企分离，确立企业的市场主体地位，提高竞争程度。

第三，对非垄断业务，实行自由准入原则，非国有资本可以自由进入基础设施领域经营非垄断业务。非国有单位的自由进入会给现有国有单位带来巨大的竞争压力，这是一剂在国有企业改革难以迅速推进条件下打破其垄断地位、提高其服务质量的良方。

（3）获取经营权的竞争。有些基础设施服务，如各种网络运营、自来水厂、机场、港口、收费道路，具有明显的规模经济效益和自然垄断性，只能交给一个企业或少数几个企业经营，不能开展业务上的竞争，但此时可以引入争夺经营权的竞争。政府可以就某项垄断性业务的提供实行公开招标，多个潜在提供者为获取经营权而展开竞争，政府在这些竞争者中选择服务收费最低者，或承诺服务质量最好者，或要求补贴最少者，或最能接受政府预定方案者，作为该项业务的实际提供者。政府一旦选定了服务的提供者，双方就用明确的服务合同确定各自的权利和义务。服务合同大多是有期限的，在合同期限内，市场上没有直接竞争，但一直存在争夺下一轮合同的潜在竞争，这种潜在的竞争为合同实施提供了有效保证。

服务合同有两种类型：一是租赁合同，二是特许经营合同。在租赁合同中，政府投资建成基础设施，租赁者则为使用这些设施而付费；在特许经营合同中，特许经营者作为服务的唯一提供者，对基础设施承担更多的投资和建设责任。

在争夺经营权的竞争中，合同期限的长短对激励结构具有至关重要的作用。合同期过长，会削弱潜在竞争的压力；过短，又会挫伤企业投标和投资（特别是在特许经营场合）的积极性。合理期限应寻求这二者之间的平衡。

在中国基础设施领域，基本不存在争夺经营权的竞争，垄断性业务的经营权直接由政府有关部门授予国有垄断性企业，而且这种授权是永久性或准永久性的。因此，一旦获得经营权，就没有竞争之虞，也就没有改善经营和提高服务质量的外在压力。

为了提高中国基础设施领域的竞争程度，引进争夺经营权的竞争至关重要。对此应采取两点措施：第一，基础设施领域的垄断性服务，一般都要通过招标投标程序来分配其经营权，政府与中标者签订具有合理期限的服务合同，合同成为调节二者关系的基本准绳。第二，提供垄断性服务的基础设施企业也应改造为企业法人，可以是普通法人，也可以是特殊法人。

（三）调整政府在基础设施领域的职能

随着基础设施领域产权制度、投融资体制改革的推进，以及竞争程度的提高，政府在基础设施领域的职能将会发生变化。主要表现在两个方面：一是职能减少，二是角色转换，即政府将从主要扮演投资者、经营者的角色转换为主要扮演规制者的角色。针对基础设施领域存在明显的自然垄断性、规模经济效益和社会经济效益（正外在性），政府对基础设施的规制集中在以下几个方面：

（1）进入退出规制。具有明显自然垄断性和规模经济效益的基础设施项目，只能由一个或少数几个企业经营，这时，政府就要对潜在进入者的进入进行严格限制，以避免重复建设和资源浪费。政府首先依据自然垄断性和规模经济的大小确定经营权数目，再借助投标招标程序在众多的潜在进入者中分配这些有限的经营权。在竞标结束后的合同存续期间，政府将通过行政手段禁止潜在进入者的进入。

（2）社会规制。对于社会经济效益明显的基础设施项目，政府应该为从事这些项目的企业设定非经济目标，如普遍服务义务、质量标准，这些目标要在服务合同中明确规定下来，成为竞标者考虑的一个因素。非经济目标的实现同样要支付成本，这就要求政府同时制订一个补贴计划。补贴计划也要在合同中写明,补贴数量不可随意更改,以提高那些承担社会目标的基础设施企业的预算约束硬度和财务独立性。

（3）价格规制。为了防止基础设施中的垄断企业凭借垄断地位,提高价格,获取垄断利润,政府应对垄断企业的价格进行规制。

政府价格规制应遵循以下两个原则。

第一,规制价格要保证企业收回成本并有一定的盈利,只有这样才能确立企业的财务独立性,消除基础设施企业常常存在的软预算约束。由于基础设施服务成本中固定成本占主要部分,可变成本（与服务提供量有关）所占比例较小,且呈递减之势,因此,完全依据边际成本原则定价在这里是行不通的,应该考虑固定成本。在基础设施服务定价实践中,存在所谓的两步定价法,即把价格构成要素分为两部分：平均固定成本和边际成本。

第二,价格结构要有激励作用。为了构造一个富有激励性的价格结构,英国、阿根廷等国采用最高限价模型,即PRI—X价格管制模型,值得借鉴。在PRI—X中,PRI为零售价格指数（即通货膨胀率）,X是政府对企业所规定的生产效率增长率,政府对X做周期性调整。PRI—X限定了基础设施服务价格的增长率。由于零售价格指数相对于企业是一个外生变量,企业要取得较多的利润,就只能通过自身努力使生产效率的实际增长率高于政府规定的X值。这会激励企业自觉加强管理,改进技术。此外,政府限定的X值还决定了消费者从技术进步和生产率提高中所分享的利益份额。为了确保PRI—X模型有足够的刺激力,X调整周期的长短具有重要意义。鉴于企业管理改善、技术进步和投资增加的效益需要一段时间才能显现,X的调整周期不能过短,否则,企业就没有积极性；调整周期又不能过长,过长会造成企业的惰性。正常的X调整周期要既能保证企业获得一部分努力成果,又能激励企业不断努力。

（4）联结规制。在基础设施领域,垂直一体化特征比较明显,网络运营与网上服务具有严格的上下游关系,网上服务只有通过网络才能完成。当网络运营与网上服务分开经营时，网络运营企业就有可能利用自己在垂直结构中的垄断地位对网上服务企业提出苛刻的条件，甚至禁止服务企业与网络联结，这就需要政府对联结进行规制。一个基本的规制原则是：如果网上服务是竞争性的，如电信服务，就应该保证任何一个愿意从事该项服务的企业，在接受合理入网价格的前提下，能自由入网。禁止网络运营企业同时经营网上业务是实现联网自由的一个前提条件。

参考文献：

世界银行：《1994年世界发展报告：为发展提供基础设施》，中文版，中国财政经济出版社1994年版。

张维迎、盛洪：《从电信业看中国的反垄断问题》，《改革》1998年第2期。

王俊豪：《中国基础设施产业政府管制体制改革的若干思考》，《经济研究》1997年第10期。

胡家勇：《政府与市场配合消除基础设施瓶颈》，《社会科学辑刊》1997年第2期。

（原载《管理世界》2003年第4期）

地方政府"土地财政"依赖与利益分配格局

——基于东部地区Z镇调研数据的分析与思考

一 土地出让收入规模

Z镇①地处东部沿海地区，2009年工农业总产值达224.5亿元，其中工业总产值为221.98亿元，占工农业总产值的比重高达98.88%，财政收入5.8亿元，城镇化率为44.4%，外来人口13万左右，②超过户籍人口。从这些指标可以看出，Z镇是一个经济发达的工业强镇，对于经济发达地区具有代表性，而经济欠发达地区的情况会有所不同，这是在运用本调研数据时需要注意的。

土地出让收入，亦被称为土地出让金。③从Z镇财政所的财务报表看，土地出让收入被明确列入镇预算外收入，当作镇政府可支配财力的一部分。表1是Z镇2001—2009年土地出让收入及其波动。

表1　　　　Z镇2001—2009年土地出让收入及其波动

年份	2001	2002	2003	2004	2005	2006	2007	2008	2009
土地出让收入（万元）	10521.8	8143	27521	6473	5459	7268.9	13740.4	3245.67	14423.44

---

① 这里没有给出Z镇的具体名称，更多的是因为土地财政是一个体制现象。
② 除特殊说明外，本文的数据均来自实地调研数据。
③ "土地财政"比"土地出让收入"涉及的范围更广，它包括与土地相关的税收收入和非税收入（李尚蒲、罗必良，2010）。本文主要分析土地出让金收入，它是土地非税收入的主体。

续表

年份	2001	2002	2003	2004	2005	2006	2007	2008	2009
波动幅度（%）	na.	-22.61	237.97	-76.48	-15.67	33.15	89.03	-76.38	344.39

表1显示，2001—2009年，Z镇每年所获得的土地出让收入都是十分惊人的，其中有4年土地出让收入过亿，2003年高达2.7521亿元，最少的年份是2008年，也达到了3245.67万元。2001—2009年，Z镇土地出让收入共计96796.21万元，平均每年的土地出让收入为10755.13万元，超过1个亿。Z镇土地财政在东部地区具有典型性。以浙江省为例，2007年，浙江省共出让土地10801宗，出让面积18196.06公顷，成交价款1679.5亿元，土地出让金1442.17亿元，占地方财政收入的87.43%（吴灿燕、陈多长，2009）。

表1还显示，Z镇的土地出让收入呈现出明显的不稳定特征，一些年份急剧增长，而另一些年份急剧下降，这是由土地供给和需求的性质决定的。2008年土地出让收入最少，主要是由2008年国际金融危机的影响造成的。Z镇属于外向型经济，外贸依存度高，外贸对经济的拉动和支撑作用很强。2008年，受国际金融危机、欧盟反倾销、人民币升值等因素的影响，Z镇出口增幅下降，企业对土地需求随之下降，导致土地出让收入的减少。2009年经济开始恢复和经济预期较好，土地需求（特别是工商企业用地需求）开始趋于活跃。

Z镇之所以能够获得巨额土地出让收入，从大的背景看，与东部地区的迅速工业化、市场化和城镇化进程密切相关。有学者（李尚蒲、罗必良，2010）对土地财政与人均GDP水平的关系进行了研究，认为高收入地区土地财政占当地财政的比重高于中等收入和低收入地区。改革开放30多年，Z镇已经从一个农业镇转型为一个典型的工业镇。2001—2006年，Z镇平均每年新设企业2315家，工业总产值平均每年增长16.3%。目前，已经形成了鞋业、服装、空压机、机床、新型建材等产业集群。由于工业的快速增长和产业结构的急剧转型,工商企业的用地需求一直居高不下,从而带来了地价的快速上涨。与此同时,随着工业发展和居民收入的增长,以及在此基础上的迅速城镇化,居民住房需求不断升温,房地产业快速发展,从而产生了对居住用地的巨大需求,也刺激了地价的快速上涨。从抽样调查数据看,2001—2004年,Z镇的土地需求主要是工商企业修建厂房等生产性用地需求,居住用地需求相对较少。而居住用地需求主要是居民自建房(主要是在镇政府所在地和其他商业聚集点居民自建的多层商、居两用房)的用地需求,商品房开发用地需求还不多。2005年开始,Z镇的土地需求结构开始发生变化,工商企业用地相对下降,而商品房开发用地大幅度上升。以2005年和2006年为例,在抽样数据中,用于商品房开发的土地面积,超过了工商企业用地。2007年,工商企业用地需求又开始上升,2008年,工商企业用地需求下降,自建房用地相对提高。2009年,工商企业用地和居民自建房用地需求趋于上升(见表2)。可见,工商企业用地需求和自建房用地需求在一定时期呈现某种交错变动情形,并与宏观经济形势和政策松紧度密切相关。

表2　　　　　2001—2009年Z镇土地需求结构抽样数据

年份	出让地块样本数（宗）	工商企业用地		居住用地			
				自建房用地		商品房开发用地	
		宗数（宗）	面积（公顷）	宗数（宗）	面积（间）	宗数（宗）	面积（公顷）
2001	10	10	2.1869	0	0	0	0
2002	69	53	21.1823	15	126	1	0.3812
2003	74	61	49.66446	11	98	2	12.8274
2004	65	53	23.9196	12	88	0	0
2005	19	9	2.4106	2	4	8	4.5045
2006	21	9	7.3741	2	26	10	11.2629
2007	46	37	20.6469	3	33	6	0.4112
2008	8	3	0.3639	5	21	0	0
2009	21	10	8.67668	11	81	0	0

用地结构对政府土地出让收入是有显著影响的。从调研数据看，居住用地所带来的土地出让收入远远高于工商企业的生产性用地（见表3）。以2002年为例，工商企业用地的地价仅为商品房开发用地的1/8左右，所带来的土地出让收入仅为商品房开发用地的1/22左右。因此，对于既定面积的可供地块，基于土地出让收入最大化，政府往往更倾向于从事商品房开发。而商品房用地地价的高低又是由商品房价格的高低决定的，高房价才能支撑起高地价。因此，基于获得高额土地出让收入，地方政府往往倾向于维持高房价，至少是不希望房价降下来。不过，与工商企业用地相比，目前商品房开发用地给政府带来的收入是一次性的。这是因为，我国绝大多数地方政府尚未开征房地产税①，地方政府不能通过税收形式获得土地增值收益。与商品房开发用地不同，工商企业用地虽然带来的土地出让收入较低，但这些企业一旦开始经营，就可以不断地向地方政府纳税，从而带来长期收入流。同时，工商业的发展是平均地价的重要支撑力量，平均地价的持续上涨最终需要工商业的持续发展来带动。因此，尽管工商企业用地所带来的土地出让收入相对较低，但地方政府仍然有强烈动机向工商业者出售土地。

表3　不同类型用地的土地出让收入差异（抽样数据）　单位：元/m²

年份	工商企业用地		自建房用地		商品房开发用地	
	平均地价	平均土地出让收入	平均地价	平均土地出让收入	平均地价	平均土地出让收入
2001	145.65	47.94	4040.84	3893.59	597.31	350.25
2002	137.44	44.92	5405.83	5217.95	1224.9	1098.71
2003	197.67	89.84	6572.73	6191.21	1750.75	1519.05
2004	142.50	43.95	8383.32	8283.21	na.	na.

① 重庆市和上海市于2011年1月28日启动对部分个人住房征收房产税改革试点，税率分别为0.5%—1.2%和0.6%。

续表

年份	工商企业用地		自建房用地		商品房开发用地	
	平均地价	平均土地出让收入	平均地价	平均土地出让收入	平均地价	平均土地出让收入
2005	224.36	105.46	11739.57	3984.75	1435.19	1271.95
2006	156.01	59.05	10301.47	7984.86	665.45	655.68
2007	366.14	230.60	11486.65	11071.90	2524.32	2349.77
2008	606.90	287.21	38513.68	32321.37	na.	na.
2009	1982.58	394.00	17075.86	15018.86	na.	na.

二 土地出让收入对地方政府的重要性：收入角度

为了准确把握土地出让收入对地方政府的重要性，需要从收入和支出两个角度来考察。从收入角度考察土地出让收入的重要性，笔者计算了三个比例：一是预算外收入占可支配财力的比例，二是土地出让收入占预算外收入的比例，三是土地出让收入占可支配财力的比例。表4给出了Z镇的这三个比例。

表4　　　　土地出让收入占可支配财力的比例　　　单位：%

年份	预算外收入占可支配财力的比例	土地出让收入占预算外收入的比例	土地出让收入占可支配财力的比例
2001	87.25	64.21	56.02
2002	85.06	85.18	72.45
2003	94.58	96.33	91.11
2004	80.09	83.89	67.19
2005	79.28	69.28	54.92
2006	83.08	64.16	53.30
2007	85.39	76.88	65.65
2008	65.69	51.66	33.93
2009	82.47	87.34	72.03
平均	83.47	80.55	67.24

表4显示，2001—2009年，Z镇可支配财力的主体部分是预算外收入。预算外收入占镇可支配财力的比例，最低年份（2008年）也达到了65.69%，最高年份（2003年）则达94.58%，平均为83.47%。2001—2009年，Z镇预算外收入是预算内收入的55倍。可见，预算外收入是Z镇的主要财源。

预算外收入主要来源于土地出让收入。Z镇预算外收入包括两大块：一是土地出让收入；二是其他预算外收入，包括上级政府补助收入（主要是上级政府拨付的临时补助和各类一次性补助）、镇政府资产投资收益、计划生育社会抚养费返还、城建配套费返还等。土地出让收入占预算外收入的比例，最高年份（2003年）达96.33%，最低年份（2008年）也达51.66%。2001—2009年，Z镇土地出让收入占预算外收入的比例平均为80.55%，其他预算外收入平均不到22%。

土地出让收入在Z镇可支配财力中所占的比例是相当高的。最高年份（2003年）高达91.11%，最低年份（2008年）也达到了33.93%。2001—2009年，土地出让收入占Z镇可支配财力的比例平均为67.24%。也就是说，如果没有土地出让收入，Z镇将失去平均近七成的可支配财力，对于任何一个地方政府而言，这都是非同寻常的。

土地财政还体现在地税对与土地有关各税的依赖上。从调研情况看，与土地有关的税收包括房地产企业缴纳的营业税和所得税、房产税和城市房地产税、城镇土地使用税和土地增值税。2004—2009年，Z镇地税收入总额共计94387万元，与土地有关各税为17919万元，占地税的18.98%（见表5）。

表5　　　　　　　　地税对土地的依赖　　　　　　单位：万元，%

年份	地税总额	与土地有关各税	比例
2004	13161	3326	25.27
2005	12353	1892	15.32
2006	13379	1358	10.15
2007	16884	1541	9.13

续表

年份	地税总额	与土地有关各税	比例
2008	18428	3771	20.46
2009	20182	6031	29.88
平均	15731.17	2986.5	18.98

Z镇土地财政是全国地方政府土地财政的一个缩影。有资料显示，2006年全国土地出让收入为0.7万亿元，2007年超过1.2万亿元，2008年超过0.96万亿元，2009年为1.59万亿元，1999—2008年，全国土地出让收入累计达5.3万亿元。①

三 土地出让收入对地方政府的重要性：支出角度

从支出角度考察土地出让收入的重要性，笔者分别计算了Z镇预算外支出、财政总支出和主要支出项目对土地出让收入的依赖度。

从Z镇财政支出的总体结构看，预算外支出是主体，而预算内支出仅够维持党政机关和事业单位的日常运转，主要用于支付人员经费和日常办公经费。2002—2009年，预算外支出占财政总支出的比例平均高达85.35%，最高年份（2003年）竟达91.54%，最低年份（2008年）也达75.56%（见表6）。2002—2009年，预算外支出是预算内支出的5.83倍。

表6 预算外支出和财政总支出对土地出让收入的依赖度 单位：%

年份	预算外支出占财政总支出的比例	预算外支出对土地出让收入的依赖度	财政总支出对土地出让收入的依赖度
2001	86.94	66.72	58.01
2002	88.70	82.24	72.95
2003	91.54	137.60*	125.95*

---

① http://pic.people.com.cn/GB/165652/165654/10925972.html.

续表

年份	预算外支出占财政总支出的比例	预算外支出对土地出让收入的依赖度	财政总支出对土地出让收入的依赖度
2004	89.02	42.46	37.80
2005	80.66	59.71	48.16
2006	80.63	78.94	63.65
2007	85.93	91.35	78.49
2008	75.56	31.84	24.06
2009	83.43	93.36	77.89
平均	85.35	80.69	68.87

注：＊表示当年土地出让收入超过了预算外支出和财政总支出。

调研发现，预算外支出具有特别重要的意义，对于基础设施建设，尤其如此。在预算外支出中，居于前四位的支出项目是：基本建设支出、城市维护费、农林水利气象支出和行政管理费。2001—2009 年，基本建设支出占预算外支出的比例平均为 42.54%，城市维护费平均为 18.12%，农林水利气象支出平均为 11.12%，行政管理费平均为 9.32%。基本建设支出和城市维护费共计占预算外支出的 60.66%。这说明，预算外支出支撑了 Z 镇的城镇化进程。由此不难推断，改革开放以来，我国快速城镇化进程的资金需求，有相当一部分是通过预算外支出解决的。

预算外支出主要是靠土地出让收入支撑的。表 6 具体测算出了 Z 镇预算外支出以及财政总支出对土地出让收入的依赖度。2001—2009 年，Z 镇预算外支出对土地出让收入的平均依赖度为 80.69%，财政总支出对土地出让收入的平均依赖度为 68.87%。可见，如果没有土地出让收入，Z 镇的预算外支出乃至财政总支出都是难以正常运转的。这一结论对经济发达地区和许多城镇都是成立的。

Z 镇的土地财政还表现在主要财政支出项目对土地出让收入的高度依赖上。Z 镇财政支出项目可划为八大项：基本建设支出、农林水利气象支出、城市维护费、工业交通等部门事业费、行政管理费、科教文卫支出、抚恤和社会福利救济费、其他支出。表 7 分别测算出以上财政支出项目对土地出让收入的平均依赖度。2001—2009 年，基本建设支出、农林水利气象支出、城市维护费、工业交通等部门事业费、行政管理费、科教文卫支出对土地出让收入的平均依赖度均超过了50%，基本建设支出、农林水利气象支出和城市维护支出对土地出让收入的平均依赖度排在前三位，分别高达80.45%、71.30%和70.14%，属于严重依赖。可见，如果没有土地出让收入，大部分支出项目将处于瘫痪状态。

表7　　　　主要财政支出项目对土地出让收入的平均依赖度　　　单位：%

年份	基本建设支出	农林水利气象支出	城市维护费	工业交通等部门事业费	行政管理费	科教文卫支出	抚恤和社会福利救济费	其他支出
2001	66.72	65.05	0	na.	48.21	37.56	52.34	63.73
2002	53.66	72.44	79.53	80.41	56.90	63.32	22.55	80.79
2003	137.60	123.35	129.54	120.52	97.86	78.23	20.54	133.50
2004	42.46	36.35	36.68	35.81	20.48	27.42	10.04	41.89
2005	59.71	46.19	40.10	24.15	35.35	34.81	5.75	55.34
2006	78.94	72.45	41.84	65.63	51.86	39.93	41.74	76.32
2007	91.35	81.86	72.78	70.70	69.53	74.13	14.31	34.21
2008	31.84	22.01	26.95	26.92	14.04	10.92	2.43	2.93
2009	93.36	74.50	71.98	66.65	57.89	71.15	34.42	89.86
平均	80.45	71.30	70.14	66.77	51.31	50.52	20.92	77.86

四　土地征收过程中的利益分配

从以上调研数据可以看出，现阶段，土地出让收入对于支撑我国工业化和城市化进程、保证地方政府正常运转和履行应尽职责具有重要作用。但在目前的土地收益分配中，地方政府占大头，原土地使用者占小头，这种分配格局带来了严重的利益冲突，甚至成为社会不稳定的一个重要根源（吴灿燕、陈多长，2009）。

分析土地收益的分配，涉及三个概念，而这三个概念都是以政府作为土地的所有者而提出的。这三个概念是：出让地价款、土地出让成本和土地出让收益。出让地价款是政府将征用的土地出让给工商企业、房地产开发商和居民家庭所收取的总价款,它由土地出让成本和土地出让收益两部分构成。

土地出让成本是政府征用土地所支付的各种税费和土地整理、出售等方面的支出,包括征地补偿费、土地出让报批税费、耕地占用税、土地管理费、水利建设基金、水土保持费、耕地开垦费、城镇配套设施费和广告宣传费等。征地补偿费是补偿给原土地使用者(主要是被征地农民)[①]的费用,它是原土地使用者获取土地收益的主要方式。2003 年,Z 镇所在的市曾根据土地位置和原用途对全市不同级别、不同片区、不同用途的土地制定了统一的补偿标准,2008 年根据经济发展水平提高了补偿标准(见表 8)。

表 8　　　　　2008 年开始执行的征地区片综合补偿标准

区片级别	土地类型		征地价格 (万元/亩)	征地价格提高幅度 (与 2003 年相比,%)
Ⅰ级	一类	耕地	7	25
		园地		
		养殖水面		
		农田水利用地		
		建设用地		
	二类	林地	5	67
		未利用地		
Ⅱ级	一类	耕地	6	28
		园地		
		养殖水面		
		农田水利用地		
		建设用地		
	二类	林地	4	67
		未利用地		

---

①　土地原使用者还包括城镇宅基地的原使用者。政府通过拆迁征用城镇居民的宅基地,再出售给房地产开发商和工商企业,或用于公共目的,同样存在土地收益分配上的冲突。这里主要分析政府征用农民承包地转为建设用地的情形。

续表

区片级别	土地类型		征地价格（万元/亩）	征地价格提高幅度（与2003年相比，%）
Ⅲ级	一类	耕地	5	28
		园地		
		养殖水面		
		农田水利用地		
		建设用地		
	二类	林地	3	50
		未利用地		

出让地价款扣除土地出让成本以后就是土地出让收益，它主要在镇、市两级政府之间分配。

2001年到2004年2月，土地出让收益被划分为两块：一块是城镇基础设施建设费（土地出让金），占96.5%，由镇政府获得；另一块用于支付土地管理部门的承办经费，占3.5%，由上一级政府的土地管理部门获得。从2004年2月开始，土地出让收益被划分为四块：城镇基础设施建设费，占94%，由镇政府获得；村示范整治基金，占1%；标准农田建设基金，占3%；土地管理部门承办经费，占2%，均由上一级政府部门获得。2004年7月开始在土地收益中提取失地农民社会保障基金，占12%。2005年开始从土地收益中提取省土地开发资金，每平方米1.23元。2006年开始从土地出让收益中提取农业土地开发资金，占2%。至2008年，土地出让收益被划分为五块：城市基础设施建设费（土地出让金），由镇财政获得，占土地出让收益的80%；"十村示范百村整治"基金，由上一级政府财政获得，占3%；标准农田建设基金，由上一级政府财政获得，占3%；失地农民社会保障基金，由上一级政府财政部门收取，占12%；省土地开发资金，由省政府获得，占2%。土地管理部门承办经费被计入土地出让成本。

在构成出让地价款的所有项目中，只有征地补偿费和失地农民社会保障基金与失地农民的利益直接相关，而失地农民拿到手的只有征地补偿费。表 9 是 2006 年 2 月出让一块工业用地的土地收益分配情况。

表 9　　　　　　　　工业用地出让土地收益分配案例

面积		1.1962 公顷		
土地用途		工业用地		
出让日期		2006 年 2 月 28 日		
出让地价款		1464149 元		
出让成本	872030 元，占出让地价款的 59.6%	征地补偿费	448575 元，占 30.6%	失地农民获得
		报批税费	423455 元，占 29.0%	税务部门获得
土地出让收益在政府间分配	592119 元，占出让地价款的 40.4%	城镇基础设施建设费	461853 元，占 31.5%	镇政府获得
		"十村示范百村整治"基金	17764 元，占 1.2%	市政府获得
		标准农田建设基金	17764 元，占 1.2%	
		失地农民社会保障基金	71054 元，占 4.8%	
		农业土地开发资金	11842 元，占 0.8%	
		土地管理部门承办经费	11842 元，占 0.8%	市国土资源局获得

注：表中数据经过四舍五入处理。

在表 9 所示的案例中，失地农民得到的征地补偿费占出让地价款的 30.6%，镇政府得到的城市基础设施建设费（即土地出让金）占 31.5%。如果把政府各部门所得到的税、费、基金加在一起，那么，政府所得到的土地出让收入共计占出让地价款的 69.4%。

为了更全面地了解 Z 镇土地转让过程中利益的实际分配状况，笔者分别对工商企业用地和商品房开发用地转让的收益分配状况进行了抽样调查。

工商企业用地转让的收益分配。共抽取了 2001—2009 年 265 个样本工商企业用地，总面积为 151.75792 公顷，出让地价款共计 39966.9 万元，其中被征地农民获得的征地补偿费 16265.4 万元，占 40.70%，政府各部门获得的土地出让收益为 16259.4 万元，占 40.68%，镇政府获得的土地出让金为14078.9万元,占35.23%(见表10)。从这些数字可以看出,政府各部门获得的土地收益与失地农民获得的征地补偿费相当,分别占出让地价款的40.68%和40.70%,镇政府获得的土地出让金占出让地价款的35.23%。

表10　　　　　　　　工商企业用地转让收益分配抽样调查

年份	样本数（个）	出让面积（公顷）	出让地价款（万元）	征地补偿费		政府部门获得的土地出让收益		镇政府获得的土地出让金	
				数量（万元）	比例（%）	数量（万元）	比例（%）	数量（万元）	比例（%）
2001	32	11.8599	1727.4	805.4	46.62	568.6	32.92	543.3	31.45
2002	53	22.6955	3119.2	1465.2	46.97	1019.6	32.69	983.9	31.54
2003	62	52.22962	10324.2	3399.5	32.93	4692.1	45.45	4457.9	43.18
2004	51	23.9196	3408.6	1506.9	44.21	1051.2	30.84	961.7	28.21
2005	8	2.2846	378.2	143.5	37.94	106.6	28.19	82.5	21.81
2006	11	10.582	1726.4	628.4	36.40	641.6	37.16	505.8	29.30
2007	37	20.6469	7559.8	1792.6	23.71	4761.1	62.98	3808.9	50.38
2008	2	0.3639	220.9	92.5	41.87	104.5	47.31	83.6	37.85
2009	9	7.1759	11502.2	6431.4	55.91	33141	28.81	2651.3	23.05

注：表中数据经过四舍五入处理。

商品房开发用地转让的收益分配。共抽取了2001—2007年(除2004年)的27个样本,涉及30.3344公顷商品房开发用地的出让,出让地价款38434万元,政府各部门共获得土地收益34437.2万元,占出让地价款的89.60%,镇政府获得土地出让金30483.9万元,占出让地价款的79.31%。只收集到了2001—2003年原土地使用者得到的征地(拆迁)补偿费数据,这三年的土地补偿费共计1074.3万元,占同期出让地价款的4.58%。可见,商品房开发用地收益的绝大部分为政府部门,主要是镇政府所获得,原土地使用者得到的收益很少。表11是商品房开发用地转让收益分配的抽样调查情况。

表 11　　　　　　商品房开发用地转让收益分配抽样调查

年份	样本数（个）	出让面积（公顷）	出让地价款（万元）	征地补偿费		政府部门获得的土地出让收益		镇政府获得的土地出让金	
				数量（万元）	比例（％）	数量（万元）	比例（％）	数量（万元）	比例（％）
2001	2	0.9472	511.7	61.4	12.00	422.3	82.53	406.1	79.36
2002	1	0.3812	466.9	28.0	6.00	418.8	89.70	404.2	86.57
2003	2	12.8274	22457.6	984.9	4.39	19485.5	86.77	18559.5	82.64
2005	8	4.5045	6464.8	na.	na.	5729.5	88.63	4622.5	71.50
2006	10	11.2629	7495.0	na.	na.	7384.9	98.53	5701.6	76.07
2007	4	0.4112	1038	na.	na.	996.2	95.97	790.0	76.11

注：表中数据经过四舍五入处理。

对比表 10 和表 11 中的相应数据，可以清楚地看出，政府从出让商品房开发用地中所获得的土地收益高于从出让工商企业用地中所获得的收益。这可以部分解释近年来各地持续不退的商品房开发热潮。

五　有关土地财政问题的思考

"土地财政"涉及两个基本理论问题：一是土地收益如何分配？二是"土地财政"还能持续多久？

（一）土地收益的分配

土地收益的分配涉及两种分配关系：一是土地收益在政府之间的分配，二是土地收益在政府与原土地使用者之间的分配。下面对这两种分配关系逐一加以分析。

在分析土地收益在政府间分配之前，先要分析土地，或者更一般地说，不动产升值的源泉。土地的价格取决于两个因素，一是稀缺性，二是位置。由于土地的供给是固定的，土地的稀缺性在很大程度上取决于对土地的需求。而对一个地区土地的需求则是由该地区的经济发展水平和居民生活水平决定的。一个地区的经济发展和居民生活水平越高，对该地区的土地需求就越高，其土地稀缺性就越高，土地价格也就越高；反之，土地价格就越低。同样道理，不同地区的相对地价取决于它们之间经济发展和居民生活的相对水平。而一个地区的经济发展和居民生活水平，包括当地的基础设施发展水平、工商业发展水平、城镇化水平、居民收入水平、社会治安状况、生态环境状况等，都是与当地政府的努力分不开的。决定土地价格的另一个因素是位置，位置的好坏除受自然地理位置的影响外，更受到经济活动分布、基础设施分布、居民生活环境和公共服务分布等经济、社会因素的影响，而这些因素同样与地方政府的努力密切相关。因此，一个地区的地价在很大程度上与当地政府的治理质量密切相关。在人口和生产要素能够自由流动的国家，这种相关性会更加明显。

由于土地升值与地方政府的努力程度和治理水平高度相关，因此，土地升值所带来的收益由地方政府获得具有经济上的合理性。从激励相容的角度看，将土地升值收益留给地方政府，会激励地方政府改善投资环境，发展地方经济，改善民生，注重治安、教育和生态环境保护，从而形成良性循环。

地方政府获得土地升值收益的方式主要有两种，一种是通过出卖土地直接获得土地升值收益。如果一个国家处于快速工业化和城市化过程之中，且土地主要掌握在政府手中，那么，出售土地就会成为政府获得土地升值收益的主要方式。另一种是征收房地产税（物业税）。土地升值最终会表现在房地产等不动产的升值上，通过征收房地产税，政府也可以获得土地升值的收益，形成比较稳定的收入流。在西方发达国家，政府主要通过征收房地产税获得土地升值收益，房地产税也是地方政府财政收入的主要来源。在美国，房地产税由各市、镇征收，大多数归地方政府获得，房地产税一般占地方财政收入的50%—80%，主要用于当地的基础设施建设。20世纪90年代以后，美国州政府税收逐渐退出房地产领域，房地产税基本留给州以下地方政府，州以下地方政府财政收入中有85%—90%

来自房地产税。

改革开放 30 多年来，我国处于快速工业化、市场化和城镇化过程之中，非农用地需求快速增长，土地迅速升值，从而产生了巨额的土地升值收益。巨额的土地升值收益基本由地方政府获得，用于基础设施建设。巨额的土地升值收益产生了强烈的激励作用。但目前我国地方政府获得土地收益的方式与西方国家迥然不同。由于至今没有开征房地产税（除重庆和上海外），地方政府不能通过征收房地产税来获得巨额的土地升值收益，而只能通过出售土地获得土地升值收益。通过出售土地获得土地升值收益会带来负效应，那就是诱使地方政府大量征地卖地，造成土地资源的浪费，损害原土地使用者的利益。与此同时，地方政府通过完善土地和房产二级市场的积极性不足，抑制了土地和房产资源的动态优化配置。

因此，土地收益分配制度改革的重点不是将土地升值收益收归上一级政府，而应聚焦在以下两个方面：第一，从短期看，应尽快将土地出让收入纳入正规的地方政府预算管理，提高土地出让收入及其使用的透明度和规范性；第二，考虑出台和推广房地产税，使其成为地方政府获得部分土地升值收益的主要渠道。

土地收益分配中的另一对矛盾是地方政府与土地使用者之间的利益矛盾。在现有的土地产权制度下，解决这一矛盾是有难度的。在我国，城市土地归国家所有，农村土地归集体所有，而土地所有权实际控制在地方政府手中。因此，从所有权的角度看，土地升值收益应该归政府所有。但是，我国的土地使用权（包括农业用地的承包权和住宅用地的使用权）是一种长期使用权，或是一种没有确定期限的使用权，从某种意义上讲，这种使用权可以视为一种准所有权（物权）。从准所有权（物权）的角度看，土地使用者亦有权获得土地升值收益。而土地升值收益在地方政府与土地使用者之间的实际分配比例就取决于谁处于强势地位。目前的土地制度安排使地方政府处于强势地位。《中华人民共和国土地管理法》第 11 条规定："农民集体所有的土地，由县级人民政府登记、造册、核发证书，确认所有权"，第 46 条规定："国家征用土地，依照法定程序批准后，由县级人民政府予以公告并组织实施"；《中华人民共和国土地管理法实施条例》第 25 条规定："对补偿标准有争议的，由县级以上地方人民政府协调；协调不成的，由批准征用土地的人民政府裁决。征地补偿、安置争议不影响征用土地方案的实施。"可见，在征地过程中，地方政府履行着土地的"确权"与"确权纠纷的处置""补偿方案制定"与"补偿标准争议的处置"等权力，既是运动员，又是裁判员。正因为地方政府在土地征用中处于强势地位，开发商和工商企业等土地需求者往往只与地方政府谈判，农民等土地使用者被撇到了一边。

法律规定的征地补偿标准偏低。《中华人民共和国土地管理法》第 47 条规定："征收耕地的土地补偿费，为该耕地被征收前三年平均年产值的六至十倍。"而《中华人民共和国农村土地承包法》则规定，土地的承包期为 30 年，期限届满可以延长。更为重要的是，无论是城市土地，还是农业用地（特别是城市郊区和经济发达地区的农业用地），随着市场深化，都已经被资本化了。土地越来越被作为一种资本来交易。因此，土地价格就不能仅仅由土地上的附着物（如作物、树木、房屋）的价值来决定，而应该由它所带来的未来收入流的贴现值来决定。从 Z 镇的情况看，目前耕地补偿费最高每亩 7 万元。但在东部地区，土地的资本属性日益明显，土地进入市场后可以带来高额的资本化收益，每亩只有 7 万多元征地费的土地却能带来几十万元甚至几百万元的收益。因此，农民认为目前的补偿、分配办法不合理，有时会拒绝被征用土地。

解决地方政府与原土地使用者的利益矛盾应从以下三个方面着手：一是"确权"，真正确立农民作为土地长期使用者的地位，并真正赋予他们"准所有者"的资格。我国征地制度的根本缺陷是忽视农民的土地权利（蒋三省、刘守英，2005）。农民作为土地的准所有者，应该拥有自主交易的权利，有权抵制地方政府对土地的滥征滥用，有权按市场价格出让土地。只有这样，才能有效抑制地方政府的土地财政行为，同时形成基本农田的市场保护机制。二是以"资本"看待土地，改变目前的耕地补偿费形成机制。在确定征地补偿费时，应该以土地作为一种资本所带来的未来现金流为主要依据。以未来现金流为标准来确定征地补偿费，会提高政府的征地成本，从而使得某些在目前征地条件下可以进行的建设项目难以进行。但这并不全是一件坏事。它可以促使土地资源的节约、改善农民的经济地位，实现土地资源的可持续利用。三是更清晰地界定征地过程中的"公共利益"。《中华人民共和国土地管理法》第 2 条规定："国家为了公共利益的需要，可以依法对土地实行征收或者征用并给予补偿"，但并没有对"公共利益"给出明确的界定，这给地方政府以"公共利益"的名义滥征和低价征用土地留下了巨大空间。明确界定公共利益范围，可以缩小地方政府的征地自由度，强化市场机制在土地资源配置和土地资源保护方面的作用力度。

（二）"土地财政"还能持续多久

从 Z 镇的调研来看，土地出让金对于保证地方党政机关和事业单位的正常运转，特别是城镇基础设施建设至关重要。从全国来看，1994 年实行分税制以来，政府间财力分配存在明显向上集中的趋势，但与此同时并没有建立起规范的政府间财政转移支付制度，地方政府从预算内渠道所获得的财力明显不足以应对它们所承担的责任。预算外收入，特别是土地出让金，对于地方政府具有非同寻常的意义。以土地出让金收入作为抵押或支撑的地方融资平台（王飞、熊鹏，2011），对于地方基础设施建设起着十分重要的作用。问题是，地方政府依靠出卖土地获得土地升值收益的"土地财政"还能持续多久？

一些学者（如汪利娜，2009）对我国的"土地财政"的可持续性提出了质疑，是有道理的。从总体上看，我国仍处于快速工业化、城市化和市场化的过程之中，在这个过程中必然会有大量的土地转化为非农用途，从而带来大量的土地收益。从这种宏观背景看，"土地财政"还能持续一段时间。但是，我国耕地转化为非农用地的空间已经不大了。2008 年度的全国土地变更调查表明，我国耕地面积为18.257385亿亩，离18亿亩"红线"还有2573.85万亩。1997—2005年，非农建设占用耕地2747万亩，年均减少305万亩（林泉，2009）。按此大致匡算，距离"红线"的2573.85万亩不到9年就会消耗完毕。从Z镇的情况看，2005年农业人口人均耕地只有0.4685亩，现在已几乎没有可以转化为建设用地的耕地了。从这个角度看，地方政府"土地财政"的潜力已经不大了。那么，如何化解"土地财政"困境呢？

第一，在政府财力向上集中的同时，应尽快建立起规范的政府间财政转移支付制度。2009年，中央财政收入占财政总收入的比例为52.4%，地方财政收入占47.6%，而中央财政支出占财政总支出的20%，地方财政支出占80%。中央财政收入中30%左右用于财政转移支付。这么大规模的财政转移支付目前还没有科学、明确的财政转移支付制度来保证。因此，应该尽快建立规范的转移支付制度，提高一般性转移支付的比例，在规范的预算内体制中建立起地方政府财权与事权相对称的机制，降低地方政府对土地出让金的依赖。

第二，推广房地产税，改变地方政府的收入结构。西方发达国家的实践证明，房地产税可以为地方政府提供可靠的收入来源，同时能够激励地方政府改善治理。

第三，通过发展土地二级市场，动员土地存量，来保证工业化、城镇化的用地需求。我国的工业化和城镇化进程还没有结束，到2005年，我国工业化水平综合指数为50，工业化进程进入中期后半阶段（陈佳贵、黄群慧、钟宏武，2007），还需要大量土地支撑工业化和城镇化。但是，不能再主要靠占用耕地来解决工业化和城镇化的用地需求。要加快发展土地二级市场，通过土地二级市场来重新配置城镇现有土地资源，提高土地利用效率。运用土地二级市场提高现有土地的配置效率和利用效率，有巨大空间。

参考文献：

李尚蒲、罗必良：《我国土地财政规模估算》，《中央财经大学学报》2010年第5期。

吴灿燕、陈多长:《浙江省土地财政问题实证研究》,《财经论丛》2009 年第 3 期。

汪利娜:《我国房地产市场的调整及"救市"建议》,《财经科学》2009 年第 5 期。

王飞、熊鹏:《我国地方政府融资平台贷款现状与风险:规模估算与情景模拟》,《中国经济问题》2011 年第 1 期。

林泉:《我国能保住 18 亿亩耕地红线吗——我国耕地保护工作的现状、对策与展望综述》,《国土资源报》2009 年 6 月 16 日。

陈佳贵、黄群慧、钟宏武:《中国工业化进程报告》,社会科学文献出版社 2007 年版。

蒋三省、刘守英:《土地融资与财政和金融风险》,《中国土地科学》2005 年第 5 期。

(原载《财贸经济》2012 年第 5 期)

论完善产权保护制度

产权是所有制的核心，产权保护制度是市场经济的重要制度基础，它关系到人们财富积累的积极性、资源配置的积极性和生产要素的流动性，从而决定经济发展的内生动力和经济社会的持久活力，并最终决定社会生产力的发展水平和人们的福利水平。党的十八届三中全会通过的《中共中央关于全面深化改革若干重大问题的决定》把产权保护制度提高到了新的理论和实践高度，提出建立"归属清晰、权责明确、保护严格、流转顺畅的现代产权制度"。本文将从强化政府有效保护产权的职责，公平有效保护各类产权，强化对农民土地产权的保护三个方面论述我国产权保护制度的完善。

一 强化政府有效保护产权的职责

完善的产权制度包括清晰界定产权边界，通过法律等制度有效保护产权，允许产权持有者按照自己的意志自由运用产权，承认产权所带来的收益的合法性。有效的产权保护制度是现代产权制度的基本要素，它之所以重要，就在于它能够为各类经济主体提供正当的激励，鼓励人们积累和有效配置自己所拥有的资源，并展开充分而有效的竞争。威廉·鲍莫尔、罗伯特·利坦和卡尔·施拉姆[①]指出：如果不能有效保护人们的财产权，"就不能指望个人会冒着失去自己的资金和时间的风险，投资于运气不济的冒险项目。这里，法

---

① 威廉·鲍莫尔、罗伯特·利坦、卡尔·施拉姆：《好的资本主义，坏的资本主义，以及增长与繁荣的经济学》，中信出版社 2008 年版，第 6 页。

治——特别是财产和合同权利——尤为重要。"而冒险是创新的核心要素。拉古拉迈·拉詹和路易吉·津加莱斯认为："竞争性市场要发展起来,第一步就需要政府尊重和保护公民的财产权利,包括那些最脆弱和最无助的公民的财产权利。"①

有效保护产权是政府的一项基本职责。以亚当·斯密为代表的古典经济学家认为,"看不见的手",即自由的市场机制和自由企业制度,完全可以解决资源的最佳配置问题,政府不必插手:"关于可以把资本用在什么种类的国内产业上面,其生产物能有最大价值这一问题,每个人处在他当时的位置,显然能判断得比政治家和立法家好得多。"②他认为,政府只需要履行三项基本职能,其中一项就是保护产权,即"尽可能保护社会上各个人,使其不受社会上任何其他人的侵害或压迫,这就是说,要设立严正的司法机关"③。这项职责可以具体理解为:用警察维持良好的社会安全秩序,设立公正的司法机关仲裁经济纠纷,制定和实施制度、规则以利自愿交易。古典经济学时期的法国经济学家萨伊也把保护财产所有权不受侵犯和社会安宁作为政府的基本职责。他所谓的财产不受侵犯主要包括以下方面:一是保证财产所有权的实际稳定。只有这样,各种生产要素才能发挥最大的生产能力;二是保证生产要素的所有者能安稳地享有其生产要素所带来的收入。只有这样,才能诱使生产要素的所有者积极运用生产要素;三是保证人们自由运用生产要素进行生产活动的权利。④萨伊把保护人身和财产的安全看成是政府鼓励生产的所有方法中最为有效的方法:"在政府所能使用以鼓励生产的所有方法中,最有效的是保证人身和财产的安全。"⑤

---

① 拉古拉迈·拉詹、路易吉·津加莱斯:《从资本家手中拯救资本主义:捍卫金融市场自由,创造财富和机会》,中信出版社 2004 年版,引言,第 XXIV 页。
② 亚当·斯密:《国民财富的性质和原因的研究》(下卷),中译本,商务印书馆 1998 年版,第 27 页。
③ 亚当·斯密:《国民财富的性质和原因的研究》(下卷),中译本,商务印书馆 1998 年版,第 252—253 页。
④ 萨伊:《政治经济学理论》,商务印书馆 1997 年版,第 136—141 页。
⑤ 萨伊:《政治经济学理论》,商务印书馆 1997 年版,第 221 页。

就连坚定信奉经济自由主义的奥地利经济学家冯·米塞斯也认为保护产权是政府的职责。他说:"国家机器的任务只有一个,这就是保护人身安全和健康;保护人身自由和私有财产;抵御任何暴力侵犯和侵略。"①

与传统市场相比,现代市场具有复杂得多的结构。与衣服、食品这些简单的市场相比,汽车、知识、技术、人力资本、金融等现代服务和自然资源等市场具有高度的复杂性和不确定性,未来收益在人们的收入结构中起越来越重要的作用。在这种情况下,产权的界定和保护就显得尤其重要。约翰·麦克米兰认为,"政府在市场设计中的一个基本任务就是确定财产权利,因为最简单的摧毁市场办法就是破坏人们对自己财产安全的信念"②。鲍莫尔、利坦和施拉姆认为,对于成功的企业家型经济③,以下几个制度很重要:"(有效实施的)法治、知识产权保护(但不能过度)、不是过度繁重的税收及促进特定环境中的模仿的回报和机制",这几个方面都涉及有效产权保护在内的现代产权制度。④

为什么要由政府来保护产权呢?这主要是因为政府拥有其他组织所不具备的强制力,而这种强制力是保护产权所必需的。⑤ 政府可以设置司法机构对经济纠纷进行仲裁,并强制执行。当然,私人也可以动用自己的资源来保护自己的产权,但这样做既没有效率,也不经济合算,因为"他们必须筹集足够的军事资源来阻止其他人抢

---

① 冯·米塞斯:《自由与繁荣的国度》,韩光明等译,中国社会科学出版社1995年版,第90页。
② 约翰·麦克米兰:《市场演进的故事》,中信出版社2006年版,第11页。
③ 鲍莫尔、利坦和施拉姆认为,成功的企业家型经济最具创新性和效率:在这种经济中,"经济的大量参与者不仅有无穷的动力和激励进行创新,而且从事前沿性或突破性的创新并使之商业化"。参见威廉·鲍莫尔、罗伯特·利坦、卡尔·施拉姆《好的资本主义,坏的资本主义,以及增长与繁荣的经济学》,中信出版社2008年版,第78、96页。
④ 参见威廉·鲍莫尔、罗伯特·利坦、卡尔·施拉姆《好的资本主义,坏的资本主义,以及增长与繁荣的经济学》,中信出版社2008年版,第96页。
⑤ 政府所具有的强制力可以起到有效保护产权的作用,但如果不对这种强制力实施有效的制衡,它也可以演变成侵害私人产权的"掠夺之手"。

夺自己的劳动果实"①。

目前，有效保护产权在我国已显得非常重要和迫切，有以下两个重要原因。

第一，经过 36 年的经济市场化和经济发展，财产的种类和各类财产数量急剧增加，不仅公有财产的数量大幅度增加，非公有财产，包括个体、私营企业财产和家庭财产，也大幅度增加了。数据显示，我国国有企业净资产 2002 年为 66543.1 亿元，2011 年增至 272991.0 亿元，平均年增长 16.98%，还有数量庞大的矿产资源、土地资源、水资源等国有和集体所有的自然资源。个体、私营企业资产的增长速度更快。1990 年，我国个体工商户的注册资金为 397 亿元，2011 年增至 16177.6 亿元，平均年增长 19.3%；私营经济注册资金由 1990 年的 95 亿元增至 2011 年的 257900 亿元，平均年增长 45.7%。家庭财产的增长也非常迅速，包括银行存款、各类有价证券、房产等在内的居民家庭财产大幅度增长。据招商银行和贝恩公司的统计，2010 年中国个人总体持有的可投资资产（现金、存款、股票、债券、基金、保险、银行理财产品、境外投资和其他类别投资等金融资产和投资性房产）规模达到 62 万亿元人民币。② 要想使这些财产所支配的资本等生产要素不断投入到生产过程，充分流动起来并得到合理的配置，有效的产权保护制度是基本条件。

第二，创新在经济发展中的重要性增加，这也凸显出产权保护的紧迫性。过去 36 年的高速经济增长，主要靠大规模要素投入、政府投资和技术模仿，大部分投资落在了价值链低端和基础设施领域，创新在经济增长中作用不明显。但"中国当前的增长模式已对土地、空气和水等环境因素产生了很大的压力，对自然资源供给的压力也日益增加"③，因而是不可持续的。经济发展的动力要转向更多依靠

---

① Robert H. Bates, The Role of the State in Development.
② 招商银行和贝恩公司：《2011 中国私人财富报告》。
③ 世界银行和国务院发展研究中心联合课题组：《2030 年的中国：建设现代和谐、有创造力的社会》，中国财政经济出版社 2013 年版，第 9 页。

创新、民营部门和企业家精神，需要动员千百万人的智慧和力量，这就需要有完善的产权保护制度来保障人们的利益。鲍莫尔、利坦和施拉姆在谈到法治、财产权和合同权利对创新型经济的重要性时指出："创新型企业家行为是一种有风险的活动，承担这些风险的个人必须得到恰当的补偿。也就是说，当他们成功实现其努力时，对由此产生的结果：资金、土地、产品或全部三种财产，他们必须有财产权。此外，企业家（和所有企业）必须相信，他们与其他各方签署的合同是得到承认的。"①

改革开放 36 年来我国经济持续高速增长，一个重要原因是我国产权保护状况得到了不断改善。鲍莫尔、利坦和施拉姆就认为，中国模式的成功，原因之一是它在两个要素上取得了进步，"这两个要素是有效实施的产权和合约权，能够为企业家提供资本用于支持其企业的金融体系"。但我国产权保护状况，特别是非公有产权的保护状况并不乐观。企业家论坛 2010 年调查结果表明，28.6% 的企业家表示财产不安全，44.2% 的企业家认为企业法规不能够保障企业的利益，半数企业家认为知识产权保护不到位。② 据世界银行与国际金融公司研究报告《中国营商环境 2012》测算，2011年和 2012 年，在 182 个国家和地区中，中国投资者保护分别排第 93 位和第 97 位，投资者保护强度指数（1 到 10）为 5，属中等强度保护。

二 公平有效保护各类产权

各种类型的财产获得有效而同等的法律保护，是市场机制顺利运转和各种所有制经济平等竞争的前提条件。因此，必须建立公平

---

① 威廉·鲍莫尔、罗伯特利坦、卡尔·施拉姆：《好的资本主义，坏的资本主义，以及增长与繁荣的经济学》，中信出版社 2008 年版，第 96 页。
② 冯兴元、何广文等：《中国民营企业生存环境报告 2012》，中国经济出版社 2013 年版。

而有效的产权保护制度，以确保"当合同纠纷出现时，无论纠纷发生在私人之间或者私人与政府之间，纠纷各方不仅可以获得法律救助，而且应该享有一个透明有效、执法时不畏权势并不偏不倚的司法制度"①。因此，平等而有效地保护各类产权，是完善我国产权保护制度首先要解决的问题。

改革开放以来，非公有制经济及其财产的法律地位和受保护程度是不断上升的。1982年通过的《宪法》修正案允许成立雇员不超过7人的个体经济。1988年通过的《宪法》修正案允许成立雇员超过7人的私营企业。1999年通过的《宪法》修正案将个体经济和私营经济等非公有制经济作为社会主义市场经济的重要组成部分，个体、私营经济的法律和经济地位得到明显提升。2004年通过的《宪法》修正案对非公有财产保护的规定进一步加强了，指出："国家保护个体经济、私营经济等非公有制经济的合法的权益和利益""公民的合法的私有财产不受侵犯""国家依照法律规定保护公民的私有财产权和继承权"。2007年通过的《物权法》规定，"保障一切市场主体的平等法律地位和发展权利""国家、集体、私人的物权和其他权利人的物权受法律保护，任何单位和个人不得侵犯"。2007年党的十七大报告指出，"坚持平等保护物权，形成各种所有制经济平等竞争、相互促进的格局"。2012年党的十八大报告重申，"保证各种所有制经济依法平等使用生产要素、公平参与市场竞争、同等受到法律保护"。2013年党的十八届三中全会指出，"公有制经济财产权不受侵犯，非公有制经济财产权同样不可侵犯"。可以说，迄今为止，我国已经确立起了公有制经济财产和非公有制经济财产的平等法律地位。

尽管有关保护非公有制经济产权和确立它们平等法律地位的立法取得了历史性进步，但在现实中，非公有制经济的产权保护状况和平等法律地位不容乐观。

非公有制经济产权没能得到足够的保护，主要表现在以下几个

---

① 世界银行和国务院发展研究中心联合课题组：《2030年的中国：建设现代、和谐、有创造力的社会》，中国财政经济出版社2013年版，第22页。

方面:

第一,行政权力往往成为侵害非公有制经济产权的一个根源。"有些地方个人产权受到非常粗暴的侵犯,用各种莫须有的罪名,侵犯、占有个人产权,甚至让一些企业家倾家荡产,送进监狱"①。在这种情况下,地方政府不仅没有充当合法私人财产的保护者,而且扮演了"掠夺之手"的角色。

第二,司法系统没能做到对非公有制经济的公平裁决。当非公有企业的财产受到侵害时,立案、判决和执行都面临许多困难。

第三,非国有企业税费负担过重。过高的税费负担可以视为对私人产权的一种侵害。一是税收占比高。中小企业(主要是民营企业)整体税收负担占销售收入的6.81%,高于全国企业总体水平6.65%,部分企业缴税总额高于净利润。二是缴费项目多。据粗略统计,目前向中小企业征收行政性收费的部门达18个,收费项目达69大类。三是社保负担重。以北京为例,"五险"占工资比例为44%,单位缴费达到32.8%—43.3%。②

非公有制财产得不到公平、有效的保护,有意识形态、理论、法律、政策和执行等层面的原因,因此,构建公平而有效的保护非公有制财产的法治环境就需要从以下几个层面上努力。

第一,营造有利于非公有制经济发展的社会舆论环境。这需要从社会意识形态和理论方面着手。

在社会意识形态方面,不能再把"公"和"私"、"公"和"非公"绝对对立起来,更不能把"非公有制经济"与"自私""剥削"等直接联系起来,不能认为,只要是"非公有制经济"就丧失了"道德的制高点"③。我们必须调动一切积极因素,最大限度地激发各类资本、技术和智力的潜力,让一切劳动、知识、技术、管理和资本的活

---

① 李剑阁:《下一步改革的两条主线:市场化取自多种经济成分共同发展》,《中国改革》2013年第1期。
② 黄孟复:《中国民营经济发展报告(2011—2012)》,社会科学文献出版社2012年版。
③ 黄孟复:《改革要怎么改?改什么?》,《中国民商》2013年第3期。

力竞相迸发。因此，无论是"公"还是"非公"，只要是社会财富创造的源泉，都应该得到积极评价和公平对待。

从理论上讲，还需要进一步深化对"财富"和"私有财产"的认识。在现代市场经济中，"财富"不仅仅是用于消费的金钱，更是经济循环过程中的一种"生产要素"。财富，无论是"公有"还是"私有"，只要它重新投入经济流转过程之中，就能创造出新的就业岗位、生产出新的产品和服务，它就是在为社会利益服务，就具有"社会性"。从现实来看，大量私有财产和非公有制经济的存在，创造了大量就业岗位，特别是适合于弱势群体的就业岗位，提高了低收入者的收入，产生了"涓滴效应"。对于私有财产，我们则应该把它放在社会财产结构和企业产权结构的变迁中去理解它的性质。用传统"公"和"私"的概念来区分企业经济属性已不再适应社会主义市场经济发展的现实。经过多年的发展，各种企业内部股权结构已经发生了深刻变化，相当多的民营企业通过股份制改造或上市，实现了股权结构社会化和分散化，成为公众公司；特别是基金公司和投资公司等新的经济组织形式大量涌现，企业社会化的程度相当高。因此，民营经济中的股份制公司、混合所有制公司、全员持股等股权社会化的企业，不仅为社会上众多民众创造了财产性收入，也将企业置于政府、社会和人民群众的监督之下，已经成为社会主义市场经济中公有制的一种有效实现形式。[1] 马克思、恩格斯当年对股份制性质的论述，对于我们当下认识私有财产的性质具有重要启迪。马克思指出公司的资本"在这里直接取得了社会资本（即那些直接联合起来的个人的资本）的形式，而与私人资本相对立，并且它的企业也表现为社会企业，而与私人企业相对立"。[2] 恩格斯则指出："由股份公司经营的资本主义生产，已经不再是私人生产，而是

---

[1] 黄孟复：《坚定不移地促进民营经济蓬勃发展》，《中国流通经济》2012 年第 12 期。
[2] 《马克思恩格斯文集》第 7 卷，人民出版社 2009 年版，第 494—495 页。

由许多人联合负责的生产。"①

第二,法律、政策条文或解释需要进一步完善。从根源上讲,许多法律和政策条文,或者对这些条文的理解不利于营造非公有制经济发展的公平法治环境。从基本经济制度上看,我国实行的是"以公有制为主体、多种所有制经济形式共同发展的基本经济制度",这符合我国国家制度的社会主义性质和社会主义市场经济的实际,是必须坚持的。但需要对"公有制"的主体地位作科学的理解。不能把公有制的主体地位理解为公有制企业可以在法律和市场竞争规则面前凌驾于非公有制企业之上,在产权保护和合同仲裁上天然享有特殊优待。国有经济的主体地位主要体现在国有资本集中在关系国家安全和国民经济命脉的重要行业和关键领域。同时,社会主义基本经济制度也需要随着实践的发展而不断完善。现在,非公有制经济在产值、就业、投资、税收、创新等主要指标上所占的比重不断提升,有些已超过了公有制经济所占的比重,在新的历史条件下,对公有制的主体地位需要做出新的科学解释。

一些法律条文有时也容易导致对非公有财产的侵害。例如,《宪法》第十三条规定:"公民的合法的私有财产不受侵犯","国家依照法律规定保护公民的私有财产权和继承权",但同时又规定:"国家为了公共利益的需要,可以依照法律规定对公民的私有财产实行征收或者征用并给予补偿。"但对"公共利益"目前还没有明确的界定,对如何界定"公共利益"也没有明确的规定,这就容易导致借"公共利益"之名侵害和掠夺非公有财产的现象。

第三,消除对非公有制经济的司法偏见。构建公平的法治环境,执法和司法环节至关重要。从立法层面上看,平等保护各类财产和经济活动的法律、法规和政策并不缺乏,问题是它们并没有得到有效执行。美国学者艾利森曾指出:"在达到政府目标的过程中,方案确定的

---

① 恩格斯:《1891年社会民主党纲领草案批判》,《马克思恩格斯文集》第4卷,人民出版社2009年版,第410页。

功能只占10%，而其余90%取决于有效执行。"① 这同样可以用在法律、法规和政策的制定和执行上。"保护合同和财产的立法或规定只停留在书本上是不够的，这两者都必须得到有效的执行。"② 这就要求司法机关和政策执行机关在面对公有制经济单位与非公有制经济单位的财产、合同及其他经济纠纷时，能够抛弃所有制偏见，依据法律条文，公平、公正地裁决。

三 强化对农民土地产权的保护

农民财产权的保护，以及保障农民从自己财产中获得合理的经济收益，是我国产权保护制度的一个薄弱环节。党的十八大指出，"让广大农民平等参与现代化进程、共享现代化成果""依法维护农民土地承包经营权、宅基地使用权、集体收益分配权""改革征地制度，提高农民在土地增值收益中的分配比例"，等等，所有这一切，都取决于有效保护农民的产权。

农民的财产已日趋多元化了，包括集体土地（包括林地）承包权、宅基地的使用权及其之上的房屋所有权，以及农民的银行存款和有价证券等金融资产，而土地承包权、宅基地的使用权和房屋所有权是农民最重要的财产权。下面以土地承包权为例分析如何强化对农民财产权的保护。

（一）农民土地确权

强化对农民产权保护的第一步是土地确权，即明确土地承包权的主体以及位置、面积，并颁发具有法律约束力的土地产权证书。产权只有得到法律上的确认并颁发具有法律约束力的证书，才能使产权得到清晰的界定，产权主体的权益才能够得到最大限度的保护。

---

① 转引自陈振明《公共政策分析》，中国人民大学出版社2003年版，第235页。
② 鲍莫尔、利坦和施拉姆认为，成功的企业家型经济最具创新性和效率：在这种经济中，"经济的大量参与者不仅有无穷的动力和激励进行创新，而且从事前沿性或突破性的创新并使之商业化"。参见威廉·鲍莫尔、罗伯特·利坦、卡尔·施拉姆《好的资本主义，坏的资本主义，以及增长与繁荣的经济学》，中信出版社2008年版，第78、96页。

马克思在论述法律确认对私有财产的重要性时指出:"私有财产的真正基础,即占有,是一个事实,是不可解释的事实,而不是权利。只是由于社会赋予实际占有以法律的规定,实际占有才具有合法占有的性质,才具有私人财产的性质。"① 从法律确认的角度看,我国农民的土地产权还是一种非正式的产权(物权)。在农业市场化程度不高、土地价值低(即土地的价值仅以土地年产物的价值来衡量)、土地市场不发育的情况下,不完善的土地产权尚可满足农业生产的需要。但不确定的土地产权不能确保农民土地产权的安全,不利于土地的流转和农村金融市场的发育。当土地越来越成为一种稀缺经济资源、土地流转的规模和频率越来越高、由土地所引起的纠纷越来越多时,就需要正规的土地所有权。正规的土地所有权可以提供确切的所有者信息,从而带来有保障的、可转让和可诉讼的财产权。

世界银行的研究表明,"增加土地所有权的安全性,可以提高投资的预期收益,并降低信贷的制约作用。这反过来会增加投资和提高生产率。有保障的土地所有权可以使投资者确信,他们的投资收益将不会被政府或私人机构所剥夺。更安全的土地所有权还可以增加获得贷款的机会,因为土地可用于贷款的抵押"。世界银行还发现,颁发有文件证书、经注册登记的土地所有权起着越来越大的作用。② 不仅如此,正规的土地所有权还是提高穷人生活水平的关键,这对我国尤其重要。

我国一些地区的土地确权实践已经带来了积极的效应。据厉以宁教授③的调研,浙江杭州、嘉兴、湖州三个市的土地确权就使"农民心里踏实了",土地确权还促进了土地流转,提高了农民的收入。浙江省嘉兴市在土地确权以前,城市人均收入与农村人均收入之比是 3.1∶1,土地确权以后缩小为 1.9∶1。可见,农民土地的确权颁

---

① 马克思:《黑格尔法哲学批判》,《马克思恩格斯全集》第 1 卷,人民出版社 1956 年版,第 382 页。
② The World Bank, *Building Institutions for Markets*, Oxford University Press, 2002.
③ 厉以宁:《谈谈产权改革的若干问题》,《北京日报》(理论周刊) 2013 年 12 月 2 日。

证工作是有效保护农民产权、提高农民经济地位的一项基础性制度建设工作。

(二) 切实保障农民行使土地产权

农民仅仅有土地产权证书还是远远不够的，法律制度要切实保障农民对土地产权的行使，行政权力不能僭越农民的土地产权，农民因土地纠纷所提起的法律诉讼要得到公平的裁决，法律文书要得到不折不扣的执行。

目前，农民土地产权受到侵害的一个重要情形是行政权力对农民土地产权的侵害，在征地过程中，农民往往被排除在决策和讨价还价过程之外。基层政府出于土地财政、甚至官员私利而侵害农民土地产权的现象时有发生。

有效保护农民土地产权面临理论和实践困境。一方面，农村土地归集体所有，集体经济组织享有土地的所有权，有权处置土地。而在实际运作中，集体土地所有权往往控制在地方政府、甚至主要官员手中。另一方面，农民享有土地使用权（包括农业用地的承包权和住宅用地的使用权），这是一种长期使用权，或是一种没有确定期限的使用权，这种使用权可以视为一种准所有权（物权）。从准所有权（物权）的角度看，农民亦有权处置土地。这里就产生了权力与权利的对立。从土地产权的实际运行看，基层地方政府处于强势地位，农民的权利受到压制。在法律条文上，《中华人民共和国土地管理法》第11条规定："农民集体所有的土地，由县级人民政府登记、造册、核发证书，确认所有权"，第46条规定："国家征用土地，依照法定程序批准后，由县级人民政府予以公告并组织实施"；《中华人民共和国土地管理法实施条例》第25条规定："对补偿标准有争议的，由县级以上地方人民政府协调；协调不成的，由批准征用土地的人民政府裁决。征地补偿、安置争议不影响征用土地方案的实施。"可见，在征地过程中，地方政府履行着土地的"确权"与"确权纠纷的处置"、"补偿方案制定"与"补偿标准争议的处置"等权力，既是运动员，又是裁判员。正因为地方政府在土地征用中处于强势地位，开发商和工商企业等土地需求者往往只与地方政府谈判，农民等土地使用者被撇到了一边。

土地是一种特殊的生产要素，农民作为土地产权的一个主体，其所拥有的产权肯定不是一种完全意义上的产权，在土地集体所有制的情况下更是如此。在不完全产权的情况下有效保障农民行使产权，需要注意以下几个方面的问题。

第一，完善集体经济组织的治理结构，以有效制衡集体经济组织领导人的行为。在集体经济组织中，农民享有双重身份，均可以形成权利制衡：一是农民是集体经济组织的成员，是土地所有者中的一员，他有权参与集体经济组织的重大决策，尤其是有关土地征收、转让、流转以及补偿等方面的重要决策。把农民排除在土地征收、出让、流转及补偿决策过程之外，违背了集体经济组织的基本性质。要完善集体经济组织的治理结构，形成权力制衡机制，切实保障信息的公开透明，决策的民主参与，以有效抑制行政权力和官员私利对农民利益的侵占。二是农民作为土地的长期承包者，享有准土地所有权，这种准土地所有权应该构成行政权力的有效制衡。为了满足公共利益的需要，征收农民的土地，必须获得农民的同意，并给予合理的经济补偿。

第二，在满足土地规划和用途管制的条件下，充分保障农民在土地流转和收益方面的权利。农民行使土地产权要受到土地规划和用途管制的限制，基本农田不能转作他用，这是农民土地产权不完全的一种重要表现。但在满足土地规划和用途管制的条件下，农民有权按照市场原则出租、转让、抵押土地，可以用土地入股，并获得相应的收益。对于按政策规定转为经营性用地的土地，农民则应享有比较充分的产权，包括处置权、交易权和收益权。

第三，清晰界定公共利益，防止借公共利益之名侵害农民的土地产权。我国《宪法》修正案中规定：国家为了公共利益的需要，可以依照法律规定对公民的私有财产实行征收、征用并给予补偿。出于公共利益而对私有财产的征收具有强制性，产权主体无法依据产权进行抵制，而且对征收的补偿往往难以覆盖所有的损失，例如，生计损失一般难以获得充分补偿，财产的特殊价值更加难以弥补。因此，如果不对公共利益进行清晰的界定，一些政府部门就有可能假借公共利益之名侵害公民的私有财产，扮演"掠夺之手"的角色。我国《宪法》虽然规定为了"公共利益的需要"，可以依法"征用"私有财产，但何为"公共利益的需要"，一直没有明确。清晰界定公共利益，是保护农民土地产权的重要前提之一。所谓公共利益，就是公众的共同利益，用于"公共利益"的土地主要包括国防用地、基础设施用地（公路、铁路、港口、管道等）、公用事业用地（学校、医院、公园、基本养老设施等）等，它们是社会、经济发展的基础条件。从理论和实践上讲，公共利益的范围是不难确定的。目前对公共利益的界定过宽，把促进经济建设甚至增加地方财政收入的项目都纳入"公共利益"的范畴，以至招商引资、房地产开发都被纳入征地范围。在清晰界定公共利益以后，只有用于公共利益的土地，政府才可以采取行政手段征收。而即便是出于公共利益而征用的土地，也要给予经济上合理的补偿，以避免由被征用人来承担公共利益的成本，同时也有助于准确评估公共利益的成本，提高经济资源用于公共利益的效率。

（三）保障农民获得合理的土地增值收益

获得合理的土地增值收益是农民土地产权的重要体现，也是农民分享经济发展成果的重要途径。农民是经济发展和经济市场化的受益者，但从总体上看，农民分享经济发展成果的比例低于他们所做的贡献。改革开放之前，由于工农产品的价格"剪刀差"，农民所创造的价值被转移到城市和政府手中。改革开放后，大量农民外出务工，推动了经济快速增长，他们仅仅挣得较低的工资收入，所创造的经济剩余留在了务工地或进入了国家财政，他们没有享受到务工地的公共服务和社会福利，在社会总体公共服务中也没有享受到相应的比例。幸运的是，农民的土地随着经济发展水平的提高和经济市场化程度的加深在快速升值，让农民从土地升值中获益，是改善农民经济地位、实现农民产权、增加农民收入的难得机遇。

但受制于地方政府的土地财政,农民在土地增值收益中获取的比例很低。据东部某省一个镇的调查,失地农民得到的征地补偿费仅占出让地价款比例的 30.6%,而各级政府部门所得到的税、费、基金占出让地价款的比例高达 69.4%,土地增值收益的绝大部分为政府部门所得[①]。

农民获得的土地增值收益偏低有两个原因:一是法律规定的征地补偿标准就偏低。《中华人民共和国土地管理法》第 47 条规定:"征收耕地的土地补偿费,为该耕地被征收前三年平均年产值的六至十倍",而《中华人民共和国农村土地承包法》则规定,土地的承包期为 30 年,期限届满可以延长,补偿的期限远短于承包期限。二是征地补偿费的计算标准不合理。目前土地补偿费是以土地年产物或附着其上的建筑物的价值为标准计算的,这种计算方法只适合于农业社会,而不适合现代市场经济。在我国,无论是城市土地,还是农业用地(特别是城市郊区和经济发达地区的农业用地),随着市场深化,都已经被资本化了。土地越来越被作为一种资本来交易。因此,土地征收价格就不能仅仅由土地的年产物和附着物(房屋)的价值来决定,而应该由它所带来的未来收入流的贴现值来决定。从东部某省一个镇的情况看,目前耕地补偿费最高每亩 7 万元,已经超过了政策规定的补偿标准。但在东部地区,土地的资本属性日益凸显,土地进入市场后可以带来高额的资本化收益,每亩交易价格高达几十万元甚至几百万元[②]。

保障农民获得合理的土地增值收益,以下两点很重要:

第一,回归农民作为土地产权主体的地位,确保农民行使产权主体应该享有的各项权能。对于符合规划和用途管制而进入建设领

---

① 胡家勇:《地方政府"土地财政"依赖与利益分配格局——基于东部地区 Z 镇调研数据的分析与思考》,《财贸经济》2012 年第 5 期。

② 胡家勇:《地方政府"土地财政"依赖与利益分配格局——基于东部地区 Z 镇调研数据的分析与思考》,《财贸经济》2012 年第 5 期。

域的土地，要确保农民的交易主体资格，土地价格由市场决定，土地收入归农民和农村集体经济组织所有。国家可以通过资本税来分享一部分土地增值收益[1]，并助以调节农民因土地增值而获得的过高收入。

第二，以"资本"看待土地，改变目前以土地年产物和附着物价值来确定土地征收价格的做法。土地的交易价格应该以土地作为一种资本所带来的未来现金流为主要依据。以未来现金流为标准来确定土地价格，会提高土地使用成本，从而使得某些在目前征地条件下可以进行的建设项目难以进行。但这并不是一件坏事，它可以促使土地资源的节约，实现土地资源的可持续利用，为后代留下宝贵的经济资源。

（原载《经济学动态》2014 年第 5 期）

---

[1] 基础设施水平、经济发展水平、环境条件、治安状况、营商环境及公共服务水平等都会显著提升土地价格，而这些都与政府的努力和公共财政投入密切相关。因此，政府获得一部分土地增值收益具有经济上的合理性。

确立竞争政策的基础性地位

改革开放以来,随着经济市场化的逐步推进,竞争在驱动资源流动和优化配置、提高资源利用效率、促进技术和组织创新等方面发挥着越来越重要的作用。与此相应,竞争政策在政府整个政策体系中的地位和作用逐步提高。党的十九届四中全会通过的《中共中央关于坚持和完善中国特色社会主义制度、推进国家治理体系和治理能力现代化若干重大问题的决定》明确提出,"强化竞争政策基础地位"[①],2020年5月中共中央、国务院颁布的《中共中央国务院关于新时代加快完善社会主义市场经济体制的意见》指出,"完善竞争政策框架,建立健全竞争政策实施机制,强化竞争政策基础地位"[②],把竞争政策的地位和价值提高到新的理论和实践高度,从此,政府的整个政策体系应该围绕维护和促进公平竞争展开,以此作为完善社会主义市场经济体制和推进国家治理体系和治理能力的现代化的战略性举措。

一 我国竞争政策的演进

如果从竞争政策视角来考察改革开放40多年来的经济发展,可以清晰地看到,我国经济体制改革的过程,就是逐步引入和强化市场竞争的过程,也是竞争政策地位不断提高的过程。

---

① 《中共中央关于坚持和完善中国特色社会主义制度、推进国家治理体系和治理能力现代化若干重大问题的决定》,人民出版社2019年版,第20页。

② 《中共中央国务院关于新时代加快完善社会主义市场经济体制的意见》,人民出版社2020年版,第9页。

改革开放以来，我国竞争政策的演进可以大致分为两个阶段：第一阶段是 1978 年至 2012 年，这一阶段的标志性成就是《反垄断法》的颁布和实施；第二阶段是 2013 年至今，这一阶段的标志性成就是确立竞争政策的基础地位。

第一阶段竞争政策演进有非常清晰的脉络。1978 年召开的党的十一届三中全会开启了我国改革开放的历史征程，大会明确提出："坚决实行按经济规律办事，重视价值规律的作用。"① 价值规律的作用是通过竞争机制和供求机制实现的，重视价值规律的作用，就是重视竞争的作用，两者具有内在的理论和实践一致性。1980 年国务院颁布《关于开展和保护社会主义竞争的暂行规定》，这是国务院第一次就竞争作出专门政策规定，提出把"竞争逐步开展起来，在我国经济生活中显示出它的活力，推动着经济的发展和技术的进步"②。1984 年党的十二届三中全会通过的《中共中央关于经济体制改革的决定》指出："建立自觉运用价值规律的计划体制"③，即在计划体制中引入价值规律的作用。早在 1956 年，孙冶方就明确指出："只有把计划放在价值规律的基础上，才能使计划成为现实的计划，才能充分发挥计划的效能。"④ 1992 年党的十四大提出我国经济体制改革的目标是建立社会主义市场经济体制，为价值规律和竞争的作用开辟了广阔的空间，明确指出："通过价格杠杆和竞争机制的功能，把资源配置到效益较好的环节中去，并给企业以压力和动力，实现优胜劣汰"，"大力发展全国的统一市场"。⑤ 1993 年，党的十四届三中全会通过《中共中央关于建立社会主义市场经济体制若干问题的决定》，蕴含着丰富的维护和促进公平竞争的思想，如提出："国家要为各种所有制经济平等参与市场竞争创造条件，对各类企业一视同仁"；"发挥市场机制在资源配置中的基础性作用，必须培育

---

① 《三中全会以来重要文献选编》（上），中央文献出版社 2011 年版，第 6 页。
② 李青：《中国竞争政策的回顾与展望》，《中国价格监管与反垄断》2018 年第 7 期。
③ 《十二大以来重要文献选编》（中），中央文献出版社 2011 年版，第 55 页。
④ 孙冶方：《把计划和统计放在价值规律的基础上》，《经济研究》1956 年第 6 期。
⑤ 《十四大以来重要文献选编》（上），中央文献出版社 2011 年版，第 16 页。

和发展市场体系。当前要着重发展生产要素市场,规范市场行为,打破地区、部门的分割和封锁,反对不正当竞争,创造平等竞争的环境,形成统一、开放、竞争、有序的大市场"。① 从此,统一开放、竞争有序成为我国现代市场体系建设的基本目标。

2007年全国人大通过了《反垄断法》并决定从2008年8月1日开始实施,这是我国竞争政策演进过程中的一个里程碑。《反垄断法》第一次在法律层次上明确提出了竞争政策的概念,涉及有关维护和促进市场竞争的许多关键要素,有评价认为:"从很多方面来说,中国的《反垄断法》都是一部高水准的法律,它处理了横向限制、纵向约束、并购以及滥用支配地位等竞争法的核心问题"②;它标志着我国竞争政策"在商品、竞争、市场等多元素的推动下,从无到有、从弱到强、从分散到系统,终于以法律的名义,走上历史舞台"。③

当然,《反垄断法》还有许多需要完善的地方,如《反垄断法》规定了多元化目标,包括反垄断、公平竞争、效率、消费者福利、社会利益和市场健康发展等,而这些目标的层次不同,甚至存在某种冲突,同时竞争目标和非竞争目标混杂在一起,所有这些给行政机构和执法机关留下了过大的自由裁量空间,也带来沉重的行政负担。再如,某些重要领域还没有纳入反垄断和反不正当竞争范围,如自然垄断领域的竞争环节和行政垄断领域,《反垄断法》的覆盖范围受到限制,等等。

2013年以来,我国竞争政策的演进进入第二个阶段。2013年党的十八届三中全会通过的《中共中央关于全面深化改革若干重大问题的决定》提出,"使市场在资源配置中起决定性作用和更好发挥政府作用",把市场的作用提高到新的理论和实践高度。从理论逻辑上讲,发挥市场在资源配置中的决定性作用,也就从根本上确立了竞

---

① 《十四大以来重要文献选编》(上),中央文献出版社2011年版,第458、459页。
② 威廉·科瓦西奇、林至人、德里克·莫里斯:《以竞争促进增长:国际视角》,中信出版集团2017年版,第13页。
③ 李青:《中国竞争政策的回顾与展望》,《中国价格监管与反垄断》2018年第7期。

争政策的基础性地位。党的十八届三中全会《决定》明确指出，"建设统一开放、竞争有序的市场体系，是使市场在资源配置中起决定性作用的基础"，"清理和废除妨碍全国统一市场和公平竞争的各种规定和做法，严禁和惩处各类违法实行优惠政策行为，反对地方保护，反对垄断和不正当竞争"。① 2014年党的十八届四中全会通过《中共中央关于全面推进依法治国若干重大问题的决定》指出，"社会主义市场经济本质上是法治经济。使市场在资源配置中起决定性作用和更好发挥政府作用，必须以保护产权、维护契约、统一市场、平等交换、公平竞争、有效监管为基本导向，完善社会主义市场经济法律制度。……反对垄断，促进合理竞争，维护公平竞争的市场秩序"②。2015年3月中共中央、国务院颁布《关于深化体制机制改革加快实施创新驱动发展战略的若干意见》，提出"探索实施公平竞争审查制度"。公平竞争审查制度在中国具有特殊重要的意义，中国市场经济是从计划经济走过来的，政府介入经济程度较深，政府干预范围较广，滥用行政权力和政策手段限制、排除和隔离竞争的可能性和空间较大，行政性垄断比较突出，如何事前防范政府借助政策措施排除限制竞争就显得十分重要。2015年10月，中共中央、国务院颁布的《关于推进价格机制改革的若干意见》提出："逐步确立竞争政策的基础性地位"，第一次在政策层面用"竞争政策的基础性地位"回应党的十八届三中全会提出的"使市场在资源配置中起决定性作用和更好发挥政府作用"，从此，竞争政策的基础地位开始确立。党的十九大报告指出，为了适应经济发展阶段的转换，必须加快完善社会主义市场经济体制，在竞争政策方面，提出加快要素的市场化配置、全面实施市场准入负面清单制度、打破行政垄断、防止市场垄断等改革举措。党的十九届四中全会聚焦社会主义市场经济的制度建设，提出"强化竞争政策基础地位，落实公平竞争审

---

① 《中共中央关于全面深化改革若干重大问题的决定》，人民出版社2013年版，第5、11、12页。
② 《中共中央关于全面推进依法治国若干重大问题的决定》，人民出版社2014年版，第12页。

查制度，加强和改进反垄断和反不正当竞争执法"①，把强化竞争政策的基础地位提高到社会主义市场经济支持性制度的高度。2020年5月颁发《中共中央国务院关于新时代加快完善社会主义市场经济体制的意见》，重申了"强化竞争政策基础地位"的提法。竞争政策的基础地位开始成为基本的政府政策思维，这就意味着政府政策体系需要围绕竞争政策展开，当其他政策与竞争政策不一致时，就需要根据竞争政策的要求进行相应的调整。

二 竞争的价值

理解竞争政策的基础地位，需要深刻认识竞争在市场经济和资源配置中的重要作用。马克思在谈到商品经济中竞争的地位和作用时指出，商品生产者"不承认任何别的权威，只承认竞争的权威，只承认他们互相利益的压力加在他们身上的强制"②。这就是说，竞争是市场经济的必然现象，是商品生产者行为的基本引导和强制力量，是价值规律发生作用的主要机制，能够实现优胜劣汰，使经济持续充满生机活力。从长期来看，通过竞争的动态调节，市场机制可以改善和优化经济结构，促使供给与需求有机地衔接起来。从这种意义上讲，竞争机制可以缓解我国长期以来存在的重复投资和产能过剩的经济顽疾，消除落后和无效产能，以及低质和无效供给。艾哈德在《来自竞争的繁荣》一书中高度评价竞争作用，他说："竞争是获致繁荣和保证繁荣最有效的手段。只有竞争才能使作为消费的人们从经济发展中受到实惠。"③ 有研究表明，"过去250年来，全球各大经济体取得的所有主要发展成就几乎都来自市场竞争和自由贸易环境"④。

---

① 《中共中央关于支持和完善中国特色社会主义制度、推进国家治理体系和治理能力现代化若干重大问题的决定》，人民出版社2019年版，第20页。
② 《资本论》第1卷，人民出版社2004年版，第412页。
③ 路德维希·艾哈德：《来自竞争的繁荣》，商务印书馆1987年版，第11页。
④ 威廉·科瓦西奇、林至人、德里克·莫里斯：《以竞争促进增长：国际视角》，中信出版集团2017年版，第3页。

具体而言，竞争的价值体现在以下几个方面：

第一，提高资源的配置效率和利用效率。竞争极大地提高资源的流动性，驱使资源从低效率的领域、环节和企业流向高效率的领域、环节和企业，从而提高经济的总体效率。因此，"为了确保社会资源被用在总体生产率年年都会提高且不断变化的企业群体中，就必须通过市场竞争来淘汰低效率的企业。"[1]

第二，提高消费者的福利。马克思指出："商品价值从商品体跳到金体上，像我在别处说过的，是商品的惊险的跳跃。这个跳跃如果不成功，摔坏的不是商品，但一定是商品占有者。"[2] 因此，在竞争和生存的压力下，生产者为了实现"惊险的跳跃"，会不停地探寻消费者的现实和潜在需求，并以有竞争力的价格向市场提供自己的产品。结果，消费者得到物美价廉的商品，选择的范围和自由度大了，消费感受和生活质量相比没有竞争显著地提升了。而那些质次价高的商品和商家将会被消费者的货币"选票"淘汰掉。"竞争不但能满足消费者的不同偏好，还能尽可能地提供最低价格。"[3]

第三，迫使隐藏信息显示出来。在实际经济运行中，诸如产品质量、生产成本和生产技术等信息，属于企业内部信息，甚至是商业秘密，包括购买者的外部人是很难直接获得的，就是政府的监管机构也难以掌握，而这些都是影响产品价格的重要因素。如果没有竞争，就没有对比，企业也没有内在的激励来披露这些信息，诸如产品质量、生产成本和生产技术等对购买者而言就是一个难以打开的"黑箱"，"质次价高"的商品就有可能充斥市场，而购买者难以鉴别和比较。竞争使企业有了揭示自身隐匿信息的内在激励，迫使生产者自动打开产品质量、生产成本和生产技术等"黑箱"，以显示自己的竞争优势，这会给购买者提供足够的选择信息和有效的行动

---

[1] 威廉·科瓦西奇、林至人、德里克·莫里斯：《以竞争促进增长：国际视角》，中信出版集团2017年版，第4页。

[2] 《资本论》第1卷，人民出版社2004年版，第127页。

[3] 威廉·科瓦西奇、林至人、德里克·莫里斯：《以竞争促进增长：国际视角》，中信出版集团2017年版，第87—88页。

指引。

第四，促进创新的"永动机"。只有当生产者的个别劳动时间少于社会必要劳动时间时，他才能在竞争中处于优势和获取超额利润。这会迫使企业不断地寻求新技术、新产品、新业态、新组织形式，力求走在同行甚至整个经济的前列。更为重要的是，一个企业，无论它在满足当前需求方面的效率有多高，如果它不能通过持续的创新来发现和满足客户的未来需求，它依然有可能被竞争对手所淘汰。因此，竞争为技术、产业、生产的拓展和消费的满足创造了无限的可能性，这就是竞争的动态收益。"随着时间的推移，竞争的'动态'收益一般将远远超过更'静态'最低成本和最低价格带来的直接收益。"① 而且，竞争不仅能够激励新知识、新技术、新业态和新组织方式的产生，还能激励它们的快速扩散。威廉·鲍莫尔指出："市场力量为创新的快速传播提供了强有力的激励，而不是广泛地鼓励将这种专有财产储藏起来，这将严重妨碍经济增长"。②

第五，提供平等机会。公开公平的竞争为人们提供了实现人生理想和事业抱负的机会。在公平的竞技场上，勤奋努力和高效率是获胜的基本途径，得失成败取决于市场的力量，而不是特殊的待遇或权力的滥用。尤其是，公开公平的竞争为那些新成长者提供了进入新领域、开辟新天地的无限可能性，激发各种新生力量的发育成长。

我国已经从高速增长阶段转向高质量发展阶段。在高质量发展阶段，经济关系更加复杂，不确定性显著增强，探索和冒险精神对于经济成长更加重要；创新的价值凸显，静态的资源配置优化已经不能满足经济增长的需要，通过原始创新来开拓未知领域，把生产可能性曲线向外推移，已成为经济增长的重要源泉；消费更加多样化和个性化，且变动不居，蛰伏的潜在需求被发掘，使其变为现实需要而成为人们的福利，等等。经济新成长阶段的所有这些特征，

---

① 威廉·科瓦西奇、林至人、德里克·莫里斯：《以竞争促进增长：国际视角》，中信出版集团2017年版，第88页。
② 威廉·鲍莫尔：《资本主义的增长奇迹》，中信出版社2004年版，第28页。

都需要通过竞争机制来实现。

习近平总书记对于竞争价值有一段精辟的论述:"主要靠市场发现和培育新的增长点。在供求关系日益复杂、产业结构优化升级的背景下,涌现出很多新技术、新产业、新产品,往往不是政府发现和培育出来的,而是'放'出来的,是市场竞争的结果。技术是难点,但更难的是对市场需求的理解,这是一个需要探索和试错的过程。"[1]

三 确立竞争政策的基础性地位

强化竞争政策的基础地位,发挥竞争的作用,是新时代完善社会主义市场经济体制的一个重要着力点。要让竞争发挥作用,需要一些基本前提条件,如竞争者不能太少,否则就难以展开有效的竞争;竞争者应该是彼此独立的,不能发生诸如依附行政权力和串谋等行为,否则竞争就会消失;预算约束是硬的,竞争者的生存和发展完全取决于竞争绩效,否则就会损害处于核心地位的激励机制;竞争者在法律、监管、获取生产要素等方面的地位是平等的,否则它们面临的机会就不可能均等,竞争力将不取决于它们自身的能力和努力,等等。下面基于中国现实,分析如何强化竞争政策基础地位,充分发挥竞争的作用。

(一) 市场的自由进入对竞争的充分展开至关重要

只要市场是开放的,即使是在一个寡占结构的市场中,潜在的竞争对手,无论是否真正进入对方的领域,都会对目前的在位者构成明显的威胁,迫使其不敢懈怠。所以,自由企业制度和自由投资制度是确立竞争政策基础地位和发挥市场在资源配置中的决定性作用的关键要素。

我国目前的市场进入障碍主要是行政性垄断、行政审批所导致的,因此,消除政府不合理干预行为所形成的市场进入障碍是强化

---

[1] 《习近平关于科技创新论述摘编》,中央文献出版社2016年版,第6页。

竞争政策基础地位的第一步，也是关键性的一步。

行政性垄断是政府通过行政手段将特定区域、产业、企业与竞争隔离或将竞争排除在外而形成的垄断，其危害比经济性垄断严重得多，而行政权力在其中扮演着重要角色。行政垄断有多种表现形式，如禁止销售非本地企业的产品和服务，有些地方甚至在高速公路、火车站、港口、机场等地段设置检查站，以阻止非本地产品进入本地市场；通过行政命令要求政府部门、机构和国有企业采购本地企业的产品和服务，甚至强迫消费者从指定供应商那里购买产品和服务；干预司法判决和法律执行来保护本地的经济利益，干预和阻挠对本地企业反竞争行为和经济犯罪行为的调查或诉讼，庇护本地企业销售劣质或有害产品，等等。① 行政性垄断割裂了地区之间、部门之间的有机联系，阻碍了商品和生产要素的流动，使竞争难以充分展开，导致资源错配，也难以形成全国统一市场和一般均衡状态。而"全国市场的碎片化或分割妨碍了中国充分发挥庞大国内市场所能带来的规模经济和专业分工优势"②。

行政垄断的根源在于行政机构介入经济活动太深，已远远超出了现代市场经济中政府应该履行的行政和监管职能范围。因此，消除行政性垄断从根本上讲就是要处理好政府与市场关系，政府退出一般竞争性领域和绝大部分直接资源配置活动。同时，大力改革现有政绩考核制度，以防止地方政府为了追求 GDP 增长率而滥用行政权力来排除外地竞争者和割裂统一市场。

行政审批是实现行政垄断的一个重要手段。行政审批阻挡竞争者的进入和新企业的成长，其结果必然是限制、弱化甚至排除竞争，使得在位者和通过审批者获得市场垄断地位，从而可以通过制定垄断高价或降低产品和服务质量来获取超额利润，创新的动力消失殆

---

① Liu, X., "Chinese style monopoly: Industries, localities and SOEs", Unpublished Paper Prepared for Beijing Cairncross Economic Research Foundation, 2016.
② 威廉·科瓦西奇、林至人、德里克·莫里斯：《以竞争促进增长：国际视角》，中信出版集团 2017 年版，第 42 页。

尽。党的十八大以来，行政审批制度改革加快推进，成效比较明显。根据国家政务服务平台公布的数据，截至2019年10月，除退役军人事务部和医疗保障局这两个新成立的部门没有公布行政审批事项外，其他42个部门公布的行政审批事项共计624项，而2014年8月国务院行政审批改革办公室公布的数据显示，当时国务院60个部门实施的行政审批事项共1195项，两者相比，行政审批数量已经大幅度减少了。2014年7月国务院颁布《关于促进市场公平竞争维护市场正常秩序的若干意见》，提出实施市场准入负面清单制度，这是行政审批制度改革的重大突破，也是继续推进行政审批制度改革的方向。在市场准入负面清单制度下，政府以清单方式明确列出禁止和限制投资经营的行业、领域、业务等，而在清单以外，各类市场主体可依法自由进入。市场准入负面清单制度奉行"法无禁止皆可为"的根本理念，既给市场主体更大的发展和探索空间，最大限度地容纳经济的不确定性，又体现了对政府权力限制的思想，是保证市场自由进入的重要制度，与竞争政策基础地位高度契合。负面清单制度也需要不断完善，主要是缩短负面清单的"长度"，给市场主体留下尽可能大的空间。

（二）确保各类市场主体的平等地位

各类市场主体法律、市场地位平等，是展开充分自由竞争的基础条件。党的十八届三中全会《决定》提出各类市场主体"权利平等、机会平等、规则平等"[①]，这是市场竞争的基本原则。市场主体平等地位在我国具有特殊的内涵和意义，它强调非公有制经济要与公有制经济处于平等地位，针对的是非公有制经济往往会面临额外的标准、要求、限制，更高的门槛，各种歧视和隐性壁垒，以及不能完全享受公有制经济所享受的政策优惠，导致在竞争中常常处于不利地位。

经过40多年的改革开放，我国各类市场主体迅速成长起来。

---

① 《中共中央关于全面深化改革若干重大问题的决定》，人民出版社2013年版，第11页。

2019年年底，我国市场主体已经达到12339.5万户，其中企业3858.3万户，个体工商户8261万户，农民专业合作社220.1万户。非公有制企业数量增长速度很快，以规模以上工业企业为例，2018年国有控股企业1.87万家，私营企业22.06万家，外商及港澳台资企业4.77万家。营造公平竞争的营商环境，能够激发各种类型市场主体的活力，使社会财富源泉充分涌流。

确保各类市场主体平等地位，需要从以下方面着手：

第一，确保各类市场主体平等的法律地位。只有从法律上确保各类市场主体的平等地位，才能奠定公平竞争的坚实基础。这里要特别强调对产权，特别是对非公有产权给予平等的法律保护。产权制度是市场经济最重要的激励要素，对各类产权实施平等而有效的法律保护是现代产权制度的核心部分。拉古拉迈·拉詹和路易吉·津加莱斯指出，"竞争性市场要发展起来，第一步就需要政府尊重和保护公民的财产权利，包括那些最弱势和最无助的公民的财产权利。"[①] 从我国产权法律保护现状来看，相关法律法规对非公有产权的保护弱于对公有特别是国有产权的保护，尤其是在司法实践中，对公有制经济产权和非公有制经济产权还没有做到一视同仁，给予同等保护，且不时发生涉及非公有财产的冤假错案，致使一些民营企业家对产权保护现状感到担忧。因此，"健全以公平为原则的产权保护制度，全面依法平等保护民营经济产权，依法严肃查处各类侵害民营企业合法权益的行为"[②]，将成为新时代完善社会主义市场经济体制的一个重点。

还要进一步完善《反垄断法》，把行政性垄断纳入《反垄断法》的管辖范围，同时赋予竞争监管机构更大的权力，以对行政性垄断和滥用行政权力行为实施有效约束。

[①] 拉古拉迈·拉詹、路易吉·津加莱斯：《从资本家手中拯救资本主义：捍卫金融市场自由，创造财富和机会》，中信出版社2004年版，引言，第XXIV页。

[②] 《中共中央国务院关于新时代加快完善社会主义市场经济体制的意见》，人民出版社2020年版，第8页。

第二，完善生产要素市场，提高生产要素的流动性，给予各类市场主体平等获取生产要素，特别是获取重要生产要素的权利。如果获取生产要素的权利受到非经济因素，特别是行政权力的限制，那么，市场主体抓住经济机会的可能性就完全不一样，机会就不可能一样，竞争地位就不可能平等。改革开放以来，我国的商品市场迅速发展，但生产要素市场发育严重滞后，生产要素配置的行政化色彩比较深厚，非公有制经济在获取诸如资本、土地、技术、能源资源、高级人才等重要生产要素上处于不利地位。例如，民营经济产出在全国 GDP 中占 60%，而银行给民营企业的贷款只占 30%，民营经济融资难、融资贵的问题一直没有得到有效解决。

生产要素市场的发育完善关乎能否建立起完备的市场体系，进而关系到机会均等、选择自由和竞争公平，以及整体经济能否趋向一般均衡。马克思曾指出完备市场体系形成的两个重要条件：一是"资本有更大的活动性，也就是说，更容易从一个部门和一个地点转移到另一个部门和另一个地点"；二是"劳动力能够更迅速地从一个部门转移到另一个部门，从一个生产地点转移到另一个生产地点"。这就要求"社会内部已有完全的贸易自由，消除了自然垄断以外的一切垄断"，"废除了一切妨碍工人从一个生产部门转移到另一个生产部门，或者从一个生产地点转移到另一个生产地点的法律。"①

加快完善生产要素市场，需要破除阻碍生产要素流动的体制机制障碍，提高要素的流动性，扩大要素的流动范围。一是加快改革僵化的户籍、医疗、养老、教育、住房等制度，促进劳动力跨城乡、区域、所有制流动；二是加快金融供给侧结构性改革，促进供给主体的多元化，加快发展一批民营银行、网商银行、村镇银行，发展多层次资本市场和多样化的融资工具，进一步扩大直接融资的比例；三是加快土地市场发育，消除土地的行政化配置，强化竞争在土地资源配置中的作用，使珍贵的土地资源流向高效使用者；四是优化

---

① 《马克思恩格斯文集》第 7 卷，人民出版社 2009 年版，第 218—219 页。

知识产权界定，强化知识产权保护，提高知识产权的流动性和配置效率，形成有效运转的知识产权交易市场。

（三）以竞争政策为中心展开政府政策体系

强化竞争政策的基础地位，意味着政府政策体系需要围绕竞争政策展开，政府政策的出台需要经过公平竞争审查。公平竞争审查在我国具有特殊意义。从世界范围看，日本、韩国、新加坡、欧盟成员国等一些国家和地区没有设立专门的公平竞争审查制度，但这些国家的经济政策从总体上看并没有排除或限制竞争，究其原因，这些国家和地区拥有成熟的市场经济制度，各种经济政策的出台通常是各方力量博弈的结果，限制排斥市场竞争的情况较难发生。我国已经建立起了社会主义市场经济体制，但还不完善，政府仍大量涉足微观经济活动，一些地方政府或部门习惯于用行政手段而不是法律手段或者市场工具来实现经济发展目标和管理目标，对市场进行不当干预，甚至通过制定政策、法规和条例限制、排除和打压竞争。这就需要对行将出台的政策、法规和条例进行公平竞争审查，以防止它们对市场竞争造成损害。

确立竞争政策的基础地位，需要调整竞争政策与产业政策的关系。从一般意义上讲，在经济发展的不同阶段，产业政策和竞争政策的地位和作用是不同的。在经济发展早期阶段，产业结构比较简单，发展重点和项目比较明确和易于选择（如基础设施），还有先行国家经济结构和技术作为参考。在这种情况下，产业政策的制定和执行相对来说比较容易，通常也能取得成功。当经济的复杂性和不确定性提高、决策更多地依赖分散而隐匿信息、消费日趋多样性和个性化时，经济发展就迈入了更高阶段，这时行政决策和非市场选择所面临的信息约束和激励约束就会成倍增强。技术发展的重点在哪里、产业发展的方向在哪里、消费的潜在需求在哪里？所有这些都是政策制定者难以准确把握的，且变幻莫测，只能依赖市场的竞争和企业家的冒险精神来发现技术、产业、需求和新组织的新生长点，从而实现生产力水平的总体跃升。因此，在经济发展的较高阶段，需要让竞争政策居于基础地位，政府的政策体系应该围绕竞争政策来建立健全。中国的经济发展和市场经济体制建设已经迈入这样的阶段。

不仅产业政策和竞争政策的相对地位要发生变化，产业政策的类型也需要发生相应的变化，即从纵向产业政策（或选择性产业政策）转向横向产业政策（或功能性产业政策）。选择性产业政策由政府挑选特定发展项目，同时挑选承担者（特定地区、产业和企业）加以扶持，这首先会面临信息和激励方面的硬约束，并损害公平竞争。而功能性产业政策是政府仅挑选研究开发和创新等方面的优先项目，但不指定具体的承担主体，各类市场主体同台竞技，这就给竞争留下了较大空间。从国际经验看，当一个经济体发展出相对完善的产业体系，经济增长将越来越多地依靠附加值更高和技术更加先进的产业时，创新和国际竞争力便成为经济发展的决定性因素。这时，就应该用横向产业政策去取代压制市场选择和竞争的纵向产业政策。① 对于功能性产业政策，政府的政策重点也不能主要放在"挑选"发展方向和项目上，而是放在提供一个良好的竞争环境上，在这样的环境中，任何产业和企业都有平等的机会，只要它具有创新能力和较高的生产率，就能够繁荣壮大。"一般来说，有力的竞争政策、可靠和可依赖的法律体制、教育、基础设施以及环境质量等方面的措施，虽然难度较大和富有挑战性，但相对于传统的纵向产业政策来说，其实更容易也更可能获得成功，应该成为横向产业政策的基本要素。"② 在这种意义上讲，在经济发展的较高阶段，营造宽松的软硬制度环境，就是一种最佳形式的产业政策。

（原载《学习与探索》2020年第11期，《新华文摘》2021年第15期转载）

---

① 威廉·科瓦西奇、林至人、德里克·莫里斯：《以竞争促进增长：国际视角》，中信出版集团2017年版，第53页。

② 威廉·科瓦西奇、林至人、德里克·莫里斯：《以竞争促进增长：国际视角》，中信出版出版集团2017年版，第57页。

中国经济发展

推进由"先富"到"共富"的阶段性转换*

"共同富裕"是社会主义的本质特征和根本目标，是社会主义制度最大的优越性。在《政治经济学批判大纲》中，马克思就已明确指出，在新社会制度中，"社会生产力的发展将如此迅速……生产将以所有人的富裕为目的"。邓小平将"共同富裕"作为社会主义的本质之一，指出"社会主义的本质，是解放生产力、发展生产力，消灭剥削，消除两极分化，最终达到共同富裕"。① 经过30多年的改革开放，我国综合国力显著提高，但贫富差距明显扩大，已演变为各种社会经济矛盾的一个重要根源。因此，从总体上分析，我国已迈进从"先富"到"共富"的转换阶段。

一 从纵向和横向角度把握我国贫富差距的历史和现状

经过改革开放30多年的快速发展，我国已经成为中等收入国家②，较为顺利地完成了"先富"阶段的战略目标，为"共富"目标的实现打下了坚实的物质基础。但与此同时，我国的居民贫富差距在这一过程中快速拉大，攀升至高位。我们可以从纵向的时序比

---

* 合作者：武鹏。
① 邓小平：《在武昌、深圳、珠海、上海等地的谈话要点》，《邓小平文选》第三卷，人民出版社1993年版，第373页。
② 2010年世界银行对不同国家收入水平的分组标准：按人均GNI（国民总收入）计算，1005美元及以下是低收入国家；1006—3975美元是中等偏下水平；3976—12275美元是中等偏上水平；12276美元及以上为富裕国家。

较和横向的国际比较两个方面来具体把握这一问题。

1. 改革开放以来中国居民收入差距拉大速度过快

改革开放初期，我国居民收入基尼系数一直维持在 0.3 左右的较低水平，进入 20 世纪 90 年代后开始迅速攀升，并于 1994 年首次超过 0.4 的警戒线。① 其后虽有短暂回落，但总体的上升趋势依然明显。2003 年基尼系数超过 0.46 之后居民收入差距逐渐稳定，并徘徊于 0.47 左右的较高水平（见图 1）。需要指出的是，由于高收入群体普遍存在瞒报低报收入的现象，依据官方数据计算的基尼系数往往会低估真实的收入差距状况。② 有证据表明，这一低估的程度已越来越大：近些年来，国内高收入群体逐渐展现了强大的消费能力，仍不富裕的中国已成为世界第二大奢侈品消费市场；2012 年 6 月 1 日美国波士顿咨询公司（BCG）发布的《全球财富报告》指出，中国百万美元富豪家庭数量达 1432 万户，排名全球第 3，《福布斯》杂志对此评论道，"2009 年中国在超级富豪人数榜上还是第 13 位，没有一个国家实现过这样的跳跃"；由于高收入的被调查者倾向于瞒报收入，官方的城乡居民收入调查数据较之资金流量表的数据低估了居民总收入，然而即使以资金流量表的数据为基础，2008 年我国仍有 5.37 万亿元的灰色收入未被列入统计，这大大高于 2005 年的 2.67 万亿元（王小鲁，2010）。考虑到上述问题，有学者估计，我国 2007 年的真实基尼系数应为 0.53（李实、罗楚亮，2011），这较之官方调查数据的计算结果高出了 12.5%。由于未列入官方统计的

---

① 按照国际惯例，基尼系数在 0.2 以下表示居民之间收入分配"高度平均"，0.2—0.4 为"比较合理"，0.4—0.6 为"差距偏大"，0.6 以上为"高度不平均"。国际上一般以 0.4 作为警戒线，在此水平之上，社会不稳定性将会凸显。如果超过 0.6 时，社会将处于高度不稳定状态，易于出现大规模的动乱乃至爆发革命。

② 王小鲁指出，"问卷里还设计了这么一个问题：如果有统计员来采集你的家庭收入数据，你会不会把真实情况告诉他？最低收入组大概有 70% 的人说会，最高收入组大概有 70% 的人说不会。接下来还有一个问题：如果不会，你可能会告之你的收入为多少？被调查人需要填一个数，再拿这个数和其声明是真实的收入做比较，平均计算下来前者是后者的 30%。这和统计局得出的与我们直接估算出来的比例误差不多。这样看来，高收入居民特别是最高收入居民的收入在统计的时候有大量的遗漏。"参见 http://veisen.blog.soho.com/54451954.html.

瞒报收入、灰色收入呈不断上升的趋势（王小鲁，2010），2003年后真实的基尼系数很可能仍将略有上升。

图1　中国改革开放以来经济发展过程中所伴随的收入差距扩大（1978—2010年）
资料来源：根据相关年份《中国统计年鉴》数据采用城乡加权法计算。

图2展示了按城乡、行业、地区等特征划分的居民收入差距演进情况。从中可以看出，除地区收入差距外，各种收入差距整体上均处于上升态势，其中，农村内部差距在2004年便超过了基尼系数0.4，城镇内部差距也已十分接近这一警戒线水平。伴随着城市化进程中的大规模城乡人口流动，城乡收入差距持续快速扩大的态势得以抑制，但城乡收入比依然悬殊。城乡收入差距占据了中国总体收入差距的一半左右，是中国收入差距最大的结构性来源。行业收入差距目前所采用的是行业门类的统计口径，若进一步将行业细分，所计算出来的基尼系数还将进一步上升至0.18以上（武鹏、周云波，2011）。另外，垄断行业高收入的问题十分突出，仅从公开的工资数据计算，行业垄断就已导致行业收入差距上升约25%，与非垄断行业相比，垄断行业非合理地高出相当于平均收入水平1/4的份额（武鹏，2011）。如果加入非公开的收入和各种隐性的福利等，我国的行业收入差距程度还将更大。

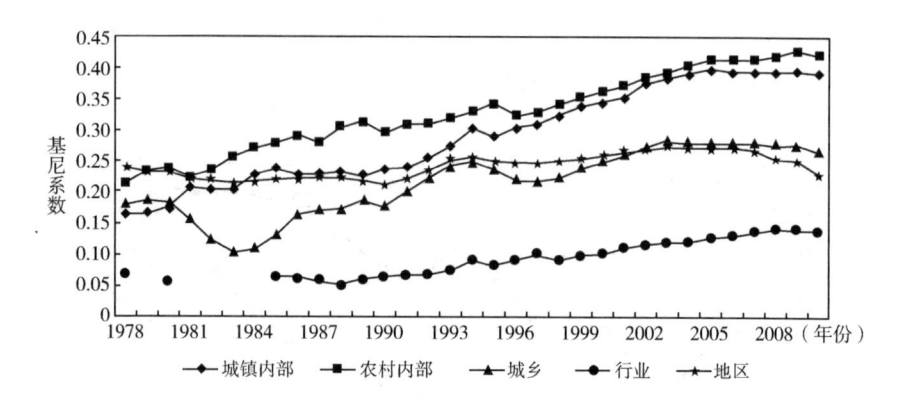

图 2　中国改革开放以来各种类型收入差距的演进（1978—2010）

注：地区差距运用的是分省人均 GDP 数据；行业差距运用的是行业门类的工资数据，其中 1979 年、1981—1984 年未公布相应数据。

资料来源：根据相关年份《中国统计年鉴》《新中国统计六十年资料汇编》数据计算。

收入差距衡量的是财富流量上的不平等，由于贫富群体间的收入流动性一般较低，现实中骤富骤贫的现象并不普遍，这就使得收入差距会沿着流量变化的方向累积，进而导致居民间财富不平等的同向扩大。由于边际消费倾向递减，① 财富存量不平等的扩大速度要快于我们所经常讨论的收入不平等，进而财富的不平等程度远大于收入的不平等程度。《中国家庭金融调查报告》（2012）估算，中国城市家庭总资产均值为 247.6 万元，中位值为 405 万元。这意味着中国城镇家庭财富呈严重的右偏分布，穷人较之富人的数量极多，富人较之穷人的财富极大，社会财富占有高度不均。该调查的主持者甘犁指出，"抽样调查的样本里，非常有钱的人很多，资产最多的 10% 家庭占全部家庭总资产的比例高达 84.6%。"（项凤华、马乐乐，2012）以此估算，我国的财富基尼系数可能达到 0.8 左右。这也在很大程度上解释了为什么在当前中国人民普遍并不富裕的情况下，

---

① 边际消费倾向递减使得富人较之穷人在满足消费之后有更多的收入用以储蓄，比如，穷人年收入为 x，边际消费倾向为 a，富人年收入为 y，边际消费倾向为 b，那么 x<y，a>b，由此可知，财富积累 $(1-a)x < (1-b)y$，且 $(1-b)y/(1-a)x > y/x$。

房价却持续上涨且需求依然充沛，2011年70%的瑞士名表为中国人所购买，世界豪华跑车生产商开始专门为中国消费者量身设计车型等一系列"反常"现象。

2. 中国已位居收入差距偏大国家的行列

根据世界银行的报告，以基尼系数衡量的中国居民收入差距已高达0.49，在所统计的全球124个国家中排在第95位，处于下四分位之后；根据联合国《人类发展报告2007/2008》，以基尼系数衡量的中国居民收入差距高达0.469，在所统计的全球126个国家中排在第93位，接近于下四分位。上述两组横向可比的权威数据均表明，中国目前已位列收入差距偏大国家的行列，收入不平等状况不容乐观。根据《人类发展报告2007/2008》提供的数据，我们绘制了世界各国居民收入基尼系数的密度分布图（见图3）。该图显示，各国收入差距水平呈单峰右偏分布，总体均值为基尼系数0.409，峰值（即众数值）约为基尼系数0.37。基尼系数0.5以上和0.3以下区间内的国家分布较稀疏，大部分国家集中分布于基尼系数0.3—0.5的区间内。总体而言，世界上大部分国家的收入差距都能够控制在警戒线以内，但从均值来看，

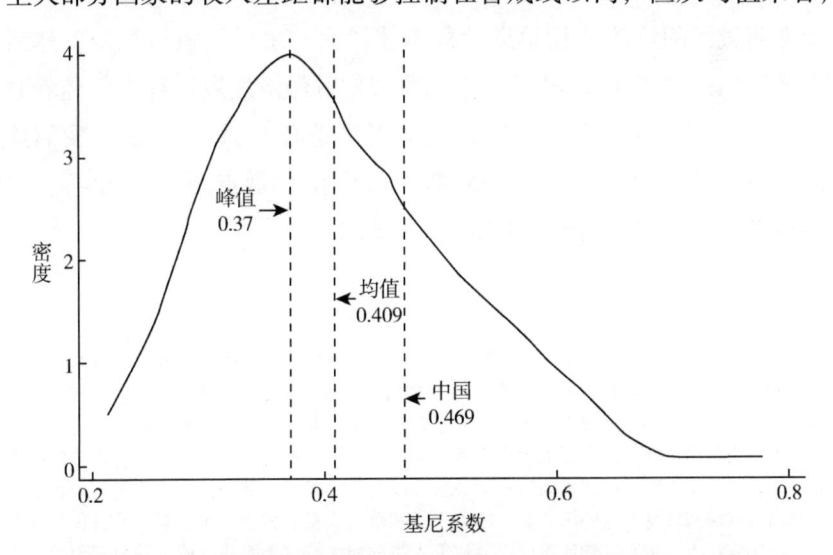

图3 以基尼系数衡量的世界各国收入差距水平密度分布状况（2006）

资料来源：据 Human Development Report 2007/2008 数据整理。

收入差距过大目前仍是一个世界性的问题，收入差距水平偏大的国家需进一步加大缩小收入差距的努力。中国的基尼系数位于密度峰值和总体均值的右侧，意味着中国已位列收入差距偏大的国家之一，并且所面临的抑制收入差距扩大的要求相对更为迫切，任务也更为艰巨。

二 从国际经验看经济发展与收入差距的关系

在经济学研究中，公平与效率的取舍一直是个颇具争议的话题。打破平均主义大锅饭、推动效率优先的改革，在某种程度上意味着暂时牺牲平等乃至公平，以换取 GDP 的快速增长，这蕴含着公平与效率不可兼得的命题。现在我们对这一命题展开思考，迫切需要弄清两点问题：以公平换增长的政策应以何标准来捕捉转折点，进而在此后将公平摆在更为突出的战略位置？公平与效率的置换比率如何？两者是否在任何发展阶段都是不可兼得的？库兹涅茨在 1955 年发表的《经济发展与收入不平等》中提出了著名的倒"U"形假说，指出"收入分配不平等的长期趋势可以假设为：在前工业文明向工业文明过渡的经济增长早期阶段迅速扩大，尔后是短暂稳定，然后在增长的后期逐渐缩小"。一个国家或地区经济发展过程中伴随着收入差距"先恶化，后改善"的趋势近乎是必然的。[①] 对此，我们绘制了 2006 年各国基尼系数与对数人均 GDP 的散点图（见图4），以考察经济发展水平与收入差距之间的联系。

---

① 库兹涅茨在解释倒"U"形假说时认为，收入差距在经济发展早期阶段逐步恶化的原因有两个，一是储蓄和积累集中在少数富裕阶层，而储蓄和积累又是经济增长的动力，因而在经济增长中必然是穷者越穷，富者越富；二是工业化和城市化是经济增长的必然结果，而城市的居民收入比农村更加不平等，所以城市化水平的提高必然带来收入分配的恶化。他认为现实中有一些因素能够抵消收入分配差距的扩大，从而使收入不平等的状况由恶化向逐步缓和转变。这些因素是：法律干预和政治决策，如遗产税、累进所得税制和救济法的实施；人口中富人的比重由于其比穷人更倾向于控制生育而下降，导致若干年后固定比重的最富裕阶层中有收入相对较低的人口进入，从而使这一阶层的相对收入份额下降；技术进步和新兴行业的不断出现，不可避免地导致来源于旧行业的财产和收入的比重在总收入中逐步减少。

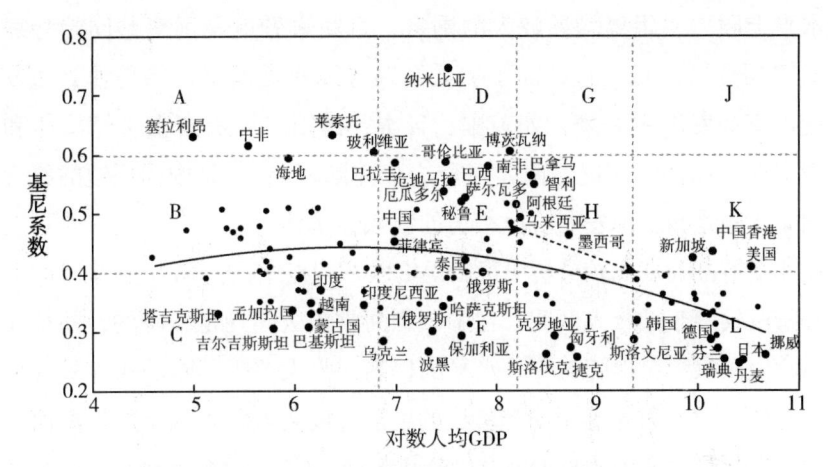

图4 各国基尼系数与对数人均GDP的散点图（2006）

注：纵轴虚线依据基尼系数0.4、0.6将世界各国划分为收入分配比较合理、差距偏大和高度不平均3组；横轴虚线依据世界银行提出的标准，以人均GDP 905美元、3595美元、11116美元为界将世界各国划分为低收入、中下等收入、中上等收入和高收入国家4组。

资料来源：Human Development Report 2007/2008；World Development Indicators 2008.

图4按基尼系数由低到高，将各国划分为收入分配比较合理（0.2—0.4）、差距偏大（0.4—0.6）和高度不平均（0.6以上）三组。①在横轴方向上，依据世界银行提出的标准，按人均GDP由低到高，将世界各国划分为低收入（905美元及以下）、中下等收入（906—3595美元）、中上等收入（3595—11116美元）和高收入国家（11116美元及以上）四组。上述分组相互交叉，共得到12个子区域，分别由A—L标识。图4中还绘制了一条回归线，以拟合分布趋势，经反复实验，二次项方程的拟合优度最高，这也意味着经济增长与收入分配之间在一定程度上存在着倒"U"形的演进轨迹。在各个国家（或地区）散点中，我们着重标示了四类国家：一是在各个经济发展

---

① 现实中，以国别划分的基尼系数低于0.2的高度平均的社会并不存在，因此我们的分组未考虑这一情况，反映在纵轴上便是以基尼系数0.2为起点来绘图。

水平上收入差距离均差较大的国家，直观来看就是远离共同趋势线的"瑕点"国家，包括高于和低于趋势线两类国家；二是重要的发达国家和发展中国家，如美国、日本、德国三大资本主义经济体和俄罗斯、巴西、印度、南非四个"金砖国家"；三是中国周边的邻近国家；四是与我国发展阶段相仿的新兴经济体国家。有的国家兼具上述几个特征。从比较分析中可以得出以下四点结论：（1）趋势线的上升阶段仅限于低收入区间，在中等和高收入区间均是下降的，并且在高收入国家中，伴随着收入水平的提高，收入差距下降的速度呈现加速态势。（2）样本相对于趋势线的离散程度随着收入水平的提高而减弱，发达国家尤为明显地向共同趋势集中。G、J 两个远离趋势线的区域没有样本分布，K 区域仅有三个靠近该区域收入差距下限的样本。发达国家高度集中于 L 区域，中上等收入国家分布于 H 和 I 两个低差距区域，低收入和中低收入国家则跨越了三个收入分配区间。（3）相对于经济发展水平而言，拉美和南部非洲国家的收入差距水平明显偏高，苏联和东欧转型国家及北欧福利国家的收入差距水平明显偏低，而中国则属于差距水平相对偏高的国家。（4）中国周边各国大多位于趋势线以下，说明它们在经济发展过程中大多保持了相对良好的收入分配格局。尤其是日本和韩国，在成长为发达经济体的过程中，收入差距一直维持在较低的水平，实现了公平和效率的兼得。这里需要引起我们关注的是，周边各国与我国的联系相对更为紧密，分配不平等方面的反差也更易于被国内观察到，进而人们的相关心理落差也更易于被放大，这使得我们更易于凸显自身收入差距偏大的问题。另外，目前周边国家中仅有尼泊尔在收入差距程度上高于我国，缅甸虽然没有相应数据，但估计亦不下于我国，也正是在这两个国家，政治和社会长期处于动荡之中。这些经验性的事实应引起我们的高度重视。

上述分析对库兹涅茨规律既有否定的一面，也有支持的一面，具体是：不发达阶段，国家的经济增长未必以收入差距的快速扩大为必要条件；而收入趋于平等却是发达国家的一项必要条件和必备特征；发展中国家要跳出中等收入陷阱，跃升为发达国家，必须实现收入差距的稳步下降。

参考图 4 中箭头所示，目前，中国已跃升为中上等收入国家，但是收入差距过大状况没有明显改观，且偏离趋势线的程度在不断地扩大，这显然有悖于以上总结的规律。如果继续保持这一状况不变，中国很可能将长期停留于中等收入陷阱 H 区域，而无法像日本、韩国等国家一样跨入高收入发达国家的行列。因此，我国发展路径的选择，应是沿着虚线箭头所示方向，在经济快速发展的过程中，致力于缩小收入差距，从而成功由中等收入陷阱 H 区域跨入标准的发达国家 L 区域。

三 收入差距过大损害经济社会发展基础

收入差距过大是步入中等收入陷阱国家的一个突出特征。过大的收入差距将会给经济、社会带来方方面面的负面影响，其中的某些潜在影响在我国已经开始显现。

第一，收入差距过大易于造成社会不稳定、治安恶化，从而增加产权保护和社会维稳的成本。有诸多的研究证据对此加以了支持和描述。联合国"犯罪趋势与刑事司法体系运转情况调查"显示，凶杀率与收入不平等状况显著相关，在富裕程度相仿的条件下，收入不平等程度更高的美国比英国高出 4 倍多，比日本高出 12 倍多。1988—2004 年，中国的相对收入差距每上升 1%，将导致刑事犯罪率显著上升 0.37%；绝对收入差距每上升 1%，刑事犯罪率将显著上升 0.38%（陈春良、易君健，2009）。

第二，收入差距持续扩大到一定程度，将可能引发政治动荡。对于这一风险，邓小平早在 1990 年就曾直接指出，"中国有十一亿人口，如果十分之一富裕，就是一亿多人富裕，相应地有九亿多人摆脱不了贫困，就不能不革命啊！九亿多人就要革命"。[1]

---

[1] 中共中央文献研究室编：《邓小平年谱（一九七五——一九九七）》下册，中央文献出版社 2004 年版，第 1317 页。

第三，收入差距过大禁锢了社会阶层间流动，造成了不平等的世代传递，有违社会公平正义的原则，阻碍了人的自由发展。社会资源主要由经济资源、组织资源和文化资源组成，与这三种资源相对应的收入、权力、声望，往往统一掌握在少部分群体手上。利用这些资源及关系网络，社会顶端阶层可利用各种方式和选择来实现优势地位的代际传递。蔡志强（2011）总结指出，中国至今尚未形成稳定的橄榄形社会结构，中间阶层总体比例较小，阶层固化的趋势明显加速，表现为社会纵向流动的通道日渐狭窄，下层社会向上流动受阻，社会结构调整速度变慢，制度变革与调整的动力减弱。

第四，收入差距过大滋长了现代社会的浮躁心态与激进情绪，这给我国当前的经济和社会发展埋下了诸多隐患。联合国儿童基金会一份关于儿童幸福的报告，展示了收入不平等与15岁儿童理想之间的关系：收入越不平等，儿童长大后越不愿意从事低技能的工作。但是，在较不平等的国家中，理想和实际机会与期望值之间存在巨大差距（理查德·威尔金森和凯特·皮克特，2010）。在收入差距偏大的社会中，一方面，人们普遍抱有功利性诉求，缺乏脚踏实地、吃苦耐劳的精神和相应的突出技能；另一方面，在盲目汲汲营营的社会中，人们更专注于如何快速实现自身诉求，而较少考虑相应的社会责任和道德义务。《2012中国大学生就业压力调查报告》显示，近70%的大学毕业生期望在副省级以上城市和省会城市工作，愿意在乡镇工作的比例只有0.8%。2011年2月20日全国总工会发布的《新生代农民工调查报告》指出，与传统的农民工相比，他们更注重自我，然而职业发展空间小，无法满足实现自我发展的愿望，导致他们的工作满意度较低，工作更换频率是传统农民工的2.9倍。甚至面对现实与理想的落差，很多"80后"、"90后"的年轻人选择了消极逃避的态度，以致虽然中国总体上的就业压力依然较大，但是很多工作岗位却缺乏应聘者，工资的大幅提高依然无法解决"民工荒"问题。

四 实现工作重心由"先富"到"共富"的阶段性转换

选择恰当的时机将经济工作的重心由"先富"转向"共富",是改革开放初期便确立的一项既定发展战略,也是社会主义共同富裕本质的必然要求。根据世界各国经济发展规律和经验的启示,同时鉴于收入差距过大所带来的越来越多的负面影响和各种危害,我国当前已迎来了由"先富"到"共富"阶段转变的时机。20世纪末以来陆续制定和实施的西部大开发战略、农村税费改革、东北振兴和中部崛起战略,即为这一阶段性转变的几个标志性事件。[①] 及至2010年,收入分配改革被第一次写进了《政府工作报告》,2011年又写入了"十二五"规划,意味着这一阶段性转变即将全面推开。随着前期一系列政策的效果逐步显现,我国地区居民之间、城乡居民之间的生活、收入水平差距在近几年已开始逐渐缩小,共同富裕发展战略的阶段性转变开局良好。例如,我国的总体基尼系数自2003年以来便已不再明显上升,2006年达到顶点后开始逐年缓降;城乡间差距作为总体收入差距形成的重要因素,在2003年达到顶点后一直保持稳定。但是,由于前期不平衡增长战略具有的惯性,整体收入分配改革的具体方案尚处于酝酿之中,涉及经济结构的收入分配调节在短期内见效缓慢等原因,共同富裕的目标仍需长期的艰苦努力才能基本实现。

从战略高度出发,在政策上正式明确我国经济发展已经由"先富"向"共富"的阶段转换,具有重要的理论和现实意义。一方面,改革开放以来所取得的经济成就为调节收入分配和构建和谐社会创造了必要的物质基础,公有制为主体、多种所有制经济共同发展的基本经济制度为此提供了强有力的制度基础;另一方面,缩小

[①] 邓小平同志早在1992年就已谈到这个政策转向的时间问题,他说:"中国发展到一定程度后,一定要考虑分配问题……到本世纪末就应该考虑这个问题了。"参见中共中央文献研究室编《邓小平年谱(一九七五——一九九七)》,中央文献出版社2004年版,第1356—1357页。

贫富差距，避免陷入中等收入陷阱的客观要求已十分迫切。基于这两个基本因素，我们认为，将中国发展的战略重心由"先富"转向"共富"的时机已经成熟，这既具备必要的物质条件，也具有很强的现实紧迫性。对此，除了持续大力推进西部大开发和收入分配改革等战略措施外，还应正式将"先富带后富，最终实现共同富裕"确立为未来经济发展的工作重心，从而使全社会的力量更加集中到实现共同富裕这一社会主义的根本目标上来。

参考文献：

Kuznets, S., "Economic Growth and Inequality", *American Economic Review*, 1955, 65: 1–28.

蔡志强：《社会阶层固化的成因与对策》，《学习时报》2011年11月27日。

陈春良、易君健：《收入差距与刑事犯罪：基于中国省级面板数据的经验研究》，《世界经济》2009年第1期。

邓小平：《在武昌、深圳、珠海、上海等地的谈话要点》，《邓小平文选》第三卷，人民出版社1993年版。

李实、罗楚亮：《中国收入差距究竟有多大？——对修正样本结构偏差的尝试》，《经济研究》2011年第4期。

理查德·威尔金森、凯特·皮克特：《不平等的痛苦——收入差距如何导致社会问题》，新华出版社2010年版。

王小鲁：《灰色收入与国民收入分配》，《比较》2010年第3辑。

武鹏、周云波：《行业收入差距细分与演进轨迹》，《改革》2011年第1期。

武鹏：《行业垄断对中国行业收入差距的影响》，《中国工业经济》2011年第10期。

项凤华、马乐乐：《中国城市家庭资产平均247万元？众网友齐声自嘲"拖后腿了"〈中国家庭金融调查报告〉负责人接受快报采访，回应四大质疑》，《现代快报》2012年5月16日。

中共中央文献研究室：《邓小平年谱（一九七五——一九九七）》，中央文献出版社2004年版。

（原载《经济学动态》2012年第12期）

当前公有制促进共同富裕的三个着力点

一 国有企业的利润分配、社会责任与共同富裕

国有企业在促进落后地区和民族地区的经济增长，推动区域均衡发展中发挥了重要作用。据测算，在城市内部、农村内部、城乡间和行业间收入差距持续扩大之时，我国的地区差距在窄幅波动中趋向下降，地区差距的基尼系数已由2003年峰值时的0.2757下降到2010年的0.2267，降幅达17.8%（武鹏，2012）。这在一定程度上得益于国有企业的贡献，尤其是国有企业在中西部地区的投资。

自1999年提出西部大开发战略以来，面对中央出台的多项促进各地区、各民族共同富裕的战略举措，国有企业参与其中，收到了良好的区域均衡发展效果。例如，在西部大开发过程中，国有企业承担了大部分建设投资。2010年，国有经济固定资产投资占西部地区的40%，显著高于27%的全国平均水平。2010年新疆工作会议之后，中央直属国有企业加大了参与民族地区建设的力度，预计"十二五"时期在新疆的投资规模将超过1万亿元，对新疆工业增加值的贡献率将超过70%（郑晓波，2011）。区域均衡发展的实践表明，在"允许一部分人先富裕起来，先富带后富，最后达到共同富裕"的战略实施过程中，基于公有制经济的资源调控能力、"集中力量办大事"等社会主义特有的制度优势表现明显。

实现公有制的主体地位和国有经济的主导作用，必须发挥国有企业在促进共同富裕方面的功能。目前重点需要抓住以下三个关键

环节。

（1）合理提取和配置国有企业利润，将更多的国有资本收益用之于民。国有企业红利作为国有资本收益，是国有资本所有权的重要体现，是国家代表全体人民收取和管理的重要社会财富，理应合理提取、用之于民。计划经济时期，国有企业上缴的红利曾是国家财政的重要组成部分，但鉴于经济体制转型过程中各种矛盾和历史负担亟须梳理和克服，该制度自 1994 年予以暂停，直至 2007 年 9 月国务院发布《关于试行国有资本经营预算的意见》后才重告恢复。此后，国有企业上缴红利的数额和比例逐年增加。但即便如此，目前的上缴比例仍明显过低。2010 年，中央企业实现净利润总额 8490 亿元，共上缴红利 788 亿元，尚不到净利润总额的 10%。[①] 若考虑到大部分尚未列入征缴范围的部分和地方国有企业，国有资本收益的上缴比例将更低。按照国际惯例，上市公司股东分红比例为税后可分配利润的 30% 到 40%，而国有资本向国家上缴盈利普遍高于这个水平，如英国盈利较好的国有企业上缴的盈利相当于其税后利润的 70% 至 80%。而自 2007 年恢复红利征缴以来，我国中央企业中上缴比例最高的资源性行业和垄断行业，也仅仅只有税后利润的 10%。即使 2011 年后将上限提高到 15%，也仍不及国际通行水平的一半。除了未能实现"合理提取"外，国有企业红利在支出使用方面，也未能充分实现"用之于民"。如在已上缴红利中，用于民生方面的公共支出和补充社保基金的部分只有 90 亿元，仅占红利总额的 11.4%。[②]

尽管在国有资本红利征收和使用的具体方式上有所差别，但提取国有企业中国有资本的经营收益，并用于社会公共事业和改善民生，在很多国家已形成了一套系统性通行规则。未来，我国应当继续提高国有企业的红利上缴比例，彰显国有资本属于全体人民的所有制本质。参照发达国家的相关成熟经验，最终达到的合理缴纳比

---

① 相关数据来源于国务院国资委新闻发言人彭华岗 2011 年 11 月 9 日接受新华社记者专访，详细内容请参见 http://www.sasac.gov.cn/n1180/n1566/n259730/n6971460/13225387.html.

② 相关数据来源于《国企收益内部化知多少》，网易解读，第 312 期。

例应为50%左右。其中，资源性和垄断性国有企业的红利上缴比例还应在此基础上进一步提高。在红利的使用方面，应加强对民生方面的投入，除了用于民生性公共支出和补充社会保障基金外，还应拓展到扶贫、助学等再分配支出领域，以缩小初次分配所形成的收入差距，尤其是打破贫穷的代际传递，逐渐实现人的基本发展机会的公平。

(2) 强化对国有企业收益流向的监管，防止国有资本收益内部化。部分国有企业，尤其是垄断性国有企业，高管和员工的高收入和高福利已引起全社会的广泛诟病和不满，甚至有的国有企业在亏损的同时，仍旧派发高额的工资和福利。这种行为实质上是将国有资本的收益内部化。例如，2010年，中央企业实现利润总额为1.13万亿元，其中，公积金等留存收益约占25%，红利上缴仅占7%。[①]政府应加强对国有企业，尤其是国有垄断企业的监督审计，制定科学合理的劳动力成本控制标准和薪酬标准，并将这些标准纳入对企业经营者的考评，与其升迁奖惩相挂钩。就寡头垄断行业而言，虽然寡头企业之间很容易实现合谋以攫取更多的垄断收益，但企业的管理经营者在升迁的道路上存在竞争关系，这会抑制它们之间的合谋行为。在具体的评价过程中，可以采用"标尺竞争"的方式来解决监管者所面临的信息不对称。而要控制低效率的过度投资、降低铺张浪费等代理成本，则应限制国有企业管理人员可支配的现金数量 (Grossman & Hart, 1980; Jensen, 1986)。对此，分派红利和提高分红比例是一个有效易行的措施 (Hansen, Kumar & Shome, 1994)。政府补贴则必须与行业劳动报酬水平相挂钩，对职工收入高于社会平均水平的垄断企业，政府补贴应更加谨慎，以免政府补贴最终转化成垄断行业的职工收入，这不仅不能达到补贴的初衷，还会恶化行业间的收入差距。对于确实有正当申请理由的，政府应密切跟踪审计补贴的使用情况，谨防其被垄断企业内化成自身收益。通

---

① 相关数据来源于《国企收益内部化知多少》，网易解读，第312期。

过采取上述措施,一方面可以抑制收入差距的不合理拉大,另一方面可以增加可供上缴的红利,以资助民生支出。

(3) 国有企业应切实肩负起应尽的社会责任,注重实现社会效益。很多国有企业的经营业务具有公益性质,这在中央企业层面包括石油石化、电网、通信服务等领域的企业,在地方企业层面包括供水、供气、污水处理、公共交通等领域的企业。国有企业作为市场经营的主体,经济效益自然是其目标之一。但与此同时,由于国有资本的属性,国有企业还应注重社会效益的创造,肩负起高质高量地满足民生需求的责任。

因此,政府一方面应强化对公益性国有企业社会效益的考核,使得包括低收入群体在内的全体国民都能够普遍享受到国有资产所带来的廉价便利的通信、水电等公共服务,提升生活质量和幸福感;另一方面应增强公益性国有企业经营情况的透明度。

二 国有经济、社会保障体系建设与共同富裕

健全的社会保障制度是社会和谐稳定的安全网,是社会文明进步的重要标志。20 世纪 90 年代以来,我国以国际上前所未有的速度实施了一系列社会保障项目,包括城镇与农村人口养老和医疗保险,工伤和生育保险、"低保"和社会救助等。但现有的社会保障网还难以应对人口老龄化、城乡一体化、劳动力和社会保障权利大规模流动等挑战。建立一个包容性强、可持续的社会保障制度,急切需要做以下工作:一是提高养老保险的覆盖面,把农村居民、农民工、城镇非正规部门就业者都纳入到养老保险体系中来。目前,作为一个重要社会经济群体的农民工,参加养老保险的比例只占其总数的1/4。二是提高社会保障的统筹层次,解决社会保障网碎片化问题,促进劳动力跨地区、跨行业、跨所有制流动。三是确保社会保障体系的财务可持续性,特别是要偿还社会保障的历史欠账,做实个人账户"空账"。据世界银行粗略估计,我国养老金的隐性债务相当于2008

年 GDP 的 82%—130%（The World Bank，2012）。党的十八大提出，"以增强公平性、适应流动性、保证可持续性为重点，全面建成覆盖城乡居民的社会保障体系"；"整合城乡居民基本养老保险和基本医疗保险制度，逐步做实养老保险个人账户，实现基础养老金全国统筹"。应对以上挑战，构建一张可靠的社会安全网，需要向社会保障体系注入大量资本和现金流，在这方面，国有经济基于自身性质，应该有所作为，并且可以大有作为。

2009 年我国启动了"减持""转持"部分国有股充实全国社会保障基金的工作，① 到 2011 年年底，全国社保基金累计转持境内国有股 1036.22 亿元，其中股票 813.44 亿元，现金 222.78 亿元；2005 年执行境外国有股"减持改转持"政策，至 2011 年年底，全国社保基金累计转持境外国有股 542.79 亿元。② 截至 2011 年年底，中央财政性资金累计拨入社保基金的 4920 亿元中，其中源于国有股减转持的收入占 43.1%，金额达 2119 亿元。③ 在上述举措的推动之下，我国社保基金规模实现了快速增长，满足了支出规模加速扩张的资金需求，推进了社会保障项目的"全覆盖"进程。2012 年，全国参加城镇职工基本养老保险、基本医疗保险、失业保险、工伤保险和生育保险人数分别为 30379 万人、53589 万人、15225 万人、18993 万人和 15445 万人，比 2011 年分别增长了 7.0%、13.2%、6.3%、7.3% 和 11.2%。④ 社会保障待遇水平稳步提高。企业退休人员基本养老金连续多年统一调整，由 2000 年的月人均 544 元提高到 2011 年调整后的 1511 元，6000 多万企业离退休人员养老金做到了按时足额发放。2011 年，职

---

① 根据《境内证券市场转持部分国有股充实全国社会保障基金实施办法》，股权分置改革后，在境内首次公开发行股票并上市的含国有股的股份公司，须按首次公开发行时股份数量的 10%，将股份公司部分国有股转由全国社保基金理事会持有，股权不足 10% 或已经卖掉的则划拨现金。
② 相关数据来自全国社会保障基金理事会发布的《2011 年全国社会保障基金年度报告》。
③ 相关数据来自全国社会保障基金理事会第四届理事大会第二次会议上戴相龙理事长的报告《稳中求进，总结提高，以优异成绩迎接党的十八大胜利召开》。
④ 相关数据来自 2013 年 1 月 25 日人力资源和社会保障部举办的 2012 年工作情况新闻发布会上新闻发言人尹成基的介绍。

工基本医疗保险住院医疗费用中统筹基金次均支付6112元，比上年增长8.2%，城镇居民基本医疗保险住院医疗费用中统筹基金次均支付2891元，比上年增长10.7%。"低保"标准和失业、工伤保险待遇标准多次提高。① 在我国整体经济发展水平不高、社会保障历史欠账较多、经济转型过程中各种矛盾错综复杂的背景下，将社会保障提高到现有水平，是难能可贵的，国有经济和国有资本发挥了重要作用。

但还应看到，随着社会保障覆盖范围的不断扩大和待遇水平的提高，资金筹措将面临越来越大的压力。提交给第十二届全国人民代表大会第一次会议审议的2013年全国社保基金预算报告显示，2013年社保基金预算收入增速为9.9%，而支出增速为16.8%，两者相差近7个百分点，以致2013年全国社保基金收支结余与2012年相比将下降1000亿元。依这一趋势发展下去，尤其是考虑到人口老龄化阶段的快速到来，社保资金缺口的潜在隐患很快就会凸显出来。国有经济对社保基金的支持力度必须相应加大。

从理论上讲，利用国有资本及其收益填补社保资金缺口和个人账户"空账"，是一种对以往隐性负债的合理偿付，而不应简单理解为让国有资本替政府"埋单"。计划经济时期，个人收入分配仅限于个人消费品分配，在个人收入分配之前，就已经扣除掉了"用来满足共同需要的部分"和"为丧失劳动能力的人等等设立的基金"等社会保障支出部分。② 政府做了相应的扣除，就应该负担起相关劳动者养老、医疗等方面的保障义务。在实际经济循环中，对劳动者收入所作的社会保障"扣除"形成了国有资本。从更广泛的意义上讲，传统体制下重积累、轻消费的工业化模式和城乡二元分割体制，使得国家对当时的劳动者形成了庞大的隐性负债。一方面，城镇职工的工资被压制在一个较低水平上，他们所创造的价值大部分被用于生产性资本的积累；另一方面，通过工农产品价格"剪刀差"，农民

---

① 相关数据来自《2011年度人力资源和社会保障事业发展统计公报》。
② 《马克思恩格斯文集》第3卷，人民出版社2009年版，第433页。

所创造的相当一部分价值被转移到了工业和城市，最终形成了生产性积累。可见，目前庞大的国有资本存量在很大程度上是由长期以来城乡劳动者个人收入在社会保障方面所作的"扣除"、低工资下城镇职工的"剩余劳动"、工农产品价格"剪刀差"所转移的农产品价值积淀滚动而来的。这些劳动者在进入养老阶段享受由国有资本及其收益提供的养老、医疗等保险金，事实上也是在享用自己工作时为国家和社会所创造的价值。可见，将国有资本及其收益用于补充社保资金，在很大程度上是一种"从哪里来，回哪里去"的正常路径循环。并且，目前国有股"转减持"和国有企业红利拨付的力度还远未达到过去的"扣除"和"转移"水平。

因此，无论是从国有资本性质，还是从契约公平的角度出发，国有资本及其收益补充社保资金的力度都应继续加大。从实际操作层面上看，也确实存在巨大提升空间。在2013年第十二届全国人民代表大会第一次会议上，财政部《关于2012年中央和地方预算执行情况与2013年中央和地方预算草案的报告》显示，2012年中央国有资本经营支出为929.79亿元，其中调入公共财政预算用于社会保障等民生支出为50亿元，国有股减持收入补充社保基金支出17.21亿元，二者合计仅占中央国有资本经营支出的7.23%。而2013年中央国有资本经营预算补充社保基金进一步降低为11.34亿元，较2012年降低了近35%。着眼当下，虽然全国整体性的社保支付困难尚未到来，但在个别省份，特别是历史负担较重的东北三省，社保资金吃紧的现象时有显现。对此，应该在中央和地方两个层面，通过向社保基金增拨国有股，变现国有股（特别是竞争性领域的国有股）和提高国有企业分红比例向社保基金注入更多现金流等措施，提高国有资本及其收益补充社会保障资金的力度，从而彰显国有资本全民所有的本质属性和国有经济在解决重大民生问题上的主导作用。

三　城镇土地国有、保障房建设与共同富裕

随着社会经济的发展，存量有限的城市土地资源日益稀缺，商

品房的价格随之不断攀升。即使剔除泡沫因素，由市场决定的房价对于广大中低收入城镇居民也是难以承受的。目前，居民的财产，主要是房产的差距已很明显，低收入群体的居住条件甚至出现了恶化。《中国家庭金融调查报告》（2012）显示，中国家庭财富呈严重的右偏分布，财富占有高度不均，收入最高10%家庭的储蓄占当年总储蓄的74.9%，而大量低收入家庭储蓄很少。这就使得很多买得起房的城市家庭拥有不止一套住房，多余的住房主要用于投资甚至投机。与此同时，相当数量的城市低收入家庭连购买一套自住房都十分困难，基本生活居住需求难以得到保障。因此，解决中低收入城镇居民的住房问题，对于实现社会公平的意义十分重大，要求也十分迫切。

为满足广大工薪阶层的基本生活住房需求，中央政府在全国范围启动了大规模的保障房建设工程。应该说，城镇土地国有为保障房建设奠定了制度优势，有助于满足低收入居民的基本住房需求。一方面，土地国有为保障房建设用地的获取提供了便利，中央和各地政府相继采取了建立保障房用地储备、优先低价供给保障房用地等优惠政策和措施。例如，在2012年1月7日召开的全国国土资源工作会议上，有关领导表示，"今年供地指标要从严从紧投放。耕地保护要严而又严，没有讨价还价的余地"，但"保障性住房的用地要'应保尽保'，计划指标单列"；2011年12月修订的《广州市保障性住房土地储备办法》提出，广州市住房保障办公室可以代表政府在土地市场上行使优先购买权，收购土地纳入保障性住房土地储备。另一方面，土地出让金是保障房建设的一项重要资金来源。2011年，用于保障房建设的土地出让金总额为1000亿—1500亿元，占政府出资规模的约1/3。此外，有的地方还利用对公有土地的掌控，采取了其他一些促进保障房建设的措施。如2011年9月云南省人大常委会对云南城镇保障性住房建设的专题询问会上，住房和建设厅领导指出，对企业利用存量土地建设公租住房等保障性住房的，经规划部门批准将原用途变更为住宅用地后，无须补缴土地出让金。

但仍需看到，我国城镇保障房建设的资金压力依然较为紧张，城市生活的各种成本也在不断加大，人民生活的幸福感仍有待提升。为此，应大力推进对国有土地出让收益更加合理的使用，以满足保障房建设等民生事业的资金需求。

大部分国有土地出让收益划归地方支配，其中有相当部分并未得到合理的使用。2010年审计署公布的对全国11个省市区土地出让收入的审计结果显示，11个城市改变土地出让收入用途57亿元，其中有7个市支出2.1亿元，用于弥补国土、城建等部门工作经费不足；有4个市违规支出2.38亿元，用于建设、购置办公楼、商务楼、职工住宅等；有6个市支出39亿元，用于高校新校区、会展中心、剧院、软件园等公共工程建设；有4个市支出9.68亿元，用于增加政府投资企业注册资本。①

目前，土地出让收入一个重要的、合理的利用途径，就是用以填补保障房建设的巨额资金缺口，以满足广大中低收入人民群众的基本住房需要。据估计，2011年1000万套保障房建设需资金1.3万亿—1.4万亿元，2010年的土地出让金约为2万亿元。保障房建设资金构成方面，政府出资3500亿—4500亿元，其中，中央财政投入1030亿元，地方土地出让金投入1000亿—1500亿元，地方发债及其他途径筹措资金1500亿—2000亿元，社会筹措资金约9000亿元，这一部分主要由银行信贷解决（中信证券研究部，2011）。可见，银行贷款和发债等融资占了绝大部分。这一方面增加了资金来源的不稳定性，给保障房建设进度带来了制约和隐忧；另一方面提高了建设成本，增加了购买者和租用者的负担。

与此同时，全国土地出让金只有不到10%用于保障房建设，仅占保障房建设资金来源的10%左右。如果能进一步提高土地出让金用于保障房建设的比例，将极大地缓解保障房建设的资金压力。考

---

① 2011年以来中央各部门陆续下发文件，要求地方政府从土地出让净收益中提取10%用于保障房建设、10%用于教育投入、10%用于水利建设，加上2004年规定计提15%用于农业土地开发，目前已有45%的土地出让净收益被中央予以安排。

虑到制度方面的原因，这一比例的提高可能是渐进的。一个过渡性的措施是，将划拨给保障房建设的土地的出让金优先用于投资回报风险较高的公租房和廉租房建设，以满足最低收入阶层的基本住房需求。此外，可以考虑延期支付乃至直接减免保障房建设所需缴纳的土地出让金，以缓解保障房建设的资金压力，降低建设成本。

从长远着眼，应改革现行国有土地出让收益的使用方向，提高用于保障房建设的比例，使人民群众作为国有土地的所有者，能够直接享受到国有土地财产的出让收益，而不是在购房置业的过程中被单向地抽取财富。这就需要对巨额土地出让收益的流向加强监管，避免国有财富用于行政滥消费和地方政府的工资福利超发，政绩工程和形象工程，以及不太急切的基础设施建设（唐伟、黄双江，2011），并公开必要的信息以便于社会监督。

参考文献：

Grossman, S. J. & Hart, O. D., "Takeover Bids, the Free-rider Problem, and the Theory of the Corporation", *The Bell Journal of Economics*, 11: 42 – 64, 1980.

Hansen, R. S., R. Kumar, D. K. Shome, "Dividend Policy and Corporate Monitoring: Evidence from the Regulate Delectric Utility Industry", *Financial Management*, 23: 16 – 22, 1994.

Jensen, M., Meckling, W., "Theory of the Firm: Managerial Behavior, Agency Costs and Ownership Structure", *Journal of Financial Economics*, 3: 305 – 360, 1976.

Jensen, M., "Agency Costs of Free Cash Flows, Corporate Finance and Takeover", *American Economic Review*, 76: 323 – 329, 1986.

The World Bank, China 2030: Build a Modern, Harmonious, and Creative High-Income Society, 2012.

胡家勇、武鹏：《推进由"先富"到"共富"的阶段性转换》，《经济学动态》2012 年第 12 期。

唐伟、黄双江：《我国基础设施建设中重复建设问题分析》，《现代商贸工业》2011 年第 11 期。

胡锦涛：《坚定不移沿着中国特色社会主义道路前进，为全面建成小康社会而奋斗》，人民出版社2012年版。

武鹏：《行业垄断对中国行业收入差距的影响》，《中国工业经济》2011年第10期。

武鹏：《共同富裕思想与中国地区发展差距》，《当代经济研究》2012年第3期。

郑晓波：《豪掷7000多亿 百余家央企产业援疆》，《证券时报》2011年8月22日。

中信证券研究部：《银行业专题研究报告：保障房建设资金来源研究》，2011年7月22日。

（原载《经济学动态》2012年第12期）

市场机制激发经济活力

改革开放30多年来,中国经济经历了双重转型:一是从农业社会向工业社会、城市社会和现代社会转型,二是从计划经济向社会主义市场经济转型。双重转型取得了巨大的成就。改革开放后的前30多年,我国经济以年均近10%的速度增长,5亿人口摆脱贫困,贫困率由65%以上降到10%以下,所有千年发展目标都基本实现,成为世界第二大经济体,并成功迈入中上等收入国家行列,实现了经济发展的奇迹。

中国经济奇迹的主要原因在于经济体制改革所建立的社会市场经济体制实现了有效市场与有效政府的有机结合,激发了经济社会的活力和创造力,不断实现资源的优化配置和经济增长潜力。

一 市场具有激发经济活力和创造力的内在机制

东西方国家的实践证明,市场机制是迄今为止人类所拥有的最为有效的资源配置工具,因为市场机制能够以最快的速度、最廉价的费用、最简单的形式把资源配置的信息传递给利益相关者,而利益相关者又能够自主决策并作出迅速的反应,从而使各类资源处于有效流动和动态优化配置之中。从功能上看,无论是消费品(包括重要消费品)的最优分配,还是生产要素的最优配置,抑或是动态的经济发展问题(包括结构调整),市场机制都基本可以很好地解决。

改革开放以来,我们党对市场机制在经济发展中作用的认识随着实践的发展而不断深化和理论化。开启中国改革开放大幕的党的十一届三中全会就明确提出"重视价值规律的作用"。党的十二届三中全会通过的《中共中央关于经济体制改革的决定》指出，"只有充分发展商品经济，才能把经济真正搞活"，"必须自觉依据和运用价值规律"。党的十四大报告明确提出"经济体制改革的目标是建立社会主义市场经济体制"，"市场在社会主义国家宏观调控下对资源配置起基础性作用"。提出市场在资源配置中起基础性作用，是我们党对市场经济认识的一次飞跃，有力地推动了我国的经济体制改革。以习近平同志为核心的党中央在新的历史条件下提出了新的论断，指出："市场在资源配置中起决定性作用和更好发挥政府作用。市场决定资源配置是市场经济的一般规律，健全社会主义市场经济体制必须遵循这条规律。"这一新论断是对我国改革开放30多年实践经验和理论创新的科学总结，反映了世界各国在谋求经济发展和国家现代化过程中的成功经验，必将对我国完善社会主义市场经济体制起到至关重要的作用。

市场经济之所以能够激发经济社会的活力和创造力，主要原因是在市场经济中有三条重要规律在起作用，即价值规律、供求规律和竞争规律。价值规律迫使企业不断进行技术、组织和管理创新、降低生产成本，最大限度地提高劳动生产率。供求规律则调节着不同商品的供求关系，从而促使生产要素在不同产品、不同产业、不同地区甚至不同国家之间不停歇地流动，保证各类资源投入到社会最需要的领域和环节。从长期来看，通过供求规律的动态调节，市场机制可以改善和优化经济结构。从这个意义上讲，市场机制可以缓解我国长期以来存在的重复投资和产能过剩这一经济顽疾。竞争规律迫使优胜劣汰，使资源流动到最能有效利用它们的人手中和最能发挥作用的生产领域，最终使消费者得到物美价廉的产品和服务。艾哈德在《来自竞争的繁荣》一书中高度评价竞争作用，他说："竞争是获得繁荣和保证繁荣最有效的手段。只有竞争才能使作为消费的人们从经济发展中得到实惠。"

从更深层次上讲，市场经济的最大优势在于，它通过市场中错综复杂的网络和千丝万缕的联系，动员起了潜藏在千百万人中的财富、资源、知识、信息、技能和各种潜在的创造力，使它们成为生产力发展的不竭源泉。人民群众是财富的创造者，而市场机制是动员人民群众参与财富创造的好机制。而且，在社会主义市场经济中，人民群众不仅创造着财富，同时也通过市场机制分享着财富，享受着选择的自由。

中国改革开放30多年的快速经济成长证明了市场经济的巨大力量。

第一，市场力量激发各类财产和社会财富的迅速增加。不仅国有资产大幅度增加，非公有资产也大幅度增加，居民家庭持有的房产、股票、债券以及银行存款和各种理财产品等财产也随之大幅度增加。据国家统计局的数据，2013年我国各类工业企业总资产已达105万亿元，另据招商银行和贝恩公司的统计，2010年我国个人持有的可投资资产已达62万亿元。这既是以往财富的积累，又是新财富创造的基础。

第二，各类市场主体迅速成长起来。国有企业和集体企业等公有制企业，私营企业、个体工商户、港澳台企业和外资企业等非公有制企业都在发展壮大。2013年，我国各类企业已达241.0万户，其中国有企业2万户，私营企业176万户。各类企业扮演不同的角色，发挥不同的功能，相互竞争又相互补充，使中国经济呈现出勃勃生机。更为重要的是，以股份制企业为代表的混合所有制企业在市场经济中迅速成长起来，它融合各类资本的优势，成为新的资本力量和公有制经济的重要实现形式。

第三，市场经济激励了企业家的成长。熊彼特在《经济发展理论》中把企业家才能视为经济增长和发展的原动力，正是企业家的"创造性毁灭"和不断创新推动着经济发展水平的波浪式上升。经过30多年的市场经济洗礼，我国已经成长起一支宏大的企业家队伍，他们在千变万化的市场中识别新机会、开辟新市场、寻找新资源、从事新投资、承担各种风险，他们创造财富、捍卫财富，也增长着自己作为企业家的才干。经济生活也在企业家的奋斗和成长中欣欣向荣。

第四，市场经济为低收入群体提供获取收入的机会。市场经济激励收入向资本转化，促进资本积累，鼓励人们创业，从而不断创造出大量的工作机会。尤其是，市场经济能够创造出大量适合低收入群体的工作岗位，使他们有机会从事非农工作和获取较高的工资性收入。改革开放以来，我国数以亿计的农民从农村转移到沿海地区和城市的非农部门就业，极大地改善了他们的经济地位，激发了他们的经济潜力，同时使他们分享到了中国经济快速发展的成果。

第五，市场经济给予人们职业选择和消费选择的自由。人们根据自己的才能、兴趣和收入选择工作，职业的流动性提高，自我发展的空间扩大，自我价值在更大程度上得以实现。又根据自己的爱好和收入选择所喜欢的商品和服务，个性得到张扬，满足感得到提升，人生得以升华。人们的个性化选择转化为市场信号，诱导企业家决策，从而使生产活动和经济结构更加贴近人们的现实需要，整个经济进入良性循环的轨道。

二 有效市场和有效政府有机结合，促进经济社会持续健康发展

社会主义市场经济强调有效市场和有效政府的有机结合，这对于转型国家和经济快速成长国家尤为重要。市场机制将潜藏在人民群众中的财富、资源、知识、信息、技能、激情和创造力动员起来，激励大众创业，万众创新，孕育着生产力发展的不竭源泉。而政府则创造市场机制赖以顺畅运转的制度基础和宏观环境，确保人民群众不仅积极创造财富，而且能够公平地分享财富。

政府与市场犹如鸟之双翼，车之双轮，缺一不可。历史经验表明，在经济发展和现代化的各个阶段都要充分发挥好政府和市场的

作用，在德国、日本这样的发达国家和东亚一些发展较好的国家和地区，在其现代化建设或者现代产业发展过程中，政府都曾通过制定发展战略、集中优质资源、扶持主导产业等方式推动经济发展。我国改革开放以来的经验也证明了这一点，那就是，不断扩大市场机制作用，同时有效发挥政府作用。

政府作用的有效发挥体现在以下几个方面：

第一，为社会主义市场经济提供制度基础。现代市场经济是建立在一套完备的支持性制度之上的，而制度建设是政府的基本职责。改革开放以来，政府在制度建设上取得了明显的成就。社会主义市场经济是法治经济，我们已经形成了一套比较完备的、与现代市场经济相吻合的法律体系，可以在法律层面上规范公民、市场主体和政府的行为，保障人民生命财产安全和良好的经济社会秩序。党的十八届四中全会通过的《中共中央关于全面推进依法治理若干重大问题的决定》必将推动我国法治国家、法治社会和法治政府建设迈向新阶段。产权是所有制的核心，它能够为各类经济主体提供正当的激励，鼓励人们积累财富和有效配置自己的资源，并展开充分的竞争。社会主义市场经济需要完善的产权制度，以清晰地界定产权和公平有效地保护产权。我国产权保护制度不断完善，为社会主义市场经济构建越来越坚实的产权基础和激励结构。对各类产权的保护程度不断提高，特别是非公有制经济产权获得公平保护的程度不断提高，使劳动的果实得到尊重。《中共中央关于全面深化改革若干重大问题的决定》指出，国家保护各种所有制经济产权和合法利益，保证各种所有制经济依法平等使用生产要素、公开公平公正参与市场竞争、同等受到法律保护。社会主义市场经济需要有效的市场监管制度，以建立统一开放、竞争有序的市场体系。以食品药品安全、生产场所安全、环境保护和市场竞争行为监管为代表的监管框架正在形成和发挥作用。

第二，提供稳定的宏观经济环境。宏观经济的稳定是市场充分发挥功能的基本条件，有利于形成合理的价格信号，引导资源的有序流动；有利于生产者和消费者形成稳定的经济预期，从而作出合理的生产和消费决策。稳定的宏观经济环境还是金融市场发挥作用的前提。改革开放以来，我国的宏观经济环境保持基本稳定，政府通过财政政策、货币政策和其他政策的组合，使物价总水平、增长率、就业率和国际收支状况等主要宏观经济指标保持在良好水平上。与其他转型国家相比，我国宏观经济的稳定性是显而易见的。

第三，基础设施快速发展，奠定长期经济发展的基础。良好的基础设施对于经济社会长期发展的重要性得到中外经验的证实。政府规划、政府投资在我国基础设施发展中起到了至关重要的作用，目前已经形成较为发达的公路、铁路、航空运输网，人流、物流和信息流比较顺畅，经济结构弹性增强。2014年，我国新建铁路投产里程8427公里，高速铁路运营里程达1.6万公里，占世界的60%以上，高速公路通车里程达11万公里，有3条世界最长的跨海大桥，拥有世界十大集装箱港口中的6个，宽带用户达7.8亿户。良好的基础设施构成了市场经济运行和社会福利的骨架。

第四，编织安全可靠的社会安全网。分散社会成员的生活、工作风险，提高居民的福利水平，保证各个阶层的社会成员共享经济发展成果，是政府的基本职责。我国政府已经为城镇居民建立了包括养老、医疗、工伤等在内的较为完整的社会保障体系，通过新型合作医疗和新型农村社会养老保险等逐步将农村居民纳入社会保障体系。由政府兜底的社会保障体系提高了社会成员抗风险的能力和劳动力的流动性，激发了全社会的创业、创新和冒险精神。

在建立和完善社会主义市场经济体制的过程中，政府职能也在向与现代市场经济相契合的方向转变。政府的微观干预活动大幅度减少，政府直接参与资源配置的程度明显降低，政府在经济领域的投资大幅度下降，从而为各类市场主体释放了广阔的活动空间。政府职能向着保持宏观经济稳定，加强和优化公共服务，保障公平竞争，加强市场监管，维护市场秩序，推动可持续发展，促进共同富裕和弥补市场失灵聚焦。

三 适应经济发展新常态,需要进一步释放市场经济活力

中国经济正进入"新常态",创新和居民消费对经济发展的推动作用将更加重要,经济结构将更加复杂化、精细化,发展环境、市场需求的不确定性更大,资源优化配置的具体路径和效率改进的具体方式更加难以把握。适应经济发展"新常态",需要重新划定政府和市场的边界和功能领域,让市场在资源配置中真正起决定性作用,让更多主体参与决策和承担风险,从而最大限度地释放市场经济的内在活力。

进一步释放市场经济活力,必须加快完善社会主义市场经济体制,通过全面深化改革来夯实市场经济的支持性制度。要进一步完善产权保护制度,使各类资本获得有效而平等的法律保护,让各类所有者享有运用财产的自由和享受创业、创新的果实,从而奠定市场经济最基本的激励基础;改革政府审批制度,通过制定市场准入的负面清单和政府的权力清单、责任清单来充分保证投资者的自由,使人们的创业、创新热情充分迸发;拆除各类市场壁垒,完善基础设施,特别是信息基础设施,形成全国统一大市场,促进消费品、生产要素和信息等在全国范围内的自由流动,保障人们在更大范围的选择自由,实现资源在更深程度、更高层次的动态优化配置。

(原载《人民日报》2015年1月30日,收入《人民日报》理论部编《中国经济为什么行》,人民出版社2015年版)

《资本论》中的生态思想及其当代价值*

一 引言

在人类所面临的生态问题日益严峻的背景下,对马克思《资本论》中所包含的生态思想的探究已成为《资本论》研究的一个新热点。相关成果已从多方面证明《资本论》中包含着丰富的生态思想,并从不同角度对《资本论》中的生态思想进行分析和解读。

一些学者从生态哲学的角度阐释《资本论》中的生态思想。有研究者认为,"实践""劳动""物质变换关系"是《资本论》中的重要概念,也是马克思生态思想的核心概念①;有学者认为,马克思主义自然观是以实践为基础、以人与自然关系为核心的自然哲学范式。② 从人与自然关系出发阐发马克思生态思想已成为研究《资本论》中生态思想的一个主要角度。基于这一角度,研究者认为,马克思关于人与自然之间关系思想的核心是人与自然之间的物质变换,物质变换思想贯穿于包括劳动价值论、剩余价值论、地租理论等重要理论之中。

一些学者试图通过对《资本论》文本的研究,来系统梳理马克思的生态思想。朱炳元从人与自然、人与人的关系、资本主义制度

---

* 合作者:李繁荣。
① 徐水华:《从"对象性关系"到"物质变换关系"——论马克思生态哲学思想的逻辑发展》,《生态经济》2014年第1期。
② 陈食霖:《论马克思恩格斯生态文明思想的理论特质》,《江汉论坛》2014年第7期。

对生态的影响和共产主义的生态问题四个方面阐述《资本论》的生态思想①；黄瑞祺认为，研究《资本论》中的生态思想可以从物质代谢、资本主义批判和代际正义三个方面切入②；陈凡、杜秀娟③和李仙娥④等探究了《资本论》中所包含的循环经济思想、可持续发展思想等。

国外马克思主义者对《资本论》中生态思想关注较早。这方面的代表人物包括施密特、奥康纳、高兹、福斯特、岩佐茂等人，他们都对马克思《资本论》中的"物质变换关系"予以强调，并对资本主义生产方式下的"物质变换"所引起的技术与环境问题展开论述。福斯特在研究马克思物质变换思想的基础上，阐述了《资本论》关于资本主义生产方式造成人与自然之间"代谢断层"的思想⑤，指出"代谢断层"思想其实就是生态危机理论，它不仅适用于马克思所处的时代，也适用于当代。⑥

可见，现有成果对《资本论》中所蕴含的生态思想做了有益的研究，得出了一些有价值的结论。如何在实现经济快速发展的同时保障生态安全，如何在发挥市场对资源配置中起决定性作用的同时防止其诱发生态环境问题，都需要我们对《资本论》中的生态思想做进一步的研究，以清晰归纳出《资本论》中所包含的生态逻辑，提炼出对我国生态文明建设有具体指导意义的思想方法和基本理论观点。

---

① 朱炳元：《关于〈资本论〉中的生态思想》，《马克思主义研究》2009年第1期。
② 黄瑞祺、黄之栋：《〈资本论〉与生态学的交错：马克思思想的生态轨迹之三》，《鄱阳湖学刊》2009年第11期。
③ 陈凡、杜秀娟：《论马克思〈资本论〉中的生态观》，《马克思主义与现实》2008年第2期。
④ 李仙娥、万冬冬：《〈资本论〉中生态思想的逻辑蕴含与当代价值》，《学术交流》2011年第9期。
⑤ 约翰·贝拉米·福斯特：《失败的制度：资本主义全球化的世界危机及其对中国的影响》，《马克思主义与现实》2009年第3期。
⑥ Jone Bellamy Foster, Marx and the Rift in the Universal Metabolism of Nature, http：//monthlyrevier.org/2013/12/01/marx-rift-universal-metabolism-nature.

二 人类"生态文明"诉求

回归《资本论》等经典著作的相关论述，梳理其基本理论脉络，有助于我们准确把握"生态"的内涵，为当代生态文明建设奠定认识论基础。

（1）"自在自然"意义上的自然生态系统。所谓"自在自然"，是指和人没有发生关系的自然界，即人类活动还没有作用过的自然界，包括人类世界出现之前的自然界以及人类产生以后其活动还没有涉足的那部分自然界，马克思称之为"自然界的自然界"①。自在自然意义上的自然生态系统是一个由存在于其中的所有生物与其环境所构成的统一整体。其中，非生物环境、生产者、消费者、分解者作为自然生态系统的主要组成成分，彼此互相联系、互相作用，不断地进行物质循环和能量流动。自然生态系统虽然没有真正意义上的人类参与其中，但探究其内在的自然规律，有利于更好地阐释人类生态系统的应然状态。

自然生态系统是一个完全开放的系统，系统中每一组成成分与其他成分之间不断进行物质与能量循环。通常情况下，自然生态系统会通过具有负反馈的自我调节机制，实现系统的自我平衡，保持生态系统结构、功能和能量输入、输出上的稳定。生态系统的稳定是一种动态的稳定。系统中各组成成分在与其他成分进行能量输入与输出的过程中改变着自身，也使生态系统的结构和功能不断发生变化。这种按照自然生态系统本身规律发生的有序、可预见的动态变化过程是自然生态演替过程。

可见，在自在自然意义上的自然生态系统中，生物与生物之间、生物与环境之间通过能量流动、物质循环和信息传递，自发地实现生态系统自身的平衡，在自我恢复和调节中自发地实现生态系统演

---

① 《马克思恩格斯全集》第 42 卷，人民出版社 1979 年版，第 179 页。

替。如果没有强大外力的作用，不会爆发生态危机。

（2）"人化自然"意义上的人类生态系统。马克思视野中的另一种自然即"人化自然"。"人化自然"是指已经被人类社会的劳动涉足、改造并打上了人类烙印的自然界。"在人类历史中即在人类社会的产生过程中形成的自然界是人的现实的自然界；因此，通过工业——尽管以异化的形式——形成的自然界，是真正的、人类学的自然界。"① 马克思所谓的"真正的、人类学的自然界"，即区别于"自在自然"生态系统的人类生态系统。

人类生态系统是在自然生态系统基础上随着人类劳动的发展而形成的，是一个由人类经济系统复合于自然生态系统之中而形成的开放系统。人类作为生态系统中的生物群体之一，与生态系统中其他组成成分之间进行物质与能量循环。人类生态系统与纯粹自然生态系统的区别在于，人类作为特殊的生物群体在生态系统中居于主动地位。为了生存和发展，人类有目的地从自然生态系统中获取物质和能量，通过经济系统的生产和消费，又向自然生态系统中输出物质和能量，从而实现人类自身的物质和能量循环。如果人类经济系统从自然生态系统的物质能量获取和向自然生态系统的物质能量排放尚未干扰到自然生态的自我动态平衡，则人类生态系统会在自我调节中进行生态演替。

与自然生态系统中的其他生物不同，人类不是被动地适应自然，而是有意识地与自然生态系统进行物质和能量交换，人类的生产和消费活动会对生态系统的演替产生促进或抑制的作用，对生态系统进行改造或重建。这就意味着，原本属于自然生态系统组成成分之一的人类社会，在日益累积的社会生产力作用下所形成的人类经济系统，可能会成为自然生态系统的外在干扰因素。当这种外在干扰超过自然生态系统自我调节、自我恢复的限度时，就会出现生态失衡，甚至生态危机。

---

① 《马克思恩格斯全集》第42卷，人民出版社1979年版，第128页。

可见，生态危机本质上是由于人类行为所引起的自然生态系统结构和功能失调、生态系统动态平衡破坏、自然生态补偿能力减弱，从而威胁到人类的生存和发展。生态危机因人而生，因此，缓解生态矛盾、解决生态危机就需要改变人类经济行为，把人类对自然生态系统的干扰控制在自然生态系统自我调节的阈值之内。而在自然生态系统已经遭到破坏的情况下，则需要人类依靠和帮助自然生态系统恢复其自我调节能力。

（3）人类生态文明诉求。恩格斯认为，文明是人类社会历史发展的一个阶段，是与野蛮相区别的一个历史阶段。在《社会主义从空想到科学的发展》中，恩格斯非常赞同傅立叶把社会历史划分为蒙昧、野蛮、宗法和文明四个发展阶段的看法，并且指出文明阶段就相当于现在所谓的资产阶级社会，即从16世纪发展起来的社会制度。① 在《家庭、私有制和国家的起源》中，恩格斯又分析了摩尔根关于蒙昧时代、野蛮时代和文明时代的划分，指出，"蒙昧时代是以采集现成的天然产物为主的时期；人类的制造品主要是用作这种采集的辅助工具。野蛮时代是学会经营畜牧业和农业的时期，是学会靠人类的活动来增加天然产物生产的方法的时期。文明时代是学会对天然产物进一步加工的时期，是真正的工业和艺术产生的时期。"② 由此可见，作为人类社会历史发展的一个阶段，文明时代是从野蛮时代过渡而来的，是和野蛮时代相区别的一个历史阶段，是人类利用文明所创造的工具在更大程度上干预自然的历史阶段。

随着文明时代的来临，人类对生态系统演替产生的影响越来越大。人类在蒙昧时代直接从自然界获取天然产物以满足自身消费，在野蛮时代为了自身消费而进行生产，而在文明时代，人类则会为了交换而生产。随着人类文明的发展，人类的生产活动和消费活动越来越分离。为了提高生产能力，人类发明了越来越先进的工具，从而在越来越大的程度上干预自然生态系统的演替。然而，人类越

---

① 参见《马克思恩格斯全集》第19卷，人民出版社1963年版，第213页。
② 《马克思恩格斯全集》第21卷，人民出版社1965年版，第38页。

是力图成为人类生态系统的中心，在生产和消费活动中形成的规律则越是"作为异己的、起初甚至是莫名其妙的、其本性尚待努力研究和认识的力量，同各个生产者和交换的参加者相对立"。①

从16世纪至今的人类文明发展，在某种意义上可以视为工业文明的发展。工业文明程度的提高，伴随着人类支配自然能力的增强，而生产和消费的脱节，又伴随着人与自然之间物质变换关系某种程度的破坏。人类借助文明的力量从自然界获取物质产品的能力越强，人类经济系统对自然生态系统的干扰力就越大，人类生态系统的自我恢复能力就越是被削弱。随着工业文明的发展，人类生态系统偏离生态动态平衡和自我实现的轨道就会越来越远。人类要维护自身赖以生存的生态系统，就必须在推动文明发展的过程中加入"生态"诉求，实现从"工业文明"向"生态文明"的飞跃。

三 《资本论》中的生态思想：逻辑和基本观点

人类要生存，就必须不断地生产出物质和精神产品。自然生态系统所发生的变化（除纯粹的自然生态系统自我循环之外）与人类劳动密切相关。人类所能支配的生产力通过生产过程和消费过程对自然生态系统产生影响，从而使其朝着有利于或不利于人类社会再生产的方向变化。下面将循着这样一条基本线索，剖析《资本论》中的生态思想，并从具体路径上探究如何实现生态文明和经济社会的可持续发展。

（一）《资本论》中生产力概念的生态意蕴和科学技术的生态取向

生产力是政治经济学中的基本概念，它反映人与自然之间关系。在《资本论》中，马克思通过劳动过程阐明人与自然之间的关系。"劳动首先是人和自然之间的过程，是人以自身的活动来中介、调整

---

① 《马克思恩格斯全集》第21卷，人民出版社1965年版，第199页。

和控制人和自然之间的物质变换的过程。"① "劳动过程，……是制造使用价值的有目的的活动，是为了人类的需要而对自然物的占有，是人和自然之间的物质变换的一般条件，是人类生活的永恒的自然条件。"② 可见，马克思是从"人和自然之间的物质变换"来理解人与自然之间的关系的。正是基于"物质变换"这一核心概念，马克思在《资本论》中既强调"社会生产力"，又强调"自然生产力"。

在马克思对劳动生产力影响因素③的分析中，前四个因素，即"工人的平均熟练程度，科学的发展水平和它在工艺上应用的程度，生产过程的社会结合，生产资料的规模和效能"，主要是对"社会生产力"产生作用的因素，而常被我们忽略掉的第五个因素即"自然条件"，则是决定"自然生产力"的最基本的因素。劳动的社会生产力，是指人类通过劳动和交往创造出来的生产力，具体表现为由发明创造④、生产中的协作⑤、社会劳动组织的发展⑥、贸易的发展⑦等所引起的物质产品生产能力的提高。劳动的自然生产力，按照马克思的说法，是指由于利用了自然界本身所具有的自然力而表现出来的那种生产力，是"劳动在无机界发现的生产力"⑧，"受自然制约的劳动生产力"⑨。"如果发现富矿，同一劳动量就会表现为更多的金刚石"⑩，说明自然生产力与社会生产力共同构成生产力整体，

---

① 《资本论》第 1 卷，人民出版社 2004 年版，第 207—208 页。
② 《资本论》第 1 卷，人民出版社 2004 年版，第 215 页。
③ 参见《资本论》第 1 卷，人民出版社 2004 年版，第 53 页。
④ "某个地方创造出来的生产力，特别是发明，在往后的发展中是否会失传，取决于交往扩展的情况。"《马克思恩格斯全集》第 3 卷，人民出版社 1960 年版，第 61 页。
⑤ "协作是结合工作日的特殊生产力，是劳动的社会生产力。"《马克思恩格斯全集》第 16 卷，人民出版社 1964 年版，第 309 页。
⑥ "局部工人在一个总机构中的分组和结合，造成了社会生产过程的质的划分和量的比例，从而创立了社会劳动的一定组织，这样就同时发展了新的、社会的劳动生产力。"马克思：《资本论》第 1 卷，人民出版社 2004 年版，第 421—422 页。
⑦ "只有实行自由贸易，蒸汽、电力、机器的巨大生产力才能够获得充分的发展。"《马克思恩格斯全集》第 21 卷，人民出版社 1965 年版，第 416 页。
⑧ 《马克思恩格斯全集》第 26 卷第 3 册，人民出版社 1974 年版，第 122 页。
⑨ 《资本论》第 1 卷，人民出版社 2004 年版，第 589 页。
⑩ 《资本论》第 1 卷，人民出版社 2004 年版，第 53 页。

同时说明自然生产力之于人类整体生产力的重要作用[①]。马克思在分析剩余劳动和剩余产品时明确指出,"剩余价值有一个自然基础"[②],劳动生产率是同自然条件相联系的。马克思把外界自然条件在经济上分为两大类:生活资料的自然富源和劳动资料的自然富源,并且指出,"在文化初期,第一类自然富源具有决定性的意义;在较高的发展阶段,第二类自然富源具有决定性的意义"[③]。占有瀑布的那一部分工厂主,正是把瀑布作为一种自然界提供的劳动资料的自然富源,垄断性地利用这种"和一种自然力的利用结合在一起的劳动的较大的自然生产力"[④],在生产中产生超额利润并转化为地租。可见,马克思非常重视自然生产力在生产过程中的作用,马克思的生产力概念,是自然生产力和社会生产力结合起来的整体生产力。

自然力作为能够并入生产过程的要素,"它们发挥效能的程度,取决于不花费资本家分文的各种方法和科学进步"[⑤]。在《政治经济学批判》中,马克思就曾明确指出"生产力中也包括科学"[⑥],科学技术的发展水平越高,在工艺上的应用越广泛,就越能够渗透到劳动者、劳动对象、劳动资料中,提高工人的平均熟练程度,促进生产过程的社会结合,扩大生产资料的规模和效能。因此,科学技术的发展,在人类利用自然生产力、提高社会生产力方面做出了巨大的贡献。不过,当我们从生态的角度研究《资本论》时,就不仅要认识到科学技术提高生产力、改善生态环境的作用,还要认识到忽略自然生产力的科学技术发展会破坏生态环境,进而延缓生产力的发展。科学技术能够提高生产力,废弃物的循环利用、资源的节约也依赖科学技术,但忽略自然生态环境变化的科学技术则会破坏生

[①] 廖福霖等把这种由社会生产力和自然生产力共同构成的整体生产力叫作生态生产力。参见廖福霖《生态生产力导论》,林业出版社2007年版,第1页。
[②] 《资本论》第1卷,人民出版社2004年版,第585页。
[③] 《资本论》第1卷,人民出版社2004年版,第586页。
[④] 《资本论》第3卷,人民出版社2004年版,第726页。
[⑤] 《资本论》第2卷,人民出版社2004年版,第394页。
[⑥] 《马克思恩格斯全集》第46卷(下册),人民出版社1980年版,第211页。

态环境并进而延缓生产力的提高。

(二)《资本论》中的农业生态思想

农业是直接以土地资源为劳动对象的生产部门,是人类通过劳动直接从自然界获取物质产品的部门,是自然生产力最能得以充分表现,也最能直接反映人与自然之间物质变换过程的生产部门。

在《资本论》中,马克思不仅阐明了农业生产中人与自然之间的物质变换,更重要的是指出了资本主义农业生产方式所导致的人与自然之间物质变换的断裂。"资本主义生产使它汇集在各大中心的城市人口越来越占优势,这样一来,它一方面聚集着社会的历史动力,另一方面又破坏着人和土地之间的物质变换,也就是使人以衣食形式消费掉的土地的组成部分不能回归土地,从而破坏土地持久肥力的永恒的自然条件。"① 人类消费排泄物"对农业来说最为重要"②,但是,正如马克思所描述的:"例如,在伦敦,450万人的粪便,就没有什么好的处理方法,只好花很多钱用来污染泰晤士河。"③

资本主义生产方式对农业生态环境的破坏作用,一方面表现在该归还土地的物质没有归还,另一方面还表现在农业生产力的提高使人类集约化地利用土地,从而从土地上拿走更多的东西。机器的使用、化学肥料的发明及应用,大大提高了农业生产力,同时也加剧了土地营养物质流失的速度。在《资本论》中,马克思多处引用被他称为"从自然科学的观点出发阐明了现代农业的消极方面"④的李比希的思想,批判地指出资本主义农业生产是一种对土地的掠夺式使用方式。李比希所主张的"归还原则"(即"土地好比是一个机器,要经将庄稼从土壤中拿走的东西归还给它,才能恢复它在生产中所消耗的力量"⑤)在马克思的物质变换思想中得到了充分体

---

① 《资本论》第1卷,人民出版社2004年版,第579页。
② 《资本论》第3卷,人民出版社2004年版,第115页。
③ 《资本论》第3卷,人民出版社2004年版,第115页。
④ 《资本论》第1卷,人民出版社2004年版,第580页。
⑤ [德]李比希:《化学在农业和生理学上的应用》,中译本,农业出版社1983年版,第2页。

现，但资本主义农业生产方式导致了人与自然之间物质变换的断裂。

在物质变换思想的基础上，马克思阐明了如何实现合理农业的发展。其一，排泄物的回收再利用对合理农业的发展非常重要。在大规模社会生产的条件下，集中地、大量地回收、再利用人类消费排泄物以增强土壤肥力，完成人与自然之间正常的物质变换，这是农业生产可持续发展的基本条件。其二，马克思认为，人类不应该是土地的所有者，而只是土地的占有者、受益者，"并且他们应当作为好家长把经过改良的土地传给后代。"① 在这里，马克思实际提出了可持续发展的思想，即农业生产对土地的利用不能只满足当代人的需要，而且要满足后代人继续使用土地的需要，因而必须在发展合理农业的基础上对土地进行改良。为此，马克思提出，"合理的农业同资本主义制度不相容（虽然资本主义制度促进农业技术的发展），合理的农业所需要的，要么是自食其力的小农的手，要么是联合起来的生产者的控制。"② 在马克思看来，联合起来的生产者，"将合理地调节他们和自然之间的物质变换，将它置于他们的共同控制之下，而不让它作为一种盲目的力量来统治自己；靠消耗最小的力量，在最无愧于和最适合于他们的人类本性的条件下来进行这种物质变换。"③

（三）《资本论》中工业生产的循环经济思想

工业生产对自然生态系统产生的影响是通过如何从自然界获取物质原料和如何向自然界排放废弃物来实现的。因此，要减小工业生产对自然生态系统的负面影响，就应该从如何减少从自然界获取物质原料和如何减少向自然界排放废弃物这两方面入手，即节约资源和实现废弃物的资源化再利用。马克思在《资本论》中对此的论述，形成了"循环经济"思想。

生产资料的节约首先可以通过改良劳动过程的社会组织形式来

---

① 《资本论》第3卷，人民出版社2004年版，第878页。
② 《资本论》第3卷，人民出版社2004年版，第137页。
③ 《资本论》第3卷，人民出版社2004年版，第928页。

实现。在分析"协作"问题时,马克思就指出,协作可以引起生产资料的节约。"总之,一部分生产资料,现在是在劳动过程中共同消费的。"① 生产资料的集中使用,可以减少因分别使用生产资料以及为生产资料而修建的各种建筑,同时也节省了因工厂分别使用生产资料而多占用的土地,在一定程度上降低因工业生产而对生态环境产生的干扰。当代,产业集群因其更紧密、细致的分工协作而大大提高了资源的利用效率,证实了马克思当年的分析。

马克思把生产废弃物的再利用作为生产条件节约的一个重要源泉。"我们指的是生产排泄物,即所谓的生产废料再转化为同一个产业部门或另一个产业的新的生产要素;这是这样一个过程,通过这个过程,这种所谓的排泄物就再回到生产从而消费(生产消费或个人消费)的循环中。"② 关于生产废弃物,马克思举例说包括化学工业在小规模生产时损失掉的副产品,制造机器时废弃的但又作为原料进入铁的生产的铁屑,等等。

马克思看到,"原料的日益昂贵,自然成为废物利用的刺激"③。当废弃物再利用的成本小于原材料的购买价格时,生产者会考虑以废弃物的回收利用取代原材料。而原材料的日益昂贵正反映了人类从自然界获取物质资料的数量受到限制,这种限制显然不是来源于社会生产力不足,而是来源于自然生产力的下降。归根结底,是来源于人类耗竭性开发利用自然资源或者以超过自然界再生产的速度使用自然资源,从而导致原材料供给不足,价格上涨。

生产废弃物的回收再利用需要在大规模社会生产的条件下才能实现。马克思指出,"……这一类节约,也是大规模社会劳动的结果。由于大规模社会劳动所产生的废料数量很大,这些废料本身才重新成为贸易的对象,从而成为新的生产要素。这种废料,只有作为共同生产的废料,因而只有作为大规模生产的废料,才对生产过

---

① 《资本论》第1卷,人民出版社2004年版,第377页。
② 《资本论》第3卷,人民出版社2004年版,第94页。
③ 《资本论》第3卷,人民出版社2004年版,第115页。

程有这样重要的意义,才仍然是交换价值的承担者。"① 生产废料再转化为新的生产要素也需要科学技术的发展及其应用,"科学的进步,特别是化学的进步,发现了那些废物的有用性质"②。而只有在一个社会大量产生这种生产废料的情况下,进行这种转化的科技研发才是有意义的。因此,大规模的社会生产是循环经济发展的前提条件。不过,与马克思所处的机器大工业时代不同,当代的大规模社会生产既可以是大企业的生产,也可以是产业集群联结起来的众多企业的生产,更多的是通过市场交易网络紧密联结起来的许许多多不同规模企业的生产。

按照马克思的分析,无论是生产资料的节约,还是生产废弃物的回收再利用,都需要以大规模的社会化生产为条件。大量的生产废料要作为同一个产业部门的新的生产要素,就需要有一定的产业集中度和上下游企业之间的产业链延伸。因此,产业集群和工业园区的发展,以及基于市场交易网络的生产废料回收体系的建立,是工业部门实现循环经济发展的途径。生产废弃物的资源化回收利用,一方面可以减少人类对日益减少的自然资源的需求,另一方面也减少了工业向自然界中的废弃物排放,从而可以缓解人与自然之间的矛盾。

(四)《资本论》中资源性产品开发与利用的生态反思

资源性产品的开发利用也是人类劳动直接作用于自然生态系统的活动。马克思在分析劳动对象时指出,劳动对象有两类:一类是天然存在的劳动对象,另一类是被以前的劳动"滤过"的劳动对象,即原料。天然存在的劳动对象是"未经人的协助,就作为人类劳动的一般对象而存在。所有那些通过劳动只是同土地脱离直接联系的东西,都是天然存在的劳动对象"③。对自然资源的开发和利用直接表现出人类对自然生态系统产生的影响。下面以采掘工业作为不可

---

① 《资本论》第 3 卷,人民出版社 2004 年版,第 94 页。
② 《资本论》第 3 卷,人民出版社 2004 年版,第 115 页。
③ 《资本论》第 1 卷,人民出版社 2004 年版,第 209 页。

再生自然资源的代表，以林业作为可再生自然资源的代表，探究马克思在《资本论》中对自然资源开发利用生态影响的认识。

（1）资源性产品价格决定的生态意蕴。商品的价值是由生产商品的社会必要劳动时间决定的。马克思在《资本论》第3卷中从再生产的角度界定了社会必要劳动时间，指出："每一种商品的价值，都不是由这种商品本身包含的必要劳动时间决定的，而是由它的再生产所需要的社会必要劳动时间决定的。这种再生产可以在和原有生产条件不同的、更困难或更有利的条件下进行。"[1] 从再生产的角度理解社会必要劳动时间，对于正确把握自然资源产品的价值非常重要。

以野生林为代表的可再生自然资源，其本身对于人类就有非常重要的生态功能。如果人类对其开发利用的速度超过自然界的再生速度，就会破坏自然再生产。为了满足人类日益增加的需求，林业作为一种依靠自然力而进行的生产活动便应运而生。在这种情况下，以林业为代表的可再生自然资源产品的价值就取决于人类为了再生产出该产品所付出的社会必要劳动时间。天然野生林虽然没有人类劳动凝结其中，但由于其数量有限且再生周期长，其产品与人工林的产品处于同一市场中，其市场价格决定如同农产品价格决定一样，取决于人工林再生产中的劣等生产条件。

以矿产品为代表的不可再生资源，人类只能开发和利用它，而不能再生产它。过度开发和利用矿产资源，一方面会导致资源的枯竭，另一方面矿产资源区的生态环境会在开发过程中遭到严重破坏。如果矿产品价格没有体现资源稀缺性和生态环境成本，就会导致不可再生资源的过度开发和利用。遏制生态破坏和资源枯竭的趋势，需要进行资源性产品价格改革。不可再生自然资源的价格应体现自然资源的稀缺性、自然资源开发的生态补偿成本、自然资源开发加工劳动凝结的价值、不可再生资源替代品的研究开发劳动凝结的价值等。

---

[1]《资本论》第3卷，人民出版社2004年版，第157页。

总之，既体现自然资源的稀缺性，又体现其生态环境成本的资源性产品价格，一方面可以促使人们节约资源、保护生态环境，另一方面可以鼓励人们从事林业生产，改善生态环境，或寻找可取代不可再生资源的其他资源，减缓资源耗竭的速度。

（2）资源性产品的可持续开发利用。在自然资源的开发利用过程中，自然生产力发挥着重要作用。马克思指出，"同一劳动量用在富矿比用在贫矿能提供更多的金属等等。"① 劳动生产率是同自然条件相联系的，这一点在自然资源产品生产过程中尤其突出。然而，马克思也对依赖资源发展生产提出了警示："资本主义生产方式以人对自然的支配为前提。过于富饶的自然'使人离不开自然的手，就像小孩子离不开引带一样'。"② 马克思所担心的一国经济发展过分依赖自然资源的状况，与后来一些国家在经济社会发展过程中陷入"资源诅咒陷阱"的状况是一样的。

在可再生资源和不可再生资源中，一国不可再生资源拥有量越大，越容易陷入"资源诅咒陷阱"。马克思指出，植物性材料和动物性材料的"生长和生产必须服从一定的有机界规律，要经过一定的自然时段"③，这就意味着人类对这类资源的开发利用还会受到它们本身生长时间的限制；而煤炭、矿石等不可再生资源是自然界在历史时期形成的，一旦被人类探明其存在，"只要具备相应的自然条件"，其产量"在最短时间内就能增加"。④ 在这样的条件下，一国的劳动生产率越高，对自然资源的开发速度就越快。但是，"这些自然条件的丰饶度往往随着社会条件所决定的生产率的提高而相应地减低。"⑤ 自然条件随着开发的进行而恶化，最终导致劳动生产力发生相反的运动。马克思说："我们只要想一想决定大部分原料产量的

---

① 《资本论》第 1 卷，人民出版社 2004 年版，第 53 页。
② 《资本论》第 1 卷，人民出版社 2004 年版，第 587 页。
③ 《资本论》第 3 卷，人民出版社 2004 年版，第 134 页。
④ 《资本论》第 3 卷，人民出版社 2004 年版，第 134 页。
⑤ 《资本论》第 3 卷，人民出版社 2004 年版，第 289 页。

季节的影响，森林、煤矿、铁矿的枯竭等等，就明白了。"① 因此，无论是可再生资源还是不可再生资源，良好的自然条件为人类进行生产提供了物质基础，但只有在人与自然和谐发展的基础上，可持续地而非破坏性地利用自然资源才能实现人类经济社会的可持续发展。

与矿产资源开发利用的生态负效应不同，林业发展和农业发展本身具有改善生态环境的作用。但如同前面对农业生产的分析一样，只有生态化的林业生产才能带来生态效益与经济效益的同时增加，而片面地以经济效益为目标的林业生产在生态效益方面的作用却是令人怀疑的。单纯为了经济利益而进行的不适合当地生态环境的林业生产将会出现对地力的掠夺和浪费。对此，马克思在分析对外贸易问题时曾指出："先生们，你们也许认为生产咖啡和砂糖是西印度的自然禀赋吧。二百年以前，跟贸易毫无关系的自然界在那里连一棵咖啡树、一株甘蔗也没有生长出来。也许不出五十年，那里连一点咖啡、一点砂糖也找不到了，因为东印度正以其更廉价的生产得心应手地跟西印度虚假的自然禀赋作竞争。而这个自然禀赋异常富庶的西印度，对英国人说来，正如有史以来就有手工织布天赋的达卡地区的织工一样，已是同样沉重的负担。"② 这表明资本主义生产者为了获取利润，所进行的看似具有生态效益的林业生产事实上与当地的生态系统并不融洽。

在对资本主义生产方式的批判中，马克思表明，"资本主义生产指望获得直接的眼前的货币利益的全部精神，都和维持人类世世代代不断需要的全部生活条件的农业有矛盾。森林是说明这一点的最好例子。"③ 如同合理农业的发展需要联合起来的生产者的控制一样，马克思同样指出，"只有在森林不归私人所有，而归国家管理的情况

---

① 《资本论》第3卷，人民出版社2004年版，第289页。
② 《马克思恩格斯全集》第4卷，人民出版社1958年版，第457—458页。
③ 《资本论》第3卷，人民出版社2004年版，第697页。

下，森林的经营才会有时在某种程度上符合全体的利益。"①

这就告诉我们，林业是一个特殊的行业，林业对于人类生存与发展来说，所能够发挥的生态功能是最重要的。但由于林业的生态功能有外溢效应，同时林业生产周期较长，私人经营者要么不愿意从事林业生产，要么也只在其投资回收期限内考虑如何进行林业生产，从而无法保证林业生态功能的持续发挥。因此，从全局出发，从人类代际传承出发，政府应在森林经营中发挥重要作用。

（五）《资本论》中的消费理论及其生态蕴含

消费，是人与自然之间物质变换的一个重要环节。消费是人类享受从自然界所获取的物质产品的过程，同时也是向自然界排放废物的过程。消费不仅因为消费过程本身会对自然生态环境产生影响，还因为对生产过程产生反作用而间接作用于自然生态环境。马克思在《〈政治经济学批判〉导言》及《资本论》等著作中，对消费以及消费与生产之间的关系进行了系统论述，其中所包含的生态思想对我们以消费的生态化来推进生态环境的改善有重要启示。

（1）消费产生新的生产需要。"人从出现在地球舞台上的第一天起，每天都要消费，不管在他开始生产以前和在生产期间都是一样。"② 消费是人类再生产自身生产力的过程，是对生产过程中所生产的产品的占有和享受的过程。消费与生产具有直接同一性。"消费直接也是生产，正如自然界中的元素和化学物质的消费是植物的生产一样。例如，在吃喝这一种消费形式中，人生产自己的身体，这是明显的事。"③ 生产决定着消费，消费也决定着生产。马克思认为，消费从两方面决定着生产：一方面，产品只有在消费中才成为现实的产品；另一方面，消费创造出新的生产需要，因而创造出生产的观念上的内在动机，后者是生产的前提。"消费在观念上提出生产的对象，把它作为内心的图象、作为需要、作为动力和目的提出来。

---

① 《资本论》第 3 卷，人民出版社 2004 年版，第 697 页。
② 《资本论》第 1 卷，人民出版社 2004 年版，第 196 页。
③ 《马克思恩格斯全集》第 46 卷（上册），人民出版社 1979 年版，第 27—28 页。

消费创造出还是在主观形式上的生产对象。没有需要，就没有生产。而消费则把需要再生产出来。"①

当我们把研究的视角放在生态影响的时候，就会发现，一定时期的自然生态环境不仅受到直接生产过程的影响，还受到由生产所决定的消费方式的影响；不仅受到消费方式本身对自然生态环境的直接影响，还受到消费反作用于生产所带来的间接影响。马克思在《资本论》中对资本主义消费模式的生态批判正是从这里开始的。

（2）资本主义消费模式的生态影响。资本逻辑即资本主义生产的决定性目的和动机是在资本的不断运动中获取越来越多的剩余价值。为此，扩大再生产便成为资本主义生产的特征。尤其是随着资本有机构成的提高，规模扩大的再生产表现为用于再生产的生产资料数量的增加。这就意味着，在资本逻辑所决定的资本主义生产方式下，生产性消费不断扩大从自然界获取物质产品的数量，可能形成对自然资源的掠夺式使用及耗竭式开发。

资本要在不断的运动中实现价值增值，这就需要所生产的产品能够顺利实现价值补偿。马克思在分析资本循环时指出，"全部商品产品的消费是资本本身循环正常进行的条件。"② 为了使商品顺利卖出，企业会想尽一切办法推销自己的商品。商业资本的出现更是在商品还没有到达消费者手中时，便给了生产者扩大再生产的信号。商品促销活动也促成了消费者在商品还没有完全报废之前就废弃它。

这种大量废弃的消费方式不但表现在生活消费中，也表现在生产消费中。为了避免无形磨损的损失，企业会加快固定资本折旧的速度，在机器设备等完全报废之前就更新机器设备，以提高劳动生产率，使自己生产商品的个别劳动时间低于社会必要劳动时间，从而获取超额利润。

由此可见，被后人概括为"大量生产—大量消费—大量废弃"的模式在《资本论》中已经为马克思所揭示，这种模式的每一个环

---

① 《马克思恩格斯全集》第46卷（上册），人民出版社1979年版，第29页。
② 《资本论》第2卷，人民出版社2004年版，第108页。

节，都包含着人类对自然生态环境的过度干扰，是人类超量从自然界获取物质产品和超负荷向自然界排放的过程。生产方式决定消费方式，但消费方式对生产方式有巨大的反作用。改变反生态的生产方式，需要消费环节的生态化。

四　《资本论》中生态思想与当代生态文明建设

自从人类作为自然生态系统的主动者，纯粹自然生态系统向人类生态系统发展以来，生态系统失衡的可能性就已经存在了。随着人类文明的发展，尤其是工业文明的发展，人类干预自然的能力增强了，而生态系统自我恢复能力遭到了削弱。由于忽略了人与自然之间正常的物质变换关系，人类的生产活动和消费活动在工业文明发展的帮助下更加大了人与自然之间物质变换的代谢断层。对此，马克思在其一百多年以前的经济学巨著《资本论》中就早有论述，它所揭示的工业文明发展的生态演替后果，在一百多年以后的今天正在更大程度上继续发展着。《资本论》中生态思想对于当代生态文明建设有着重要的启示意义。

（一）人类生态系统的失衡是可以避免的

人类生态系统的失衡源于人类从自然生态系统中输入物质能量和向自然界输出物质能量的过程破坏了自然生态系统的自我调节能力，恢复人类生态系统的动态平衡要求人类社会经济活动对自然生态系统所产生的影响不要超出自然生态系统自我恢复的生态阈值。只要人类对自然生态系统的干扰尚在这一阈值范围内，人类生态系统的失衡就是可以避免的。

马克思在《资本论》中对人与自然之间的"物质变换"关系进行了系统的分析，指出人与自然之间不是单向的征服与被征服的关系，而是一种双向的物质变换关系。对"生产力"概念不应该单纯从人类改造和征服自然的能力这一角度来理解，生产力是由自然生产力和社会生产力构成的整体。科学技术的发展能够提高社会生产力，社会生产力的持续提高仍需要通过不断进行科技创新来实现。但忽略自然生产力的科学技术发展最终也会由于破坏自然力而导致整体生产力的提高受到限制。因此，从生态维度认识生产力的发展，就需要从生态维度客观认识科技创新。科学技术的生态取向，不仅指发展有利于生态系统改善的科学技术，还要求人类经济社会发展中的科技创新活动及其成果应用应以不破坏人与自然之间的物质变换过程为原则。

但是，科学技术的生态取向并没有引起足够的重视。我们在专门为生态环境改善而进行的科技创新方面取得了显著成绩，但在为提高社会生产力而进行的科技创新方面，生态取向却有欠缺。值得注意的是，为生态环保而进行的专门科技创新大多发挥着事后修补的作用。这就意味着，为了发展经济，我们一方面不断创新科学技术，提高从自然界获取物质产品的能力，加大了对自然界的掠夺和对生态系统的破坏，另一方面又通过技术创新来修复被破坏的生态系统。然而，对生态系统的改善和修复的速度不及对生态系统的破坏速度，从而使已取得的经济成果大打折扣。正如马克思在《资本论》中所言，"社会生产力的增长仅仅补偿或甚至补偿不了自然力的减低，——这种补偿总是只能起暂时的作用。"① 因此，从根本上改变科学技术的生态负效应，必须强调所有科学技术创新及其成果应用的生态化。

在市场经济条件下，多数应用型科技创新活动是由企业来完成的，市场是推动科技创新的决定性力量。同样，科学技术发展的生态取向，归根结底也需要通过市场来实现。正是在这个意义上，党的十八届三中全会通过的《中共中央关于全面深化改革若干重大问题的决定》指出，"建立主要由市场决定技术创新项目和经费分配、评价成果的机制"。由于科技创新的生态效益具有正外部性，当企业等经济主体进行技术创新实现的生态效益不能完全表现为经济效益

---

① 《资本论》第 3 卷，人民出版社 2004 年版，第 867 页。

的提高时，或为兼顾生态效益而在技术创新活动中额外支付的成本无从补偿时，企业等经济主体的科技创新便会忽略其所产生的生态影响，科学技术的生态取向就难以实现。这就需要在发挥市场决定性作用的同时，更好地发挥政府作用。通过建立一套能够激发生态取向科技创新的长效激励机制，为生态化科技创新活动提供有利的竞争环境。对于具有生态正效应或者没有生态负效应的科技创新及其应用，政府可以采取减税、补贴、优惠融资、政府采购等激励措施加以支持，以企业经济效益的提高来推动环境负外部性的减少和正外部性的增加。

（二）当代生态危机的缓解需要进行生态建设

生态危机是指人类赖以生存的生态环境遭到严重破坏，人类的生存和发展受到威胁。人类不当或过度的生产和消费活动已经引起了生态系统自我恢复能力的破坏。生态危机一旦出现，在一定时期内就难以恢复。当代生态危机已成为全球性的现象，人类首先必须帮助自然界恢复其自我调节能力，通过生态建设缓解生态危机。

生态建设包括生态重建和生态恢复。生态重建与生态恢复是不同程度的概念。生态重建是借助人类经济活动使已经被破坏的生态环境恢复到接近于以前的状况；生态恢复则是自然生态系统的自我回归，是自然生态系统自我调节能力的恢复，即通过减少人类经济系统对自然生态系统的破坏性干扰，使自然生态系统保持自我修复和调节。生态恢复和生态重建在时间尺度上有差别，生态恢复的时间尺度包括地质年代尺度（以千、万、亿年计）和自然生态系统世代演替尺度（以十、百、千年计），生态重建的时间尺度以一、十、百年计。[①] 在当代生态危机愈演愈烈的背景下，人类生态破坏的速度显然远远大于生态恢复的速度。因此，缓解生态危机必须进行生态重建。而从长远看，恢复自然生态系统的自我修复和自我调节能力

---

① 张新时：《关于生态重建和生态恢复的思辨及其科学涵义与发展途径》，《植物生态学报》2010年第1期。

则是解决生态问题的根本出路。

在马克思生活的年代,工业文明的发展对生态环境的破坏已经出现,但还远不像百年后的今天这么严重,那时马克思就已明确指出,在农业、工业、自然资源开发和利用等人类经济活动中保持人与自然之间正常的物质变换,以维持自然生态系统自我调节能力的重要性。农业生产可持续发展的出路在于农业生态化发展。农业生产方式的转变必须实现农业生产的经济效益、社会效益和生态效益的协调统一。就要求:更加注重能够恢复和改善农业生态系统的农业科学技术创新;推动城乡协调发展,保护农业生态环境;在大规模农业生产的基础上,实现农业生态化。

在工业领域,提倡建立生态化工业园区,在大规模社会化生产和提高市场化水平的基础上实现工业循环经济,通过不变资本的节约减少从自然生态系统的输入,同时一个企业的生产废弃物成为另一个企业的生产要素,减少向自然生态系统的排放,实现工业生产的生态化。

加快资源性产品价格改革,形成体现资源稀缺性和生态环境成本的资源性产品价格形成机制。一方面促使人们节约资源、保护生态环境,另一方面鼓励人们从事林业生产,改善生态环境,或寻找可取代不可再生资源的其他资源,减缓资源耗竭的速度。

绿色消费是现代消费生活的一种新趋势,这种生态化的消费方式以满足人类生存和发展本身对产品的消费为目的,减少甚至完全抛弃那种不顾自然生态系统承载力的奢侈型、浪费型、炫耀型消费。消费生态化仅仅有消费者转变观念还不够,还必须有保证消费者选择绿色产品的制度措施。这就需要有人们所信赖的非营利机构对生态化产品进行认证和标识。对生态化产品进行认证和标识,一方面能够使消费者容易识别绿色产品,扩大绿色产品消费市场;另一方面能够为绿色生产者提供有利的市场竞争环境,以经济利益的提高诱使生产者从事绿色生产。

(三)《资本论》中生态思想指导下的生态文明建设

在《资本论》中,马克思从人与自然之间的关系,以及生产过程、消费过程等环节剖析了工业文明发展中的生态缺失，同时以人与自然之间的物质变换、合理农业、可持续发展、循环经济等思想指出如何实现人类生态系统的永续发展。工业文明正是由于其引起的生态系统动态平衡的破坏而使其进一步发展受到限制。通过生态文明建设，推动工业文明向生态文明发展，是《资本论》中生态思想的期冀所在。

生态文明作为人类文明发展的一个新的阶段，是一种在遵循人与自然、人与人、人与社会和谐共存原则下的社会发展形态，是人类为了修复生态系统、保护生态环境而取得的一系列物质成果、精神成果、制度成果的总和。生态文明建设，是克服工业文明弊端，探索资源节约型、环境友好型发展道路的过程。生态文明目标的实现需要"把生态文明建设融入经济建设、政治建设、文化建设、社会建设各方面和全过程"。

（1）转变经济发展方式，实现人与自然的和谐统一。工业文明大大提高了人类从自然界获取物质产品的能力，"大量生产—大量消费—大量废弃"成为工业文明经济循环的典型模式。工业文明在带来物质产品极大丰富的同时，一方面耗竭性地使用自然资源，另一方面生产过程和消费过程产生的废弃物、排泄物超出自然生态系统的自我净化能力。工业文明越发达，人类经济社会发展与自然生态系统平衡之间的矛盾往往就越尖锐。但生产力水平和消费水平的提高并不必然意味着生态环境的破坏，推动工业文明向生态文明转化，首先要求转变经济发展方式。

转变经济发展方式，就是要从忽略人与自然之间物质变换关系转向人与自然之间的协调；从过度强调经济效益转向强调经济效益与生态效益、社会效益兼顾。马克思《资本论》中的生态思想启发我们，经济发展方式的转变需要在正确对待人与自然关系的基础上，通过生产过程和消费过程的生态化来推进。首先，要正确判断人类经济活动对自然生态环境的影响，使社会生产力的发展不要破坏自然生产力，使人类对自然生态系统的干扰处于自然生态系统的阈值之内。其次，在生产社会化和经济市场化的条件下，实施生态循环经济模式，减少从自然生态系统的输入，减少向自然生态系统的非生态性输出。最后，消费的生态化会对生产的生态化发挥重要的引导作用。通过生态文明知识的普及以及产品标识制度的完善，引导消费者主动选择生态产品和生态化消费模式。

（2）完善领导干部政绩考核机制，强化地方政府保护和修复生态环境的责任。工业文明向生态文明过渡是对人类经济行为的一种反向校正过程，必须依靠强有力的制度支持。经济发展方式从反自然向生态化的转变，需要内化于经济主体的行为中。长期以来，单纯以 GDP 等经济总量指标为主的政绩考核机制，难免使地方政府主要以经济效益的提高来进行产业结构和政府扶持政策等方面的调整，容易导致重经济增长轻生态环境改善的后果。

完善政绩考核机制，要求"加大资源消耗、环境损害、生态效益、产能过剩、科技创新、安全生产、新增债务等指标的权重"[1]。当前，应该对各地方政府辖区内的自然资源、生态环境状况进行合理评估测算，把自然资源、生态环境统计数据定期向社会公布。在考核周期内对经济增长率和资源消耗量、生态环境变化状况进行比较，以此作为政绩考核的指标，实行生态环境问责制。

（3）建设生态文化，发挥文化对生态文明建设的导向功能。文化形成人们行为选择的软制度环境。生态文明建设需要人们认识到工业文明的生态缺陷，认识到生态环境对人类生存和发展的基础性作用。

工业文明史形成了"人定胜天"的文化意识，人类以掠夺性利用自然的行为向自然生态系统表明自己的主体地位，而马克思的"人与自然之间物质变换"思想和我国传统文化中的"天人合一"思想却在一定程度上被忽略了。社会各界应形成生态文化，树立生态意识，从而使保护和改善生态环境成为人们的自发行为。

---

[1]《中共中央关于全面深化改革若干重大问题的决定》，人民出版社 2013 年版，第 17 页。

生态文明建设的制度化还要求加强生态立法建设。与我国工业文明发展相适应，我国生态保护立法偏重于事后的规范和治理，无法纠正"先污染、后治理"的工业化发展模式。生态保护立法要从事后治理转向事前规范，建立高污染、高耗能行业的市场准入制度以及通过生态立法保护生态化产品。

（4）拥有良好的生态环境是最基本的民生。"良好生态环境是最公平的公共产品，是最普惠的民生福祉。"① 改善民生首先要改善人民的生存环境，让人民呼吸到新鲜的空气、喝上清洁的水、吃上放心的食物，而这正是生态建设和生态修复的目的所在，是生态文明建设的题中应有之义。

恩格斯在《国民经济学批判大纲》中提出了"人类同自然的和解以及人类本身的和解"②，马克思在《1844年经济学哲学手稿》中提出了"人和自然之间、人和人之间的矛盾的真正解决"③，人与自然、人与人之间的和谐，是和谐社会的两个基本方面。良好的生态环境、人与自然之间的和谐统一，是人与人之间和谐共存的基础。这需要生态文明制度化，界定自然资源产权，合理利用自然生态环境，实现人类社会生态可持续发展。

（原载《经济学动态》2015年第7期）

---

① 习近平：《在中共十八届三中全会第一次全体会议上的讲话》，载中共中央文献研究室编《习近平关于全面深化改革论述摘编》，中央文献出版社2014年版，第107页。
② 《马克思恩格斯全集》第1卷，人民出版社1956年版，第603页。
③ 《马克思恩格斯全集》第42卷，人民出版社1979年版，第120页。

奠定高质量发展的所有制基础

所有制问题是马克思主义政治经济学的基本理论问题，也是中国特色社会主义政治经济学的基本理论问题。改革开放40多年来，我国所有制改革实践和所有制理论发展相互促进，取得了一系列重要成果。党的十五大把"公有制为主体、多种所有制经济共同发展"作为社会主义基本经济制度，党的十六大提出了"两个毫不动摇"的方针，党的十七大提出了"平等保护物权"，构建各种所有制经济平等发展的制度环境。党的十八以来，所有制理论进一步发展，提出混合所有制经济是社会主义基本经济制度的重要实现形式，发挥国有经济战略支撑作用，激发各类市场主体活力，等等。可以说，中国特色社会主义所有制理论的基本框架、主要逻辑和重要命题已经初步形成。

2020年我国全面建成小康社会，进而开启全面建设社会主义现代化国家新征程。我国经济社会发展的基本条件亦发生了重大变化，从经济成长阶段看，我国经济已经由高速增长阶段转向高质量发展，社会分工、经济社会网络越来越复杂、越来越细密，各类经济信息呈几何级数增长，经济复杂性和不确定性显著提高，社会主要矛盾已经演化为人民日益增长的美好生活需要和不平衡不充分的发展之间的矛盾；从经济发展的资源环境条件看，高投入、高排放、高污染的粗放增长之路已经走到了尽头，生态环境容量变小，资源能源约束变硬；从经济发展的动力看，技术革命和产业变革的作用凸显，经济增长越来越依靠创新和全要素生产率的提升；从社会需求看，消费日趋多样化、个性化，消费者越来越注重产品品质和消费安全性，对生态产品的需求日益旺盛。党的十九届五中全会又提出了"统筹发展和安全""确保国家经济安全""确保人民生命安全"等重大问题。这些新因素不断出现，力量不断增强，势必对我国所有制改革和所有制理论发展产生重要而深远的影响。

适应经济高质量发展，所有制改革实践和理论创新需要进一步解决以下三个基本问题：一是如何加快建立现代产权制度；二是如何合理确立公有制的主体地位；三是如何加快非公有制经济健康成长。

一 加快完善现代产权制度

产权是所有制的核心，现代产权制度是现代市场经济的基石，也是社会主义市场经济重要的支撑性制度，它关系到人们创造价值、积累财富、有效配置资源的内在激励，是各类生产要素流动的基本驱动力。党的十八届三中全会《决定》提出健全"归属清晰、权责明确、保护严格、流转顺畅"的现代产权制度；[①] 党的十九大报告将完善产权制度作为完善市场经济体制的一个重点，提出实现产权有效激励；党的十九届四中全会把"健全以公平为原则的产权保护制度"作为推进国家治理能力和治理体系现代化的重要内容；党的十九届五中全会把"健全产权执法司法保护制度"作为建设高标准市场体系的制度基础。现代产权制度建设被置于越来越高的理论和实践高度。

对于产权制度的重要性，我国古代思想家孟子就提出"有恒产者有恒心，无恒产者无恒心"[②]，影响深远。现代经济学同样强调产权的重要性。威廉·鲍莫尔、罗伯特·利坦和卡尔·施拉姆指出：如果不能有效保护产权，"就不能指望个人会冒着失去自己的资金和

[①] 《中共中央关于全面深化改革若干重大问题的决定》，人民出版社2013年版，第8页。
[②] 2016年12月颁布的《中共中央、国务院关于完善产权保护制度依法保护产权的意见》对这一句话有所引用："有恒产者有恒心，经济主体财产权的有效保障和实现是经济社会持续健康发展的基础"，《十八大以来重要文献选编》（下），人民出版社2018年版，第467页。

时间的风险，投资于运气不济的冒险项目"①。而冒险是创新和应对不确定性的核心要素。拉古拉迈·拉詹和路易吉·津加莱斯认为，"竞争性市场要发展起来，第一步就需要政府尊重和保护公民的财产权利"。② 与传统经济相比，现代经济体系和交易具有复杂得多的联系和结构。复杂交易，诸如自然资源、资本、技术、知识、数据等交易，具有高度的复杂性和不确定性，未来收益是人们从事诸如此类交易的重要引导。在这种情况下，产权的清晰界定和有效保护就显得十分重要。

因此，当创新和不确定性在经济发展中的重要性增加时，现代产权制度的重要性也会随之增加。以往的高速经济增长处于传统经济增长轨道，主要靠大规模要素投入、政府投资和技术模仿，相当一部分投资和经济活动落在了技术含量偏低和交易简单的价值链低端、基础设施和房地产领域，创新和不确定性的作用不太明显。这样的经济增长是不可持续的，必须转向现代经济增长，更多地依靠创新和企业家精神，发挥各类市场主体的创造力和冒险精神。这就需要有完善的现代产权制度来保障人们的利益，主要是未来利益和不确定性利益，以支持复杂交易的进行。鲍莫尔、利坦和施拉姆在谈到产权制度对创新型经济的重要性时指出："创新型企业家行为是一种有风险的活动，承担这些风险的个人必须得到恰当的补偿。也就是说，当他们成功实现其努力时，对由此产生的结果：资金、土地、产品或全部三种财产，他们必须有财产权。此外，企业家（和所有企业）必须相信，他们与其他各方签署的合同是得到承认的。"③

现代产权制度是形成良好要素市场和充分发挥市场在资源配置中决定性作用的基础。改革开放40多年来，我国高速经济增长主要

---

① 威廉·鲍莫尔、罗伯特·利坦、卡尔·施拉姆：《好的资本主义，坏的资本主义，以及增长与繁荣的经济学》，中信出版社2008年版，第6页。
② 拉古拉迈·拉詹、路易吉·津加莱斯：《从资本家手中拯救资本主义：捍卫金融市场自由，创造财富和机会》，中信出版社2004年版，引言，第XXIV页。
③ 威廉·鲍莫尔、罗伯特·利坦、卡尔·施拉姆：《好的资本主义，坏的资本主义，以及增长与繁荣的经济学》，中信出版社2008年版，第96页。

建立在商品和服务市场发育较快而要素市场发育相对滞后的基础上，生产要素配置的行政化色彩深厚。但是，要素的行政化配置具有适应性效率低的内在缺陷，会造成诸如生产要素错配、持续性产能过剩、低端供给过剩而高端供给不足等问题，甚至可能把经济和社会发展带入"中等收入陷阱"，这就急需把要素的行政化配置转变为要素的市场化配置，以提高经济总体适应性、效率和韧性。现代生产要素市场是生产要素市场化配置的前提条件。只有存在一个运转良好的生产要素市场，才有可能发现生产要素相对稀缺性、潜在用途和经济价值，形成正确的生产要素价格，以供人们作出合理的经济核算和选择。现代产权制度是现代生产要素市场的基础，是成本、价格、生产、分工、交换、储蓄、投资等一系列经济行为和经济参数得以形成的前提。[①]

我国经济持续快速经济增长，一个重要原因是我国产权保护状况得到了改善。鲍莫尔、利坦和施拉姆就认为，中国模式的成功，原因之一是"有效实施的产权和合约权"[②]。但我国产权保护状况，特别是非公有产权的保护状况并不理想。据世界银行与国际金融公司研究报告《中国营商环境2012》，2011年和2012年，在182个国家和地区中，中国投资者保护分别排第93位和97位，投资者保护强度指数（1到10）为5，属中等强度保护。

加快建立完善的现代产权制度，以下四点比较重要：

第一，将改革开放以来沉淀下来的一些模糊产权变为清晰的、可交易和能够获取合理收益的产权，从而使这些产权所支配的经济资源快速加入国民经济循环之中，特别是加入创新创业过程之中，而不是游离于社会再生产过程之外，或配置到低效用途上，甚至外逃。如果说改革开放初期不健全的产权还能实现经济较快增长，那么，在经济高质量发展阶段，这样的产权状况已经不再能够有效激

[①] 卢现祥：《论产权制度、要素市场与高质量发展》，《经济纵横》2020年第1期。
[②] 威廉·鲍莫尔、罗伯特·利坦、卡尔·施拉姆：《好的资本主义，坏的资本主义，以及增长与繁荣的经济学》，中信出版社2008年版，第132页。

励经济增长。

第二，有效保护国有资本及其收益，防止国有资本流失。国有经济布局调整、结构优化和混合所有制改革，大都涉及国有资产的评估、转让、流动和重组，如果没有有效的国有资产保护制度，很容易造成国有资本流失，特别是腐败对国有资本的侵蚀。特别需要提到的是，国有土地和国有自然资源等是迅速增值的优质国有资产，构成整个国民经济循环的基础，迫切需要通过完善国有自然资源产权制度和市场交易规则等加以有效保护和高效利用，借以促进经济的永续发展和生产生活的生态化。

第三，尽快完善知识产权制度。迈向高质量发展，实施创新驱动发展战略，完善的知识产权制度是关键，它有利于知识和技术的生产、积累、扩散和最优配置，刺激技术的发明和有效利用。在这方面，美国1980年颁布的《拜杜法案》值得借鉴。《拜杜法案》将知识产权主要界定给了知识和技术的发明人或机构，强调对技术发明人的产权激励。经过10年左右的孕育，《拜杜法案》助推了20世纪90年代美国知识经济的兴起，也为数字经济的发展奠定了基础。早在1992年，党的十四大就提出"不断完善保护知识产权的制度"[①]，党的十九大进一步提出"强化知识产权创造、保护、运用"[②]。对于知识产权的界定和收益分配，也作了相应的规定："试点赋予科研人员职务科技成果所有权或长期使用权"[③]，"构建充分体现知识、技术等创新要素价值的收益分配机制，完善科研人员职务发明成果权益分享机制"[④]。因此，适应高质量发展的需要，需要尽快细化知识产权创造、运用、交易和保护的制度规则，建立起完善的现代知识产

[①] 《十四大以来重要文献选编》（上），中央文献出版社2011年版，第22页。

[②] 习近平：《决胜全面建成小康社会　夺取新时代中国特色社会主义伟大胜利——在中国共产党第十九次全国代表大会上的报告》，人民出版社2017年版，第31页。

[③] 《中共中央国务院关于新时代加快完善社会主义市场经济体制的意见》，人民出版社2020年版，第16页。

[④] 《中共中央关于制定国民经济和社会发展第十四个五年规划和二〇三五年远景目标的建议》，《人民日报》2020年11月4日。

权制度。

第四，约束行政权力对产权的侵害。产权的界定和保护需要依靠政府行政权力和司法制度来实现，但不受限制的行政权力和司法权力有时会成为侵害产权的一个根源。因此，需要将权力装进制度的笼子，在充分发挥政府在产权界定和保护上的积极作用的同时，抑制可能产生的负面影响。

二 合理把握和确立公有制经济的主体地位

公有制的主体地位和国有经济的主导作用是中国特色社会主义政治经济学的一条重要原则。改革开放之前和初期，公有制经济"一统天下"，公有制的主体地位和国有经济的主导作用还不是问题。随着经济市场化进程的推进，我国的所有制结构逐步演变，总的趋势是公有制经济的比重明显下降，非公有制经济比重明显上升。2018年，规模以上工业企业总资产中，国有控股企业占38.8%，私营企业占21.1%，外商及港澳台资企业占19.8%；在社会总就业中，民营企业和个体工商户占56%，国有混合所有制企业的股份有限公司和有限责任公司占19%，国有企业和集体企业占14%，外资企业占5%；在全社会固定资产投资（不包含农户投资）中，民间投资占62%。从数量上看，除资产占比以外，其他指标非公有制经济所占的比例已经远高于传统的公有制经济。在这种情况下，科学把握公有制的主导地位和国有经济的主导作用就显得比较重要了。

党的十五大对公有制主体地位已经作出了明确的界定：公有制的主体地位主要体现在公有资产在社会总资产中占优势，国有经济控制国民经济命脉，对经济发展起主导作用；而公有资产占优势，要有量的优势，更要注重质的提高，不同行业、不同地区可以有所差别。可见，党的十五大已经开始从"质"的方面来把握公有制的主体地位。目前，人们对公有制主体地位和国有经济主导作用的担忧主要是由于过分关注"量"的指标而忽视"质"的指标。马克思在论述一种生产相对于其他生产处于决定性地位时，提出了"普照的光"的理论，指出："在一切社会形式中都有一种一定的生产决定其他一切生产的地位和影响，因而它的关系也决定其他一切关系的地位和影响。这是一种普照的光，它掩盖了一切其他色彩，改变着它们的特点。"① 在社会主义市场经济中，公有制的主体地位和国有经济的主导作用应该从"普照的光"的角度来理解和把握，而不能简单地依据和套用某种数量比例。当然，公有制的主体地位需要有一定"量"来保证，没有一定的"量"，就不能保证一定的"质"，这是质与量的辩证法。

从量与质的辩证关系来理解，虽然我国公有制经济所占的比例下降了，但公有制的主体地位和国有经济的主导作用没有变。

第一，公有资产仍保持量的优势。如果把竞争性领域的经营性公有资产、基础设施领域的网络性公有资产（如路网、通信网、管网、渠网等）、金融领域的公有金融资产、公共服务领域的公益性公有资产（如学校、医院、养老院等）、自然资源领域的资源性公有资产（土地、矿藏、水、河流、森林、草原、海洋等）等都包括在内，公有资产量的优势是十分明显的。值得注意的是，随着要素条件的变化和经济市场化的加深，资源性公有资产迅速升值，在经济社会生活中的地位越来越重要。据学者估算，2011年年末，全国农业用地价值为61.4万亿元，建设用地价值为486.66万亿元，18种矿产基础储量的经济价值达189.25万亿元，这三项公有资源性资产的估价总计为737.31万亿元。②

第二，公有资产不仅具有"量"的优势，更具有"质"的优势。网络性资产、金融资产、公益性资产、资源性资产和竞争性领域的优质资产大多为公有资产。这些资产处在经济社会生活的重要领域和关键环节，支撑、控制和引领着经济社会的发展。公路、铁路、通信、管道、渠道等网络性资产，支撑着整个社会的人流、物

---

① 《马克思恩格斯文集》第8卷，人民出版社2009年版，第31页。
② 郑志国：《公有制为主体涵盖资源性资产》，《江汉论坛》2012年第12期。

流和信息流。金融资产是资本流动和资源配置的神经中枢，是防范和化解系统性金融风险的基础设施。学校、医院和基础科研机构等公益性资本为居民生活和科技进步提供基本保障。

新时代巩固公有制经济的主体地位和国有经济的主导作用，需要从中国特色社会主义政治经济学的基本原则出发。党的十八届三中全会提出"使市场在资源配置中起决定性作用和更好发挥政府作用"，混合所有制经济是基本经济制度的重要实现形式；党的十九大报告重申了这一原则并提出"加快国有经济布局优化"，"培育具有全球竞争力的世界一流企业"；党的十九届四中全会提出"构建社会主义市场经济条件下关键核心技术攻关新型举国体制"；党的十九届五中全会提出"加快国有经济布局优化和结构调整，发挥国有经济战略支撑作用""统筹发展和安全"，等等。所有这些重要论述都是我们在确立公有制主体地位和国有经济主导作用时需要依据系统思维加以统筹考虑的。

第一，进一步厘清国有资本的功能定位和国有经济的使命担当。中美贸易摩擦和新冠肺炎疫情使我们对国有资本的功能定位和国有经济的使命担当有了更加清晰的认识，那就是国有资本和国有经济必须在国民经济和人民生命健康的重要领域和关键环节发挥"压舱石"和"顶梁柱"的作用，是化解重大经济社会风险的"定海神针"。从另一个角度看，国有资本和国有经济与政府职能有着天然的内在联系。党的十八届三中全会对政府职能作了系统地归纳，其中"加强和优化公共服务""推动可持续发展""促进共同富裕""弥补市场失灵"等就是政府需要通过运用国有资本和国有经济来发挥的职能。因此，从国有资本和国有经济的功能定位和使命担当以及现代市场经济中的政府职能出发，国有资本要牢牢控制国民经济命脉部门和重要民生部门，承担提供重要公共品和大型基础设施的职责，化解重大经济社会风险，有效弥补非公有资本和市场机制的内在缺陷。从当前形势出发，强化国家战略科技力量，攻克关键核心技术，补齐民生短板，加快新基础设施建设，等等，都是国有资本和国有经济应该发力的领域。

第二，加快优化国有资本布局。党中央一再强调"加快国有经济布局优化和结构调整"。要依据国有资本的功能定位和使命担当来优化国有资本的布局，以此来做强做优做大国有资本和国有企业。具体来说，国有资本要加快向公共服务、重点前瞻性战略性产业、生态环境保护、科技进步、人民生命安全和国家安全等重要领域集中。目前，加快国有资本结构的优化调整的条件已经具备。一是我们已经积累起了数量庞大的非公有资本，它们完全可以承担起竞争性领域的资源配置和经济发展功能，可以迅速填补国有资本退出后的经济领域；二是国有经济资本化、证券化程度的提高以及多层次资本市场的不断发育，提高了国有资本流动性，为国有资本向自己功能领域集中提供了便利条件。

第三，深化国有企业混合所有制改革，以此来强化国有资本的功能和影响力。党的十九报告将发展混合所有制经济作为"培育具有全球竞争力的世界一流企业"的重要途径。发展混合所有制企业，无论是国有资本控股还是非公有资本控股，都能够放大国有资本的功能，提升国有资本的影响力，从而强化而不是削弱公有制的主体地位和国有经济的主导作用。

三 促进非公有制经济健康成长

激发各类市场主体的活力是实现高质量发展的微观基础，而构建各种所有制经济平等竞争和共同发展的体制机制，是促进非公有制经济快速成长的关键因素。

促进非公有制经济的快速成长，需要在理论上深化对非公有制经济的认识，最主要的是要认识到非公有制经济是现代生产力和现代市场经济的重要组成部分。目前，人们对非公有制的认识仍基本停留在改革开放初期，许多政治经济学教科书和相关论文仍从生产力落后和生产力发展不平衡来寻找非公有制经济和中小微企业存在的原因,非公有制经济和中小微企业被打上了技术落后和"散乱差"的烙印。这种认识与现代生产力发展是不一致的,显得不合时宜,需要随着现代生产力的发展而改变。从实际情况看,2019年世界500强企业排名中,我国有129家企业上榜,其中就包括华为、太平洋建设、正威国际、中国恒大、京东、碧桂园、阿里巴巴等22家非公有制企业。独角兽企业(Unicorn Company)[1]在科技创新和商业模式创新中发挥着独特而重要的作用,它们大多为民营企业。[2]《2019年中国独角兽企业研究报告》显示,2019年我国独角兽企业218家,总估值7964亿美元,平均估值36.5亿美元,其中蚂蚁集团、字节跳动、滴滴出行、菜鸟网络、快手、京东数科等企业估值超过100亿美元。2020年上半年又产生了15家独角兽企业。在2019年的218家独角兽企业中,有69家分布于新一代信息技术(人工智能、大数据、云服务、智能硬件、量子通信)、医疗健康(新药研发、精准医疗、医疗器械)、新能源汽车、智能网联、新材料、新能源等前沿科技领域,拥有有效发明专利的独角兽企业113家,发明专利有效量3737件,占有效专利总量的25%。

在现代经济增长中,技术、人力资本[3]、知识、信息以及新商业模式起着越来越重要的作用,而非公有制经济和中小微企业是凝聚这些要素的一种企业组织形式。我们已不能再将非公有制经济以及中小微企业与落后生产力联系在一起。从生产力的历史演进历史看,在机器大工业时代,生产规模的扩大往往构成生产力发展的基础,而现代生产力的发展趋势是大、中、小、微型化生产多方向并进。通过人力资本的密集投入、灵活运用现代技术,借助于新型企业组

---

[1] 独角兽这一概念是由种子轮基金(Cowboy Ventures)创始人 Aileen Lee 于2013年提出来的,指那些发展速度特别快、数量稀缺且被投资者所青睐的创业型企业,现一般定义为创业在10年以内且估值超过10亿美元的非上市创业公司。

[2] 国有大企业也在融入新经济,2019年培育出9家独角兽企业。

[3] 研究发现,人力资源是独角兽企业快速发展的关键资源。参见 Au-Yong-Oliveira, M., Costa, J. P., Goncalves, R., et al. *The Rise of the Unicorn: Shedding Light on the Creation of Technological Enterprises with Exponential Valuations*, Portugal: Advances in Intelligent Systems and Computing, 2018: 967–977.

织形式和商业模式，非公有制经济，中、小型企业，甚至微型企业，完全可以成为容纳、利用和发展现代生产力的企业组织形式。不仅如此，非公有制经济和中小企业甚至成为创新的重要源泉。基于当代生产力发展的新特征，需要依据"多样性"和人力资本的重要性来理解非公有制经济的存在。多样性和人力资本是适应经济复杂性、克服不确定性、激发创新活力和满足个性化需求的基础条件。因为，一个社会的创新意愿和能力乃至经济的稳定性等都与多样性和人力资本质量密切相关，创新人才、企业家、金融家、生产者、消费者以及企业组织形式、社会财产形式的多样性，决定着一个社会的活力、创造力和适应性。

促进非公有制经济快速成长需要构建各种所有制经济平等竞争共同发展的制度条件，主要包括非公有制经济自由进入机制和各市场主体平等使用生产要素的体制环境。

第一，构建非公有制经济自由进入和退出机制。

市场的自由进入和退出，生产要素的自由流动，是市场机制在资源配置中发挥决定性作用的基本前提，对于竞争的充分展开和非公有制经济成长至关重要。目前我国市场进入障碍主要是行政性垄断，而行政审批是造成行政性垄断的一个重要原因，它若阻挡了竞争者的进入和新企业的出现，其结果必然是限制、弱化甚至排除竞争，使得在位者和通过审批者获得市场垄断地位，从而可以通过制定垄断高价或降低产品和服务质量来获取超额利润，创新的动力消失殆尽。

2014年7月国务院颁布《关于促进市场公平竞争维护市场正常秩序的若干意见》，提出实施市场准入负面清单制度，党的十九大提出"全面实施市场准入负面清单制度，清理废除妨碍统一市场和公平竞争的各种规定和做法，支持民营企业发展，激发各类市场活力"①，党的十九届五中全会重申"实施统一的市场准入负面清单

---

① 习近平：《决胜全面建成小康社会　夺取新时代中国特色社会主义伟大胜利——在中国共产党第十九次全国代表大会上的报告》，人民出版社2017年版，第33—34页。

制度"①。实施负面清单制度是行政审批制度改革的重大进展。在市场准入负面清单制度下,政府以清单方式明确列出禁止和限制投资经营的行业、领域、业务等,而在清单以外,各类市场主体可依法自由进入。市场准入负面清单制度奉行"法无禁止皆可为"的根本理念,既给市场主体更大的发展和探索空间,最大限度地容纳经济的不确定性,又极大减少了政府决策所需的信息量,体现了对政府权力限制的思想,是保障市场自由进入的重要制度安排。负面清单制度需要不断完善,主要是缩短负面清单的"长度",给市场主体留下尽可能多的经济机会。

第二,构建平等使用生产要素的体制环境。

土地、资本和劳动力是三种基本生产要素,平等获取和使用这些生产要素的权利,是各类市场主体公平竞争、共同发展的基本条件。

改革开放以来,我国生产要素市场得到了发展,各种市场主体都有机会获得生产要素。但是,在生产要素,特别是重要生产要素市场上,不同所有制主体的权利和机会是不平等的,公有制经济在获取诸如资金、土地、能源资源、技术等生产要素上享有超越其他所有制经济的地位和优先权。以金融资源的获取为例,个体私营经济在资本市场上的筹资比例和信贷市场的贷款比例与其在经济增长和就业上的贡献是明显不对称的。个体私营经济在土地市场上亦处于相对劣势。据对江苏省民营企业用地情况的调查,民营企业用地程序烦琐、用地指标不足、土地价格偏高,分别占总样本的 54.9%、54.6% 和 52.5%,还有 17.2% 的企业认为土地出让过程不透明。②

保障各类市场主体公平使用生产要素的权利,需要进行制度建设,而最重要的工作就是推动生产要素的市场化配置,特别是需要尽快完善我国的金融市场和土地市场。从根本上讲,我国现有金融

---

① 《中共中央关于制定国民经济和社会发展第十四个五年规划和二〇三五年远景目标的建议》,人民出版社 2020 年版,第 20 页。

② 徐志明、高珊、曹明霞:《利益博弈与民营经济政策执行困境:基于江苏省 1087 家企业的实证分析》,《江海学刊》2013 年第 1 期。

市场结构还不适合非公有制经济的融资需要，非公有制经济"融资难、融资贵"问题长期得不到解决。解决非公有制经济融资困境的根本之道是推进民营资本进入银行业，加快地方性民营金融机制的发展，发展多层次的资本市场。同时，进一步加强金融监管，防止金融体系的系统性风险和维持金融体系的稳定。

土地制度改革和土地市场发育对于保证非公有制经济平等获取土地这一重要生产要素是十分重要的。要改革政府垄断的征地制度和政府在土地一级市场上的垄断地位，发挥土地市场在土地资源配置中的基础性作用。要加快培育土地二级市场，重新配置存量土地资源，以提高土地供应量和交易量，借以增加非公有制经济主体获得土地资源的机会。

（原载《南开经济研究》2021 年第 1 期）

国外经济发展理论

发展经济学领域的"新古典复活"

20世纪40年代到50年代末,是西方发展经济学发展演变的第一阶段,该时期的主要论点是,市场机制难以解决诸如资本积累、结构转换、剩余劳动力就业等重大经济发展问题,发展问题应该由政府通过发展计划集中加以解决。但是,该阶段发展经济学家的政策处方并没有很好奏效。60年代以后的发展经济学家对早期思想进行了反思,其核心内容是,对政府、市场各自在经济发展中的作用进行重新评价,主张利用市场力量解决发展问题。发展经济学领域的这一思想转向被称为"新古典复活"。这一阶段的发展经济学家之所以要把市场机制作为经济发展的工具,是因为他们对人、市场、政府干预有完全不同的认识。

一 对发展中国家的"穷人"做了完全不同于早期发展经济学家的判断

早期观点认为,穷人的行为是非理性的。但这一阶段的发展经济学家认为,在发达国家与发展中国家,人的行为特征并无二致,穷人对经济刺激和经济机会历来就有非常灵敏的反应,行为准则同样是"利益的最大化"。穷人虽然大多是文盲,但这并不等于他们对赚钱不感兴趣。在对穷人行为模式的研究上,舒尔茨的影响最大。他认为农民对自己的小块土地、当地气候以及他的劳动能带来多少果实都了如指掌,而所谓的专家往往对此一无所知。他不同意发展中国家缺乏企业家的看法。他认为,一家一户就是一个小型企业,户主就是这个小企业的企业家,他能够在自己的活动天地里把自己支配的资源作最优配置。家庭主妇甚至也是一个工于计算的企业家,能够合理分配自己的时间,把家庭生活安排得井井有条。发展经济学家拉尔甚至认为,与发达国家相比,发展中国家的经济主体对经济条件变化的反应更灵敏,调整速度更快,因为他们很少有"储蓄"可以依赖。他还认为,传统农民不积极采用新技术也是一种理性行为,因为收入仅够糊口的农民当然不敢贸然采用新技术。一旦具备相应的条件,如风险分散措施、资金扶持、提供补充性投入,农民就会对新技术表现出极大的热情,绿色革命的成功就是一例。

二 肯定发展中国家各种要素之间具有替代性,生产要素具有流动性

早期发展经济学观点认为,发展中国家经济结构是刚性的,要素流动性差。但拉尔认为,国民产品生产中不同要素和商品投入的替代程度在发达国家与发展中国家并无太大差别。在他看来,就某种产品而言,技术系数可能是固定的,资本和劳动之间的替代关系微弱。因此,相对价格的变动难以影响该产品的投入结构。但不同产品之间的技术系数是不一样的,相对价格的变动会影响生产者在不同生产之间的选择。从这个意义上讲,发展中国家存在要素之间的替代性。至于发展中国家要素流动性差,拉尔认为这并不是市场不完善造成的,而是由诸多行政性障碍造成的。

三 对市场功能的重新论证

约翰逊在其著作《货币、贸易与经济增长》中对市场功能做了充分论证。他认为,市场不仅能解决现有资源在不同用途上的有效配置问题,而且具有动态功能,即能够提供增长与发展的刺激。并且,市场的所有功能都是自动完成的,不需要庞大的管理机构,不

需要中央决策。所需要的是保证契约得以顺利履行的法律体系。约翰逊对否定市场功能的各类论点做了分析。他认为反市场观点可分为两大类，第一类是认为市场不能准确运转。如认为发展中国家的人民不熟悉市场，不了解相关信息。如果确是此种情况，适宜的对策不是用政府替代市场，而是传播市场机制赖以有效运转的知识和信息，提高使用市场机制所必须达到的教育水平。第二类反对意见是，市场运行的结果不能令人满意。首先，市场运行会导致分配上的不公平。约翰逊认为，"收入分配问题事实上并不像我上面指出的那么严重，因为随着时间的流逝，快速增长会自动以各种方式促进更加公平的财富分配"。其次，认为市场不能实现高速增长。因为从社会利益看，个人的储蓄倾向和投资倾向太低。约翰逊认为，即使这个观点是正确的，也不必然意味着国家应该亲自从事发展储蓄和投资。私人企业在创办和经营上比政府更有效。因此，最好的政策是用税收优惠、补贴、提供廉价信贷来刺激私人企业。同样，通过提高利率水平来刺激私人储蓄，而不是通过税收或通货膨胀把储蓄资金强制性拿到政府手中。

对于市场的功能，哈拉·明特也做了独到的分析。明特认为，市场能有效解决资源的静态配置问题，而经济发展是动态问题，这是确切的。但就此否认市场机制解决经济发展问题的力量则是不科学的。因为静态和动态不是绝对分开的：现有资源的配置结构决定了增量资源的配置结构。如果现有资源的配置结构是最优的，那么增量资源的配置结构亦为最优；反之，增量资源的配置就不可能最优。而增量资源的配置正是动态经济发展问题。因此，市场机制在有效解决静态问题的同时，也随之促进了动态问题的解决。

第二阶段发展经济学家不仅强调国内市场机制对发展的意义，而且强调自由贸易制度对发展中国家的意义。针对早期发展经济学家的观点，哈伯勒指出：贸易理论的静态特征并没有剥夺它解释动态过程的有效性。明特认为自由贸易的动态作用有：动员尚未利用的资源（土地和劳动力）；刺激农民欲望并向他们提供新的投入；改善国内交通、通信设施和公共服务。更为重要的是，国际贸易的扩张能够诱导国内市场的扩大和要素市场、产品市场的发育。对于有些发展中国家出口实绩不佳，发展经济学家认为：国家垄断的贸易体系造成了贸易关系扭曲，外汇管制导致货币的不可兑换性，在外贸战略上则失之于产品集中和市场集中。

四 对政府集中解决经济发展问题局限性的分析

（1）托达罗根据人口流动模式分析了工业化所带来的社会失业问题。发展初期，人们把农村剩余劳动力的就业出路寄托于政府的工业化，但后来证明，政府强制工业化不仅没有解决农村的潜在失业问题，反而造成和加剧了城市失业问题。肯尼亚经济学家托达罗认为，农村人口迁往城市的决策是由两个主要变量决定的，一是城乡的实际收入差距，二是在城市正式部门找到工作的可能性，即就业概率。两者的乘积被称为预期收入。依据托达罗人口流动模式，如果城市预期收入大于农村预期收入，城市失业人口的存在并不能阻止农村劳动力继续流向城市。因为迁移者会认为，虽然一时不能在现代部门找到工作，但可望在近几年内找到工作。一旦找到工作，所得必然大于所失。所以，在城市失业率很高的情况下，农村人口仍会纷纷流入城市，并沉淀到城市中的非正式部门。政府强制工业化形成三股加剧城市失业的力量。一是在短期内，强制工业化能提供更多的就业岗位，缓解现存失业问题。但它同时提高了城市的就业概率和预期收入，诱发一大批新的迁移者。二是强制工业化往往是运用一套扭曲政策（如低利率、资本无偿使用）来实施的，会诱使资本密度高于市场均衡水平，结果降低了一定量资本所能支持的就业水平。三是强制工业化是以强制转移农业部门资源为条件的，这会降低农村预期收入，又使一大批处于迁移边缘的劳动力作出迁往城市的决定。

（2）哈拉·明特运用结构分析方法剖析了过多政府干预的危害。

明特认为，发展中国家有明显的"自然二重性"特征，表现为：现代部门与传统部门同时并存，公共服务和基础设施在现代部门与传统部门之间分布不均。自然二重性的根基是发展中国家"组织结构的不完全发育状态"，这种"不发育状态"，不仅存在于商品市场和资本市场，而且存在于政府行政系统和财政、税收系统。在商品市场上，产品的批零差价比发达经济体大，因为农产品从农户到城市或工业品从城市到农户要经过许多中间环节。在资本市场上，有组织的金融市场上的利率水平远低于无组织的金融市场上的利率水平。在行政系统，行政命令传递和基层信息收集要经过长长一串行政层次，被歪曲、扭曲的可能性很大。财政税收系统也不可能有效率，因为向大量分散的经济单位征税交易成本大，税额在层层上缴和层层下拨过程中会形成很多漏洞。发展中国家政府干预会造成政策性市场扭曲，政策性市场扭曲会进一步恶化本已存在的"自然二重性"。如，偏向现代部门的资源分配扭曲常常会对传统部门的收入增长和收入分配份额产生消极影响；政府的高利贷法和对小钱庄的抑制会使本已脆弱的现代部门与传统部门的金融联系更加脆弱，恶化"金融二重性"。依据上述思路，明特指出，早期发展经济学家从市场不完善出发强调政府干预，殊不知政府系统和财税系统也是不完善的。

（3）拉尔的三点分析。第一，政府干预也要受到信息和交易成本的制约，认为任何形式的干预都会增进福利和配置效率是荒谬的。因为无论是在为设计公共政策而获取、处理以及传递有关信息方面，还是在强迫执行政策的过程中，都会发生交易成本。如同市场失灵一样，可以举出无数官僚失灵的例子，使政府也难以达到帕累托效果。第二，政府干预往往会造成整个经济的扭曲。扭曲是对市场均衡点的偏离。拉尔认为，不造成经济扭曲的政策是没有的，即使有，也是很少的。而且，一种扭曲会造成另一种扭曲，结果形成一个扭曲的链条，造成整个经济关系的全面扭曲。政府干预应尽可能少，必要的干预应力求中性，即不偏向任何部门、地区、人群。第三，拉尔也承认发展中国家的市场不完善性，但他更强调计划的不完善性，认为不完善的市场要胜于不完善的计划。

如何评价20世纪60年代以来发展经济学领域的"新古典复活"呢？首先应该看到，与发达国家相比，发展中国家确实有许多结构特点：与静态资源配置相比，动态经济发展问题需要相对多的政府参与，试图完全否认二者间差别是武断的。但我们更应该看到，"新古典复活"代表发展经济学的进步，其重大贡献是清楚指出了，仅仅由政府集中解决经济发展问题是不行的，市场机制不仅能够有效解决静态资源配置问题，而且可以作为经济发展的工具。这是对政府和市场认识的深化。

（原载《经济学动态》1995年第8期）

明特的经济发展理论

哈拉·明特（Hla Myint），英籍缅甸经济学家，是世界银行选定的发展经济学第二阶段先驱人物。他在发展经济学领域最重要的理论贡献是提出了关于发展问题的二元性理论，下面对这一理论进行述评。

一

明特认为，欠发达经济不同于发达经济的明显特点是存在国内经济结构的二元性，他用以下三个特征来定义这种二元性：（1）现代部门与传统部门同时并存，现代部门由大经济单位组成，使用的是资本密集型技术，传统部门由小农和小手工业构成，使用的是劳动密集型的传统技术。（2）要素市场支离破碎。现代部门在有组织的市场上以低利率和高工资获得要素供给，传统部门则在无组织的市场上以高利率和低工资获得要素供给。（3）公共服务和社会基础设施是以不平等的方式提供的，给予现代部门的要远远超过传统部门。明特进一步认为，这种结构二元性的根基是欠发达经济的组织二元性。

所谓组织二元性，是指经济组织结构十分松散的状态。在发达的市场经济中，连接工资家庭、厂商、金融机构、政府部门彼此间的"管道"是畅通无阻的，商品、生产要素、公共服务等经济流量能够在其中顺畅流动，整个经济是一体化的。因此，整个经济存在一个统一的、连续的生产函数。这是一种组织结构充分发育的状态。

由于组织结构充分发育，营销和交易成本、管理和信息成本都保持在现有技术所允许的最低限度内，经济是在"摩擦"最小的情况下运行的。欠发达经济正好相反，它的组织结构处在不完全发育状态，表现在，连接现代部门与传统部门、传统部门中各单位以及传统部门与外部世界之间的"管道"是阻塞的，营销和交易成本、管理和信息成本很高，整个经济的不同部分彼此分割，相互间的联系十分松散。因此，各种经济流量的流动会遇到很大的阻力，并且这些阻力在整个经济中的分布是不均匀的，越是靠近传统部门，阻力就越大，传统部门中阻力最大。由于组织二元性，处于不同地位的经济单位面临的经济条件就不同，其生产函数也不同。因此，整个经济不存在一个统一的生产函数。

组织二元性主要表现在，同发达经济相比，发展中国家中各种"价格差"过大，这种过大的价格差不仅存在于商品市场、资本市场、劳动力市场上，而且存在于行政管理和财税体制上，或曰"政治市场"上。商品市场的不完全发育，表现为以下三种类型的价格差异过大：农民在自己家门口的零卖零买价格与这些商品在城市的批发价格间的差异；同种商品的地区差价；季节差价。产品市场价格差异过大的部分原因是发展中国家政府的价格歧视政策，如偏向城市和工业的农产品低价、工业品高价政策。但是，不能简单地把差价过大的原因归结为政策性价格扭曲和投机行为。在组织结构不发育状态下，商品的批发—零售链条很长，要有很多"中间商人"从事产品的收购、分拣、打包、运输、储存等工作，由此引起很高的交易成本和信息成本，它们都直接影响到差价。换言之，发展中国家差价过大主要是由组织结构不发育造成的。由此不难推知，在组织结构尚未发育、从而交易成本和信息成本未能降低的情况下，人为地缩小这种差价，会造成城乡间、地区间、工农产品间交易的萎缩。在资本市场上，有组织的资本市场与无组织的资本市场上的利率水平存在很大差异，这种差异部分由于大额贷款和小额贷款的交易成本不同，如大笔贷款涉及的平均手续费用和管理费用要远小于小额贷款。但更重要的是，金融机构向现代部门和向传统部门贷款所面临的风险和信息成本不同。传统部门的小经济单位力量脆弱，容易破产，向它贷款风险很大。且小经济单位数量庞大，分布分散，远离现代部门，现代金融机构对其信誉进行调查很困难或很费成本。因此，现代金融机构不愿意向传统部门贷款。换言之，传统部门的小经济单位很难得到现代金融机构的贷款，或只能以高利率取得贷款。由于同样的原因，现代金融机构向传统部门吸收存款也很费成本，因而不可能向小储户支付足够高的利率。反过来，小储户也不愿意将自己的消费剩余存入现代金融机构。可见，现代部门与传统部门之间的资金流动是阻滞的。民间金融机构可以改善这种金融二元性。散布在传统部门的民间金融机构，如小借贷者、小钱庄与当地农户非常接近，对农户的经济状况和信誉状况很了解，相互间还存在其他制约关系。农民对这些金融机构也比较了解。这就大大降低了相互间金融交易的信息成本和交易成本，有利于小额贷款的发放和小额存款的吸收。一种可行的做法是，允许民间金融机构首先从现代金融机构那里取得大笔贷款，然后一点一点贷给小经济单位，从而诱导金融体系的整合。但是，发展中国家的政府出于各种原因，大都对民间金融机构采取抑制态度，这就人为地加大了现代部门和传统部门获得贷款的利率差异，阻碍了有组织金融市场与无组织金融市场之间的资金流动，恶化了"金融二元性"。在劳动市场上，现代部门与传统部门的工资（收入）差异大于它们之间劳动边际生产力的差异，这也是劳动力市场组织二元性的表现。在发达经济中，有充足的劳动储备，且劳动力具有较大的流动性，企业家可以随时补充所需劳动力。因此，工资率是由边际劳动生产率决定的。但在欠发达经济中，由于缺乏完整的信息网络，缺乏把农业粗劳动力转化为符合现代部门需要的有工业习惯的劳动力的教育培训设施，而现代部门在正常工资之外支付一定的技术和素质报酬，把现有职员留住，以节省招募和培训的费用是明智的。政府的管理和财税体制也有明显的二元性。上面已经看到，现代部门的私人厂商要经过一系列"中间人"构成的"批—零"链条才能达到传统部门中的无数个分散的小经济单位。同样,位于现代部门的政府总部也必须通过自己的"中间人"构成的"批—零"链条,经由层层行政机构才能延伸到村级小经济单位。在这个过程中,行政指令很有可能被严重扭曲了,行政机构得到的信息也往往被严重地扭曲了,行政管理效率随着从行政总部向边远地区延伸而递减。这同商品市场批零差价过大的情况完全类似。财税体制的情况也是一样。政府会发现,向传统部门的小经济单位征税颇费成本。它们逃税偷税容易,对其监管则很困难。税款在层层上缴过程中还会大量流失;另外,政府向传统部门提供公共服务不得不支付大量的管理成本,财政收入在层层下拨过程中又会大量流失。因此,为了向小经济单位提供一定量的公共服务,需要大得多的公共支出。或者说,即使政府想向城市和农村人口提供同样的公共服务,传统部门所能得到的公共服务的质和量也会远不如现代部门。明特强调,政府管理和财税体制的二元性必须视为发展中国家二元性总体图画的一个部分。

由于组织二元性,发展中国家的生产不是处在现有资源和技术所能达到的生产可能性曲线 PP 上,而是处在低于 PP 的一条生产可行性曲线 FF 上。并且 PP 与 FF 之间的距离在不同的点是不一样的。因为经济运行的摩擦力在整个经济中的分布是不均匀的。明特就此提出经济发展的含义:发展中国家的经济发展主要体现在通过改善组织结构使生产可行性曲线向生产可能性曲线移动。

二

明特的经济发展理论既不同于结构主义的观点,又不同于新古典主义的观点,在发展经济学领域独树一帜。

结构主义观点在发展经济学第一阶段处于主流地位,它强调发展中国家不同于发达国家的结构特点,如二元经济结构、刚性、滞后、市场体系不完善、人民对经济刺激和经济机会没有灵敏的反应,等等。在此基础上,结构主义者提出了一些重要的命题,如二元经济学观点,即认为强调自由市场、自由企业、私人积极性以及配置效率的新古典经济学不适应发展中国家,应该提出一套完全不同的理论,即发展经济学来解决发展问题,市场机制不适于解决经济发展问题,因为它的作用机理是增量调节,是逐步迭代,所带来的是比较静态收益。而经济发展是结构的改造,是资源在部门间的大幅度转移,间接的、动态的收益具有头等的重要性;物质资本的积累具有头等重要的意义。因此,政府应该广泛干预发展过程,发展问题应该由政府集中解决。明特在分析角度上同结构主义有相同之处,即强调发展中国家结构上的特点,并进一步把结构分析引向深入,提出组织二元性概念。但明特在结构分析基础上提出的结论完全相反。他认为,早期发展经济学家从市场不完善和功能缺陷出发强调政府干预,殊不知,作为政府干预基础的政府管理体制和财税体制也是不完善的。"很清楚,基于完善计划机构的无所不包的计划同基于完全竞争的自由放任政策一样,是不能令人信服的,它不过是另一个幌子下的完全竞争模型。"同时他认为,不完善的市场只有通过市场自身的实际运作才能逐步完善,对发展的过分干预、扭曲性政策、对市场的替代反而会恶化二元性。对于结构主义者把静态资源配置问题和动态发展问题割裂开来,以及过分强调资本积累的观点,明特批判说:"从发展中国家发展经验得出的一个基本教训是:经济增长并不简单地取决于储蓄和可投资资源的不断增加,而是关键性地取决于这些资源在多大程度上被有效使用;更准确地说,如果涉及的不是既定的资源量,而是随不断增加的储蓄和资本积累而来的不断扩大的资源流量,那么,阻止资源配置失误就显得尤为重要。在这种情况下,资源配置失误通过其累积效应会严重阻碍增长。因此,认为配置效率这一静态问题对于通过资本积累来促进增长这一动态问题不重要是错误的。"明特这里的意思是,现有资源的配置结构和效率决定和影响增量资源的配置结构和效率,而增量资源的配置结构和效率正是经济发展问题。可见,市场机制在解决资源有效配置的同时，也有助于解决经济发展问题。

20世纪60年代以来，经济发展思想发生了转向，被称为发展经济学领域的"新古典复兴"。新古典发展经济学家反对结构主义的双元经济学观点，提出单一经济学观点，即认为新古典经济学不仅适用于发达国家，同样适用于发展中国家；并进一步指出，市场机制不仅可以解决静态资源配置问题，还可以作为经济发展的工具。明特是如何看待发展经济学领域的"新古典复兴"的呢？他认为，"新古典复兴"的最大贡献是强调了市场机制和适宜的国内政策对促进经济发展的重要意义，而他也是较早赞成发展中国家实行自由市场制度和自由贸易政策的人。但是，他认为，"接受正规的新古典经济理论与信奉自由市场和自由贸易政策是明显不同的两回事……二者之间并不存在简单的、必然的联系。"他的一贯立场是对新古典经济理论是否适合用作经济发展问题的分析框架表示疑虑，但同时赞成发展中国家实行自由市场和自由贸易政策。他说："正是在探查正统新古典理论缺陷的过程中，我才深刻地意识到，我脑子里所想的东西才是自由贸易和开放政策的更有说服力的理由。"明特是怎样论证自由市场和自由贸易制度的重要性的呢？50年代，明特就提出了关于自由贸易的非新古典论点，即"剩余的出路理论"。该理论认为，市场能够刺激新需求，开辟新的机会，为剩余资源的产出提供出路，从而把潜在资源动员到经济发展过程中来。70年代以来，明特深入研究了发展中国家的二元性，尤其是组织二元性。在此基础上，深化了对市场功能的认识，那就是，开放市场能够改善经济的组织结构，抑制市场则恶化经济的组织结构。具体说，国内市场的开放，能够把现代部门中已有的先进组织形式引入到传统部门中来，强化两部门间的资源的流动，逐步缩小各种价格差；对外开放能够把发达国家的企业组织形式、行政管理形式、国外资本和国外企业家引进来，外资对发展中国家交通、通信设施和市场设施的改善，以及外商强有力的竞争会促使发展中国家市场的发育。通过改善组织结构，开放的市场会把生产可行性曲线推向生产可能性曲线。

三

明特的经济发展理论是富有启发的。首先，明特强调发展中国家的结构特点，并把制度经济学的一些重要概念（如交易成本概念、组织结构不发育概念）和分析方法引入发展经济学，把第一阶段的结构分析方法推向深入。20世纪80年代以来，制度分析在发展经济学中运用得越来越广泛，发展经济学家越来越强调组织结构的改善和合适的制度安排在经济发展中的重要作用，这不能不与明特的先驱贡献有关。其次，明特把政府行政和财税体制的不完善作为发展中国家二元性总体图画的一个基本部分，有助于我们全面、完整地把握发展中国家的结构问题。以前，人们只是看到发展中国家市场结构不完善和市场的功能缺陷，从而产生对市场机制的不信任感，并企图用政府的行政机构去替代市场发挥配置资源的功能。但是，实践证明，政府的广泛干预不仅没有实现预期的发展目标，反而加剧了一些发展问题，如城乡问题、经济结构问题。用明特的二元性理论不难对此做出解释。最后，明特把静态资源配置问题和动态经济发展问题联系起来，有助于深化对市场功能的认识。在西方经济学中，现有资源的更有效配置被称为经济的"绷紧"，这是一个静态问题；潜在资源的动员、经济结构的改造被称为经济的"宽化"，这是一个动态问题。早期发展经济学家把静态问题和动态问题完全割裂开来，认为市场虽能有效解决静态问题，但不能解决动态问题。如上所述，明特认为，静态问题和动态问题虽有所不同，但不能绝对分开。因为现有资源的配置结构影响着新增资源的配置结构，而后者正是经济发展的中心问题之一。所以，市场既具有有效解决静态问题的功能，也具有一定的解决动态问题的功能。

（原载《经济学动态》1995年第10期）

克鲁格的政府干预理论

安妮·O. 克鲁格（Anne O. Krueger），美国著名发展经济学家，曾任世界银行副行长、美国经济学会会长，现任美国斯坦福大学教授。她的主要理论贡献之一是对发展中国家的政府干预和政府经济政策做了系统而深入的研究。本文对她关于发展中国家的"经济政策动态学"理论及其对发展中国家"政府失效"的理论分析进行述评。

一 经济政策动态学

以往的经济学家大都把政府的经济政策作为一个既定的外生变量来看待，但克鲁格指出，政府的经济政策其实是一内生变量，它一旦被制定出来，就会在政治经济的相互作用下沿着自己的轨迹演变，她把自己的这一思想称为"经济政策动态学说"。

内生的经济政策动态演变表现在以下三个方面：

第一，初始政策在政治经济的作用下往往演变得面目全非，甚至与制定者的初衷背道而驰。比如，发展中国家在发展的初期为了加速工业和应付外汇短缺，一般实施了汇率高估政策。但这一政策非但没有解决外汇短缺问题，反而使外汇短缺状况更加严重。因为高估汇率会刺激进口而抑制出口。随着外汇短缺状况的日益加重，政府当局不得不强化许可证控制和其他贸易管制措施。通常的做法是根据政府的偏好对进口品进行分类，最初是把进口品简单地分为消费品和资本品，但随着外汇短缺状况的加剧，对进口品的分类也越来越复杂，如把进口品分为必需品、半必需品、为重点项目或新项目进口的资本品、为替代项目进口的资本品等。随着分类的复杂化和管制的日趋严厉，进口许可证的经济价值增大，取得许可证和逃避管制的获利性随之增大，从而诱发大规模的寻租行为，如走私、虚报进口品用途、开低价发票等。一旦政府识破这些情况，随之而来的是更加严厉的管制，如雇用更多的官员审查进口许可申请，制定进口品的"公正价格"，加强边境巡查和打击走私，以及设计冗长复杂的进口审批程序和海关报关程序。可见，最初的汇率高估政策慢慢演变为外贸领域的全面扭曲和刚性的贸易体制。

第二，最初的扭曲政策在执行过程中会进一步扭曲，并逐渐形成一个与扭曲政策息息相关的既得利益集团，这个既得利益集团反过来成为维护现行政策的游说集团，从而使得现行政策的改革非常困难。但是扭曲的政策最终会由于导致资源配置恶化、经济增长率明显下降、国际收支状况恶化、外资流入减少，而难以为继，必须进行政策改革，但改革不可能到位，"因为在政治上能够对变革达成一致的程度，有可能低于改变经济行为和资源配置所必需的'最低限度'变革"。

可见，由于扭曲政策会形成既得利益集团，因此它一旦出台，就会保持自己的惯性，对其进行改革就是相当困难的。克鲁格同时又指出，基于同样的道理，成功的政策改革一旦启动，也会保持自己的惯性，经过一段时间就会步入良性循环。在这个过程中，起关键作用的因素是，成功的改革会提高人均收入，而人均收入的提高会弱化对管制的政治支持，推动经济的自由，而经济的自由化反过来会使经济增长进一步加速。

第三，在政府政策的动态演变过程中，政策有日趋复杂化的趋势。克鲁格指出："每当政治决策层试图控制经济活动时，管制的复杂性就会不断增加，这已是一种有规律的经验现象。"克鲁格以外汇控制为例说明控制日趋复杂的过程。她把外汇控制的动态过程分为五个阶段：第一阶段，相对简单直接的规则和条令支配着进出口和外汇许可管制；但第一阶段很快会走向第二阶段。第二阶段的特点是规则和条令急剧增多，整个外贸和国际收支制度的复杂性骤然增加；接着可能出现一个第三阶段，即对现有的规则和条令进行清理，因为规则和条例确实已经太多太滥。第三阶段可能有两个演变方向，一是导致继续自由化的第四阶段，进而进入第五阶段，即完全自由化的体制。二是也有可能朝相反的方向，即倒退到第一阶段或第二阶段。克鲁格进而指出，许多发展中国家政府管制和政策演变的特点是，"在第二和第三阶段之间不断'循环往复'"。

　　为什么政府政策和管制会变得越来越复杂呢？根据克鲁格的分析，是由于以下三个原因：管制者对平等的关心、管制的操作者自身利益的存在以及管制者企图控制市场对管制的反应。这三个原因是如何把政策和管制日益引向复杂化的呢？首先，政府对经济实施管制有时就是为了达到平等，但每当宣布新的管制条例后，那些认为自己受到不利影响的人就会竭力争取豁免或优惠，要求在原有条例上增加新的条款，于是产生增加新条款的第一轮政策修改。当新的增补条款宣布以后，又会有一些受到不利影响的集团要求增加新的针对自己的优惠条款，导致第二轮的政策修改。这个过程会一直持续下去，以致最初的简单政策或管制演变得越来越复杂。其次，一旦政策和管制开始复杂化，通常就需要增加新官僚来实施新增的管制条例，于是官僚体制的规模越来越大；同时，由于管制条令越来越多、越来越复杂、越来越难懂，"中间人"行业便应运而生，这些人专门为那些利益受影响的人解释各种规则、办理复杂手续，从而取得佣金或手续费。克鲁格所谓的"中间人"我们并不陌生，如国际贸易律师、所得税代办人，以及许多发展中国家都存在的代办各种手续（如商品通关、预订机票、许可证和铁路运输代办人）的"速办人"集团。这些"中间人"中有些就是在政府机关工作的政府官员，这些人"在管制这些条令中获得的知识使他们得到最好的培训，因此他们成为一个中间人可以帮助私人方面将这些条令的执行成本降低到最小"，同时自己也得到好处。大规模的官僚机构和中间人集团的利益依存于政策和管制的复杂性,因此,他们有维持和增加政策和管制复杂性的强烈利益冲动。"这些官员在确保管制规则不断复杂化中具有金钱上的利益,否则他们的知识就会因此而贬值和无用。"最后,政府的政策和管制大都要修正私人或企业的利润最大化行为,但私人或企业并不是被动地听任政府的摆布的,它们会采取一些措施与政府的政策和管制相抗衡,结果,"市场的反应可能产生与预计相反或者比估计的成本高很多的结果"。在这种情况下,管制者就会对市场反应做出反应,增加新的规则,以便把市场主体的反应控制在自己希望的范围内,新规则的不断增加无疑使管制日趋复杂。

二 对发展中国家"政府失效"的分析

早期的发展文献大多认为,发展中国家存在严重的"市场失效"现象。因为,发展中国家的经济结构具有刚性,对价格信号缺乏反应。结论是:政府应该出来校正市场失效,在资本积累和投资分配中起主导作用。发展中国家的政府在其经济发展的初期大都采纳了早期发展经济学家的政策处方,广泛干预经济发展过程。政府干预的初期效果还是比较明显的,但随着发展过程的推进,发展实绩开始急剧下降,表现在,高储蓄率和高投资率并没有带来持续的高增长,资源配置状况恶化、国有企业效率低下、贫困问题依旧没有得到解决,等等,即出现大量的所谓"政府失效"现象,并且在有些场合,"政府失效"比当初希望校正的"市场失效"更糟。

为什么会出现政府失效呢?克鲁格对此做了深刻的分析。她认为,早期的经济发展理论在强调政府干预发展过程的时候,有三个暗含的假定:"首先,政府作为政策实施的主体,将公民的最大化利益纳入其目标函数;其次,追求最大化社会福利的决策者都自然有决策所需要的充分信息;最后,似乎无需成本就可提出和实施政策。"但克鲁格认为,这三个暗含的假定都是不现实的。克鲁格尤其强调第一个假定的非现实性,她指出,在分析政府失效时,重要的是要认识到,"政府"同样是由一些"当事人"组成的,这些当事人包括政治家、行政人员和官僚,他们同样有不同于公共利益的私人利益。当然,有些当事人是十分关心"公共品(public goods)"的生产的,"但更为实际的情况是,公共部门的成员和私营部门的成员一样关心他们自身的利益。个人利益集中体现在他们自身的生存、职位的升迁或其他的奖励政策上"。因此,我们不能"信仰私营部门成员行为出发点是他们自身的利益,而公共部门成员的动机则是一种边沁主义式的社会正义的远见"。由此不难得出结论:由这些当事人制定和实施并不能自动符合社会利益。

另外,压力集团的存在往往使政府的政策背离理想的资源配置目标。由于压力集团的存在,"有关经济政策的决策并非由经济学家和技术专家做出,压力集团常常过多地对政策的制定施加影响,政策实施的结果与原来的意图大相径庭"。这些压力集团中包括那些由政府非中性经济政策形成的既得利益集团,它们会采用各种办法竭力影响政府政策的制定和执行以保护自己的集团利益。

克鲁格并不反对所有的政府干预,但她认为政府干预应主要集中在自己具有比较优势的领域,即公共品领域。"诸如法律和秩序的维护(特别包括合同的执行),提供信息以及提供那些大规模的基本的公共服务(如道路和通信)之类的活动属于政府拥有优势的领域,在这些地方,私人企业面临劣势。"可见,克鲁格仍把政府活动限定在亚当·斯密所限定的范围内。她同时指出,发展中国家政府活动的范围大大超出了这一合理界限,因此政府失效就是不可避免的。如大多数发展中国家的政府都建立了农产品销售委员会来控制农产品的收购,却没有足够的现金支付给农民;建立国有企业直接经营竞争性经济活动,却没有效率;以及垄断银行经营和控制信贷分配,管制劳动力市场、通过许可制度和投资审批制度等控制私人企业的经营等由此造成了两个方面的后果:一是由于政府把精力放在了自己的功能领域以外,结果自己分内的事反而没办好,发展中国家基础设施和公共服务普遍匮乏就是很好的例证。二是政府规模扩大需要大量管理人才，从而导致稀缺的人力资源过多地从私人部门流向政府公共部门。

克鲁格的政府干预理论有其缺陷，即过多地贬低了政府在配置资源和经济发展中的作用。但其中不乏可供借鉴的思想。克鲁格的"经济政策动态学"有助于我们把握政府政策的动态演变过程，那就是，非中性政策变得越来越复杂，越来越扭曲，越来越难以逆转。这提示我们：最初的政策或改革措施十分重要，在设计这些政策和改革措施时，不仅要考虑它们的初始效果，更要考虑它们的动态演变和动态效果；为了避免政策或改革措施的恶性变化，最初的政策要力求中性。

（原载《经济学动态》1997年第4期）

编选者手记

胡家勇研究员于1988年步入经济学研究和教学生涯，在政府干预理论、转型经济学、经济发展理论和中国特色社会主义政治经济学等领域长期不懈探索，形成了系统的学术观点和政策主张，在学术界产生了重要影响。接到本书的编选任务后，我备感荣幸，又深感责任重大。

三十多年来，胡家勇研究员笔耕不辍，撰写了数百篇学术论文和十余部学术著作，翻译出版了多部国外重要学术著作。这些作品涉及政府与市场关系、所有制理论与改革、收入分配和共同富裕、产业政策和竞争政策、国外经济发展理论前沿、马克思主义政治经济学学科建设等理论和现实问题，成果丰硕。受篇幅所限，如何从数百篇论文中选取具有代表性的作品，是我首先面临的问题。经过考虑，我确定了两条选取标准：一是在相关领域发表较早，如对政府价格控制效果的分析；二是在学术界产生重要影响，如对政府实际支配资源量的分析。参照上述标准，最终选取二十三篇论文，并将这些论文划分为政治经济学基本理论、中国经济改革、中国经济发展、国外经济发展理论四个部分，按发表时间先后进行编排。

在文集编选过程中，我得到了胡家勇研究员的宝贵支持和帮助，在此表示衷心感谢！

武 鹏
2020年2月

《经济所人文库》第二辑总目(25种)

(按作者出生年月排序)

《汤象龙集》　　《李伯重集》
《张培刚集》　　《陈其广集》
《彭泽益集》　　《朱荫贵集》
《方　行集》　　《徐建青集》
《朱家桢集》　　《陈争平集》
《唐宗焜集》　　《左大培集》
《李成勋集》　　《刘小玄集》
《刘克祥集》　　《王　诚集》
《张曙光集》　　《魏明孔集》
《江太新集》　　《叶　坦集》
《李根蟠集》　　《胡家勇集》
《林　刚集》　　《杨春学集》
《史志宏集》